Elogios antecipados a
Promova-se: as Novas Regras para uma Carreira de Sucesso

"O livro de Schawbel muda completamente a situação de qualquer funcionário que tenha a intenção de progredir no trabalho. Ele revela as habilidades e estratégias que o transformarão em um futuro líder."

— Stephen R. Covey,
autor best-seller *do* New York Times.

"Neste livro extraordinário, Schawbel oferece todos os recursos, conselhos e inspiração de que você precisa para assumir o controle da sua carreira e progredir no trabalho. Leia *Promova-se* se quiser realizar os seus sonhos e se divertir enquanto faz isso."

— Jack Canfield, cocriador da série best-seller *do* New York Times Chicken Soup for the Soul — O Espírito de Cooperação no Trabalho, *Editora Cultrix, São Paulo.*

"Um artigo da *Fast Company*, 'The Brand Called You' mudou a vida de Dan. Garanto que se você ler o livro de Dan, ele mudará a sua vida!"

— Alan M. Webber,
cofundador da revista Fast Company.

"*Promova-se* está carregado de uma quantidade tão grande de informações excelentes, valiosas e utilizáveis para que possamos progredir — e permanecer à frente — que estou envergonhada de admitir que eu mesma aprendi muita coisa. Este é um livro não apenas para todos aqueles que se formaram na universidade mas também para qualquer pessoa que queira levar a carreira para um novo e impressionante nível."

— Kate White, ex-redatora-chefe da revista Cosmopolitan *e autora* best-seller *do* New York Times.

"O livro de Schawbel contém ideias valiosas e não tão óbvias para que você possa se destacar nos locais de trabalho competitivos de hoje. O livro se baseia em uma séria pesquisa de Dan, oferece conselhos sensatos e poderá vir a ser uma das suas leituras mais valiosas."

— MICHAEL FEUER, *fundador da OfficeMax*.

"*Promova-se* é um livro que eu gostaria de ter lido quando comecei a minha carreira. Ele o ajudará a aprimorar as suas habilidades, lidar com diferentes gerações no local de trabalho e se tornar o líder que a sua empresa precisa que você seja."

— DOUG CONANT, *ex-CEO da Campbell Soup Company, fundador e CEO da ConantLeadership e autor* best-seller *do* New York Times.

"*Promova-se* é uma leitura fascinante e, ao mesmo tempo, um guia prático para qualquer pessoa que esteja ingressando na força de trabalho. Meus parabéns! Obrigado, Dan, por nos dar inspiração e um sólido plano para construir uma carreira de sucesso."

— RICHARD THALHEIMER, *fundador e ex-CEO de The Sharper Image*.

"O mundo do trabalho avança rapidamente. Os profissionais de hoje precisam permanecer relevantes percorrendo a estrutura corporativa, continuamente adquirindo habilidades e experiências transferíveis — e as redes de contatos que se formam junto com elas. *Promova-se* apresenta maneiras inteligentes para os membros da Geração Y produzirem e aprimorarem os seus cartões de visita com a sua marca pessoal."

— CATHY BENKO, vice-chairman *da Deloitte LLP e autora* best-seller.

"Este poderia ser o último livro que uma pessoa jovem decidida a ser bem-sucedida deveria ter que ler. Dan transforma o conceito de sucesso em um plano de ação. Você aprenderá que tudo aquilo de que precisa é uma coisa que você já tem, ou à qual você tem acesso, e a única coisa que resta fazer é aproveitar esses recursos para ser a pessoa bem-sucedida que você é fazendo o que for necessário para que o mundo repare."

— MEL ZIEGLER, *fundador da Banana Republic*.

"Tendo passado anos galgando os degraus de uma grande organização, posso afirmar que o livro de Dan contém os segredos essenciais para que você se promova e chegue ao topo."

-- TERRY JONES, *fundador da Travelocity e* chairman *da Kayak.com*

"*Promova-se* é um livro penetrante e inspirador que o ajudará a transpor obstáculos como o *branding* pessoal, promoções e como assumir o controle da sua carreira."

– DAYMOND JOHN, *magnata e especialista em* branding *de celebridades.*

"Adoro este livro. *Promova-se* é, sem sombra de dúvida, o melhor livro versátil para jovens nascidos nas décadas de 1980 e 1990 que já li até hoje. Do primeiro ao último parágrafo, Dan Schawbel oferece ideias claras, fatos persuasivos, exemplos convincentes e dicas práticas sobre o que você precisa fazer para ser bem-sucedido no novo mundo do trabalho. E além disso, o livro é excepcionalmente bem escrito. *Promova-se* vem direto do coração de Dan e das suas experiências ao praticar o que ensina. Você realmente precisa ler este livro agora... e colocar seus ensinamentos em prática assim que terminar. E outra coisa: se você não nasceu nas duas últimas décadas do século XX, tem ainda mais motivos para ler esta obra. Você precisa saber como essas pessoas estão pensando, e *Promova-se* é o melhor lugar para começar a aprender isso."

– JIM KOUZES, *titular da cadeira de liderança da Escola de Negócios Leavey da Santa Clara University.*

"Schawbel o ajudará a transitar pelo novo local de trabalho com facilidade e lhe dará todas as ferramentas de que você precisa para se destacar no trabalho e ser promovido mais rápido do que os seus colegas!"

– BARBARA CORCORAN, *fundadora do Corcoran Group, investidora/especialista do programa* Shark Tank *do canal ABC.*

"*Promova-se* o motivará a fazer uma diferença positiva na sua carreira."

– PATTI STANGER, *estrela de* The Millionaire Matchmaker *da Bravo TV.*

PROMOVA-SE

Dan Schawbel

PROMOVA-SE
AS NOVAS REGRAS PARA UMA CARREIRA DE SUCESSO

Tradução
CLAUDIA GERPE DUARTE
EDUARDO GERPE DUARTE

Prefácio de
MARCUS BUCKINGHAM
Autor *best-seller* do *New York Times*

Editora Cultrix
SÃO PAULO

Título original: *Promote Yourself.*
Copyright © 2013 Dan Schwabel.
Copyright do prefácio © 2013 Marcus Buckingham.
Publicado mediante acordo com St. Martin's Press LLC.
Copyright da edição brasileira © 2014 Editora Pensamento-Cultrix Ltda.
Texto de acordo com as novas regras ortográficas da língua portuguesa.
1ª edição 2014.
Obs.: Este livro não pode ser exportado para Portugal, Angola, Moçambique, Cabo Verde, São Tomé e Príncipe, e Guiné-Bissau.
Todos os direitos reservados. Nenhuma parte desta obra pode ser reproduzida ou usada de qualquer forma ou por qualquer meio, eletrônico ou mecânico, inclusive fotocópias, gravações ou sistema de armazenamento em banco de dados, sem permissão por escrito, exceto nos casos de trechos curtos citados em resenhas críticas ou artigos de revistas.
A Editora Cultrix não se responsabiliza por eventuais mudanças ocorridas nos endereços convencionais ou eletrônicos citados neste livro.
Editor: Adilson Silva Ramachandra
Editora de texto: Denise de C. Rocha Delela
Coordenação editorial: Roseli de S. Ferraz
Produção editorial: Indiara Faria Kayo
Editoração eletrônica: Fama Editora
Revisão: Claudete Agua de Melo e Vivian Miwa Matsushita

CIP-BRASIL. CATALOGAÇÃO NA PUBLICAÇÃO
SINDICATO NACIONAL DOS EDITORES DE LIVROS, RJ

S331p

Schawbel, Dan
　　Promova-se: as novas regras para uma carreira de sucesso / Dan Schawbel; tradução Claudia Gerpe Duarte ; Eduardo Gerpe Duarte. — 1. ed. — São Paulo : Cultrix, 2014. 256 p. : il. ; 23 cm.
　　Tradução de: Promote Yourself.
　　ISBN 978-85-316-1263-3
　　1. Marketing pessoal. 2. Relações humanas. 3. Sucesso nos negócios. I. Título.

14-09684

CDD: 650.1
CDU: 65.011.4

Direitos de tradução para o Brasil adquiridos com exclusividade pela
EDITORA PENSAMENTO-CULTRIX LTDA., que se reserva a
propriedade literária desta tradução.
Rua Dr. Mário Vicente, 368 — 04270-000 — São Paulo, SP
Fone: (11) 2066-9000 — Fax: (11) 2066-9008
http://www.editoracultrix.com.br
E-mail: atendimento@editoracultrix.com.br
Foi feito o depósito legal.

Impressão e acabamento: Yangraf Gráfica e Editora

DEDICATÓRIA

Dedico este livro aos meus pais, que sempre me apoiaram de uma maneira incrível acreditaram em mim nos bons e nos maus momentos. Ao longo de todo o estresse e dos obstáculos, eles fizeram o máximo para que eu permanecesse de cabeça erguida e tivesse uma atitude positiva. Eu me sinto privilegiado por tê-los em minha vida porque ter ótimos pais faz com que "Promover-se" e realizar os seus sonhos se torne muito mais fácil. O melhor conselho que eles me deram foi que eu não deveria levar a vida excessivamente a sério, que deveria sempre ser eu mesmo e que não deveria permitir que nada me deixasse deprimido. Este livro foi escrito em homenagem a eles, porque sem os dois, eu não estaria aqui.

SUMÁRIO

Prefácio de Marcus Buckingham 13

Introdução: Pensando de uma maneira convencional 17

1 O futuro é VOCÊ 31

2 Habilidades técnicas: seja mais do que a descrição do seu cargo 38

3 Habilidades interpessoais: faça com que cada impressão seja levada
em conta 66

4 Habilidades on-line: use a mídia social em seu benefício 93

5 Adquira visibilidade sem ficar conhecido como um idiota que se
promove o tempo todo 141

6 O que os gerentes procuram quando decidem quem vão promover... 154

7 Desenvolva relacionamentos entre as gerações 164

8 Construa a sua rede de contatos no trabalho e fora dele 181

9 Transforme a sua paixão em um novo cargo 199

10 Comece o seu próprio negócio enquanto estiver empregado 211

11 Subir na empresa, deslocar-se lateralmente ou mudar de emprego?.... 228

Epílogo: A sua carreira está nas suas mãos 247

Agradecimentos 250

Notas 252

O autor 255

PREFÁCIO

De Marcus Buckingham,
Autor de *Now,*
Discover Your Strentgths e *Standout, best-seller* do *New York Times*

A mudança é constante e certa. Podemos nos persuadir a pensar que sentimos a pressão da mudança mais intensamente do que os nossos antepassados, mas parece especialmente fácil notar o fluxo e a incerteza na nossa época. A tecnologia tornou o mundo um lugar menor — as pessoas e as empresas estão intimamente interligadas. As bolhas econômicas e as recessões deixaram as corporações e as comunidades tendo que repetidamente se ajustar a novas realidades. Os empregos são mais variáveis e as habilidades se tornam obsoletas mais rápido do que antes. As organizações estão contratando menos, pagando menos, substituindo seres humanos por tecnologia e terceirizando tanto no país quanto no exterior sempre que possível.

A Geração Y* virá a dominar a força de trabalho, mas eles estão ingressando nela em uma época particularmente difícil. Embora eles sejam com frequência — e legitimamente — considerados como tendo uma mentalidade pioneira do tipo nós podemos mudar o mundo, eles também formam um grupo mais delicado do que os estereótipos poderiam sugerir.

Todos sabemos que a Geração Y está acostumada com um *feedback* constante e imediato. Esqueça as avaliações anuais; eles querem um contato semanal

---

* A Geração Y é formada pelas pessoas nascidas nas décadas de 1980 e 1990 (até mais ou menos 1995). Os *Baby Boomers* são os nascidos no pós-guerra (mais ou menos entre 1945 e 1960-1965). Os da Geração X são os nascidos entre 1960-1965 e 1980. Os da Geração Z são os nascidos entre 1995 e 2009. (N. dos T.)

ou até mesmo diário com os seus supervisores. E nós sabemos que eles estão acostumados a que esse *feedback* seja extremamente positivo. Estão acostumados a ser elogiados por seu caráter único. O resultado é um conjunto desafiante de expectativas. Quase 40% dos membros da Geração Y que responderam a um estudo da Trendera[1] em 2012 acreditavam que deveriam ser promovidos a cada dois anos. Eis uma estatística ainda mais surpreendente: somente 9% eram de opinião que as suas promoções precisavam ser justificadas pelo desempenho.

O que os ajudará, por outro lado, é que todos sabem que vivemos em um mundo de constante mudança. Quando os *Baby Boomers* ingressaram na força de trabalho, buscavam empregos em corporações nas quais previam que iriam permanecer nos trinta anos seguintes. Hoje, a Geração Y está ingressando na força de trabalho sabendo que provavelmente terão pelo menos sete empregos ao longo da carreira. Na realidade, 60% dos entrevistados da Geração Y consideraram a sua posição atual um mero trampolim.

Tendo em vista essas realidades, a habilidade mais crucial que qualquer pessoa pode ter são os seus pontos fortes exclusivos e transferíveis. A minha pesquisa que envolveu literalmente centenas de corporações e milhões de pessoas demonstrou que as pessoas com o melhor desempenho são aquelas que se concentram nos seus pontos fortes na maior parte do tempo. Isso pode parecer óbvio — use os seus pontos fortes e você será bem-sucedido. No entanto, mais do que as gerações anteriores, a Geração Y precisa aprender essa simples verdade. Apesar de todas as análises indicarem que eles são elogiados e autoconfiantes, eles exibem uma acentuada tendência a negligenciar os seus pontos fortes. Quando lhes foi perguntado se iriam ter sucesso na profissão corrigindo as suas fraquezas ou aprimorando os seus pontos fortes, um percentual espantoso de 73% dos entrevistados da Geração Y (em comparação com 55% das pessoas em geral) escolheu corrigir as fraquezas.[2]

Então, o que tudo isso significa para a Geração Y na força de trabalho como um todo? Significa que eles precisam aprender a duplicar os seus pontos fortes. Para vencer no local de trabalho, você precisa saber quem você é, onde estão os seus principais pontos fortes e o que fazer para se distinguir. Embora o seu emprego possa mudar amanhã e a tecnologia esteja constantemente tornando obsoletas as velhas habilidades, os seus pontos fortes são a sua constante. Você precisa compreender e promover os seus melhores pontos fortes, a sua vantagem que pode ser aplicada em cada situação. O seu ponto forte é o pensamento estratégico? O espírito competitivo? A empatia? A capacidade de reunir pessoas? Todos esses talentos arraigados o acompanharão, independentemente das mudanças tecnológicas ou sociais. Esses pontos fortes são multiplicadores que adicionam valor ao que você faz em qualquer situação. As habilidades específicas podem se tornar irrelevantes com a mudança, mas os pontos fortes são infinitamente transferíveis.

Nos capítulos que se seguem, Dan o ajudará a descobrir como transformar os seus pontos fortes e o seu caráter único na sua marca pessoal. Promover a si mesmo não significa ser promovido. Em vez disso, Dan lhe mostrará como comunicar a sua contribuição exclusiva de maneira a se tornar indispensável. Neste mundo competitivo, ele garantirá que você irá realçar os seus pontos fortes para que todos vejam. À medida que o local de trabalho continua a se transformar, a sua marca pessoal é a chave para o seu sucesso. Seja a melhor versão de si mesmo — e deixe que todo mundo fique impressionado com o seu valor.

INTRODUÇÃO

Pensando de uma maneira convencional

Se todo mundo precisa pensar de uma maneira anticonvencional, talvez sejam as convenções que precisem ser corrigidas.

— MALCOLM GLADWELL,

autor do *best-seller The Tipping Point.*

Conheça Jason, um diplomado universitário de vinte e poucos anos. Ele está no escritório, trabalhando arduamente no seu mais recente projeto — e se saindo muito bem. Como muitos de seus colegas, Jason consegue se dedicar, com competência, a várias atividades ao mesmo tempo, de modo que, enquanto trabalha, ele ouve música no seu smartphone com fones de ouvido, envia mensagens de texto e mensagens instantâneas para os amigos (alguns dos quais estão a apenas alguns cubículos de distância) e confere os *status* no Facebook. Jason trabalha para esse empregador há mais ou menos um ano, e está ficando irrequieto. A sua gerente foi a uma reunião fora da empresa, e Jason está esperando que ela volte para poder conversar a respeito de trabalhar em casa ou da promoção que ele acha que merece. Jason acha que um ano no mesmo emprego é um longo tempo. Está na hora de subir na empresa ou cair fora.

Há cinco ou seis anos, a avaliação de subir na empresa ou cair fora de Jason teria sido razoável. A economia ia bem, o desemprego era baixo e as pessoas recém-formadas na universidade estavam conseguindo empregos imediatamente — e mesmo que você não conseguisse um emprego, poderia pelo menos obter estágio remunerado que muito provavelmente o conduziria rapidamente a um emprego. As bonificações eram generosas, e os recrutadores estavam sempre telefonando para candidatos em perspectiva. Hoje, no entanto, a situação econômica está bastante sombria. Milhões de pessoas estão desempregadas, e não parece que as coisas irão melhorar muito em um futuro próximo.

Mas isso é apenas o começo. Jason e a maioria dos jovens trabalhadores de hoje estão competindo por empregos e promoções não apenas com outros jovens, mas também com trabalhadores mais velhos e experientes que perderam o emprego e com trabalhadores altamente capacidades de outros países. E os estágios, se você conseguir um, são geralmente não remunerados.

Em outros tempos econômicos, Jason poderia ter pedido demissão do emprego para abrir a própria empresa. Mas pequenos negócios que foram criados há apenas alguns anos por jovens empreendedores ambiciosos que foram atraídos pela perspectiva de ganhar milhões com blogs e redes sociais não estão dando certo devido à falta de recursos, aconselhamento e financiamento. Os bancos não estão emprestando dinheiro, os capitalistas que trabalham com capital de risco só estão investindo em empresas que tenham um certo histórico e as empresas estabelecidas estão economizando.

Na minha opinião, um dos maiores problemas é que ao mesmo tempo que as faculdades estão fornecendo diplomas tão rápido quanto conseguem imprimi-los, elas não estão fazendo um trabalho particularmente exemplar no que diz respeito a preparar os jovens trabalhadores para o mundo real. Hoje em dia há provavelmente centenas de cargos que nem mesmo existiam há cinco anos, mas as escolas ainda estão preparando os alunos para as funções antigas, não para as novas. E os jovens que estão ingressando hoje na universidade só estão aprendendo a executar as tarefas de hoje em vez de serem preparados para se adaptar a um mundo em constante transformação e para adquirir os tipos de habilidade que os ajudarão a obter os empregos do futuro — empregos que provavelmente nem mesmo existem hoje.

Por conseguinte, eis a situação. A economia está uma droga, o que faz com que muitas pessoas tenham medo de pedir demissão do emprego porque temem não ser capazes de conseguir outro; até mesmo nos melhores tempos, o empreendedorismo não é fácil; e uma educação universitária tradicional não é mais uma garantia de sucesso futuro como era antes. A boa notícia é que existem muitas outras maneiras de assumir o controle da sua carreira sem precisar pedir demissão do emprego, seguir o seu caminho sozinho ou queimar o seu diploma. O fato é que as empresas precisam de jovens empreendedores trabalhando com elas se quiserem permanecer em operação e principalmente ser bem-sucedidas. Os desafios da globalização rápida e da constante interferência tecnológica no meio de uma crise econômica global que contraiu os mercados de crédito e desacelerou as fusões e as aquisições submeteram as empresas a muitas das mesmas pressões que atingem os seus funcionários. Elas precisam crescer a partir de dentro, e só podem fazer isso se você estiver com elas. Isso significa que agora, mais do que nunca, para progredir na carreira, é fundamental que você se torne indispensável no trabalho. Você não pode simplesmente relaxar e esperar que as coisas aconteçam. Para que você progrida e seja feliz na sua carreira, precisa estar no banco do motorista, buscando constantemente oportunidades e sendo persistente. Quando você faz isso, o seu gerente, os seus colegas de trabalho e os executivos o encararão como um trunfo valioso, e você conseguirá os aumentos e as promoções que vem se matando para obter. O local de trabalho de hoje não tolera pessoas indolentes. Ou você ascende ao topo, ou não sobreviverá. O problema é que a maioria das pessoas não sabe como começar. Mas vou lhe mostrar exatamente como fazer isso, e ao terminar a leitura deste livro, você será um especialista em usar o seu atual emprego como um trampolim para o sucesso utilizando habilidades do modo de pensar convencional — em vez de habilidades não convencionais — para realizar o seu potencial, maximizar o seu sucesso e levar a sua carreira para um nível completamente novo.

Sei muito bem que essa é uma tremenda promessa. Mas vou lhe contar como cheguei a um lugar onde posso fazer — e cumprir — essas promessas. Para começar, não sou algum tipo de gênio/bilionário da internet. Eu decididamente sempre me interessei por tecnologia (certa vez criei um *website* de James Bond), mas a escola nunca foi fácil para mim.

Durante a faculdade, consegui um estágio em uma empresa de promoções de eventos para fazer trabalho braçal — imprimir e escanear documentos, e cheguei até mesmo a levar café para o CEO algumas vezes. Esse estava para se tornar outro episódio de um emprego abominável, mas reparei que alguns dos meus colegas de trabalho estavam criando folhetos e fazendo trabalho de *design*. No dia seguinte, mostrei ao meu chefe os *websites* que eu criara e que estava administrando como um *hobby*. Ele viu que eu tinha bastante conhecimento de tecnologia, de modo que me deu a oportunidade de trabalhar no *website* da empresa e desenvolver prospectos. Lições aprendidas: *fazer apenas o meu trabalho não era o bastante. A fim de progredir, eu tinha que realmente me destacar, e as habilidades que eu adquirira fora do local de trabalho poderiam me ajudar a ser promovido dentro da empresa.*

No dia 14 de março de 2007, li um artigo que mudou a minha vida: "The Brand Called You",* de autoria de Tom Peters. Nele, Peters falou a respeito do poder do *branding* pessoal e da arte de criar a carreira ideal. Ocorreu-me que era exatamente isso que eu estivera fazendo durante a faculdade — eu apenas não tinha um termo para essa prática. Eu sabia que gostava de ajudar outras pessoas com a carreira delas e que eu era bom nisso. Ao mesmo tempo, percebi que o gerenciamento de carreira estava mudando para gerenciamento da marca on-line, e que era cada vez mais possível usar a Web para criar uma carreira. Fiz uma rápida busca na internet para ver se havia alguma outra pessoa da minha idade falando a respeito de *branding* pessoal on-line. Não havia, de modo que mergulhei de cabeça.

A primeira coisa que fiz foi mudar o nome do blog para Personal Branding Blog [Blog de *Branding Pessoal*] (eu sei que não é terrivelmente inspirador, mas vai direto ao ponto). Depois, comecei a aprender tudo o que era possível. Em seguida, modifiquei um pouco as coisas e usei o que eu sabia e estava aprendendo para ensinar outras pessoas (o que me ajudou a aprender ainda mais). Todas as noites, quando eu voltava para casa depois do trabalho, escrevia um novo post para o blog e comentava a respeito de todos os artigos na Web que estivessem até mesmo remotamente relacionados com o *branding* pessoal. Passei a não ter mais fins de semana e noites livres, e descobri que aquela era uma maneira incrível de mostrar o que eu sabia e ao mesmo tempo obter *feedback*. O blog começou a crescer muito lentamente, e eu me tornei um especialista a quem as pessoas recorriam para pedir ajuda. Depois de alguns meses, consegui publicar um artigo em outro site. E em seguida, depois de eu me promover junto à *Fast Company* durante meses, ela publicou um perfil meu como jovem líder no universo de *branding* pessoal.

---

* Tradução literal, "A Marca Chamada Você". (N. dos T.)

Alguém na EMC viu o artigo da *Fast Company* e o entregou a um vice-presidente que tinha acabado de ingressar no universo da mídia social. Trabalhei com esse vice-presidente para criar um novo cargo no departamento de Relações Públicas (RP): especialista em mídia social. De repente, as pessoas estavam me procurando, pedindo que eu as ajudasse com a mídia social. Eu mostrara ao meu empregador o que me tornava especial e exclusivo no mercado — a minha marca pessoal — e me tornei um funcionário altamente valioso. Lições aprendidas: *se você realmente se esforçar, se se tornar especialista em alguma coisa e perseguir as suas paixões, você* será *capaz de conseguir o que quer.*

Ao longo dos anos, vi um número excessivo de pessoas da minha geração trabalhando em empregos que as deixavam tremendamente infelizes (de acordo com o décimo estudo anual de Tendências de Benefícios de Funcionários, um terço dos americanos gostaria de estar trabalhando para outro empregador dentro dos doze meses seguintes). Muitos dos meus jovens colegas profissionais entram em contato comigo, pedindo conselhos sobre como subir na empresa em que trabalham — pessoas talentosas que se sentem imobilizadas e que não aprenderam na escola o que precisavam saber (em grande medida porque isso não é ensinado). Elas não estão usando o pleno potencial de seus talentos. Elas sabem que gostariam de ocupar outro cargo na empresa, mas carecem das habilidades necessárias e não sabem como adquiri-las. Algumas têm excelentes ideias, mas não têm o apoio necessário para desenvolvê-las sozinhas. Quase todas desejam fazer uma mudança, mas não sabem como avaliar as suas opções ou por onde começar.

Assim sendo, o negócio é o seguinte. Eu já passei por isso. Sei exatamente como é se sentir frustrado e irrealizado. Porém, o que é mais importante, eu sei o que fazer para transpor esses obstáculos e me posicionar para o verdadeiro sucesso. Ao longo deste livro, vou lhe mostrar como fazer o mesmo.

Antes de prosseguirmos, um rápido ponto que sinto ter a obrigação de informar. Em 2010, o meu Personal Branding Blog se tornou muito mais do que um *hobby* — ele me ajudou a conseguir um acordo para o meu primeiro livro e me trouxe uma série de convites para dar palestras e realizar trabalhos de consultoria. Portanto, decidi que deixar o mundo corporativo para formar a minha própria empresa era o passo lógico seguinte. Os meus amigos e colegas de trabalho ficaram chocados. Não conseguiam acreditar que um rapaz de 26 anos pudesse largar um emprego bem pago, em horário integral, e começar um negócio sem um respaldo corporativo. Eles disseram que era uma decisão arriscada, e alguns até mesmo afirmaram que eu era maluco. O líder mais antigo no meu departamento fez a seguinte previsão: "Antes que você se dê conta, vai ficar entediado e vai trabalhar na McKinsey ou em outra firma de consultoria".

Ao que se constatou, eles estavam errados. Eu queria controlar o meu próprio destino e tinha a combinação certa de paixão, qualificação, ambição e autoconfiança que possibilitaram que eu abrisse a minha empresa, a Millennial Branding, e a tornasse um sucesso. Hoje, embora eu seja um defensor do empreendedorismo, reconheço que esse caminho não é para todo mundo, nem deveria ser, especialmente no início da carreira da pessoa. Tendo dito isso, resista ao impulso de começar a achar que trabalhar para uma empresa é de algum modo "estável". Descobri que o empreendedorismo é hoje acessível a todo mundo, independentemente da idade ou ocupação. Você não precisa ser dono de um negócio para ser um empreendedor, mas precisa de uma mentalidade empreendedora para ser bem-sucedido nos negócios. Em um estudo que fizemos em parceria com a oDesk.com, descobrimos que 90% das pessoas dizem que ser um empreendedor é um tipo de mentalidade e não alguém que abre uma empresa. É também um conjunto de habilidades: saber vender, motivar os outros, trabalhar com equipes e ser persistente, entre outras coisas. Você pode aprender a aperfeiçoar todas essas habilidades sendo empreendedor *dentro* da empresa em que você trabalha, beneficiando-se dos grandes recursos do seu empregador e da estrutura corporativa. (Isso é especialmente importante se você ainda tem que pagar uma boa parte do seu empréstimo estudantil, pouco ou nenhum acesso ao capital e/ou se ainda mora com os seus pais.) Francamente, sinto-me feliz por ter trabalhado em uma grande empresa. O que aprendi lá me tornou mais tarde um melhor empreendedor. Hoje, gostaria de oferecer algumas das lições que aprendi como empreendedor — tanto no emprego quanto por conta própria — aos jovens funcionários que estão trabalhando no tipo de empresa onde trabalhei, para que possam ter sucesso em qualquer emprego, em qualquer mercado, e perseguir ao máximo as suas paixões, independentemente de onde esses jovens trabalhadores tenham vindo ou para onde essas paixões possam levá-los.

Novo local de trabalho, novas regras

O local de trabalho de hoje é bem diferente do que costumava ser. Além disso, como mencionei anteriormente, as faculdades não estão preparando os seus formandos para ele. Por exemplo, muitas delas dizem aos alunos que esperem o verão entre o penúltimo e o último ano do curso para fazer estágio. Mesmo? Isso pode parecer bom, mas garanto que quanto menos experiência de trabalho você tiver, mais difícil será conseguir um estágio quando você realmente quiser um. Também não existe, nem de longe, uma comunicação suficiente entre os departamentos acadêmicos e os centros de orientação vocacional e profissional. Alguém precisa se comunicar com empregadores efetivos para descobrir as qualificações que eles estão procurando. Mas isso não está acontecendo. E eis o resultado: a Intel, que tem um programa de reembolso das anuidades das universidades muito generoso, cortou cem faculdades da sua lista porque suas auditorias internas mostraram que os funcionários que se graduavam nesses programas não apresentavam um desempenho no nível esperado para o seu diploma. Nossa! Ao mesmo tempo, o número de websites que oferecem treinamento em assuntos que realmente importam no local de trabalho atual simplesmente explodiu. Se as escolas estivessem fazendo o seu trabalho, esses sites (a respeito dos quais falaremos nos Capítulos 2 e 3) não existiriam. Você precisará aprender como a nova economia funciona a fim de transitar por ela com sucesso. Tudo isso contribui para a maneira como você desenvolve a sua carreira a fim de ser notado e progredir. Essa é a nova realidade do local de trabalho.

Em suma, se você quiser ser bem-sucedido no local de trabalho atual — desenvolver a sua carreira e ser notado — precisará aprender a se deslocar em uma economia que parece estar mudando todos os dias. Eis um breve guia para algumas dessas mudanças. Investigaremos essas mudanças e muitas outras à medida que avançarmos pelo livro.

1. A descrição do seu cargo é apenas o começo. Se você quiser ser bem-sucedido no local de trabalho atual e se tornar conhecido, terá que fazer muito mais do que aquilo que foi contratado para fazer. Na realidade, a descrição do seu cargo é apenas um arranhão na superfície do que você deveria estar fazendo. Esteja sempre alerta para novos projetos e para a colaboração com outros grupos, e aprimore ao máximo a sua formação e desenvolvimento. Isso o posicionará melhor para concorrer a cargos mais importantes quando surgir a oportunidade. Andrew Goldman, vice-presidente de Planejamento e Programação da HBO/Cinemax, disse isso habilmente ao fazer o seguinte comentário: "Vivemos em um mundo no qual você não pode se limitar a fazer o mínimo possível, a não ser que você trabalhe para o seu pai".

2. O seu emprego é temporário. À medida que o mundo muda, o local de trabalho também se modifica. As empresas estão adquirindo ou sendo adquiridas, fundindo-se com outras empresas ou desintegrando-se. A sua equipe poderia ser eliminada, a sua função terceirizada ou você poderia perder completamente o interesse pelo seu emprego. Não é de causar surpresa que, de acordo com o Departamento de Estatísticas do Trabalho dos Estados Unidos, o americano médio terá cerca de onze empregos entre as idades de 18 e 34 anos. O emprego que você tem agora é apenas um trampolim ao longo do seu caminho.

3. Você vai precisar de muitas habilidades que provavelmente não tem hoje. Um recente estudo do Departamento de Educação mostra que as empresas estão tendo dificuldades para encontrar e conservar o talento certo. O Departamento estima que 60% dos novos empregos no século XXI exigirão habilidades que somente 20% dos atuais funcionários têm. As habilidades interpessoais se tornaram mais importantes do que as técnicas. Nunca foi tão fácil adquirir habilidades técnicas, mas essas habilidades só o levarão até um certo ponto. As empresas estão em busca de habilidades de liderança, organização, trabalho em equipe, saber ouvir e de *coaching*.

4. A sua reputação é o maior trunfo que você tem. Os títulos podem ser bons para o seu ego, mas no grande contexto atual o que realmente importa é aquilo pelo que você é conhecido, os projetos dos quais você participa, quanto as pessoas confiam em você, quem você conhece, quem tem informações a seu respeito e a aura que você emite para as pessoas ao seu redor. É claro que o que você faz é importante, mas o que os outros *pensam* de você pode ser igualmente importante, ou talvez mais ainda. Se você construir uma reputação de peso, o dinheiro e as oportunidades o encontrarão.

Em 2011, quando fiz uma pesquisa de opinião entre 450 dos leitores do meu blog em Personal-BrandingBlog.com, 92% disseram que saber como as pessoas os percebem no trabalho seria útil para a carreira deles. Os funcionários estão implorando por *feedback*. Mas na minha experiência de trabalho com corporações e indivíduos, a maioria das pessoas está receosa demais para pedir *feedback* ou não está recebendo uma quantidade suficiente dele para fazer diferença.

5. A sua vida pessoal agora é pública. De acordo com um estudo realizado pela minha empresa e a identified.com, o funcionário típico da Geração Y está conectado com 16 colegas de trabalho no Facebook. O que isso significa é que quando você deixa o emprego, continua conectado com seus colegas de trabalho por meio dos relacionamentos que você tem on-line. Em decorrência disso, até mesmo as coisas que você faz no seu tempo livre podem afetar a sua carreira — de uma maneira muito importante. Os quinze segundos que você leva para enviar um *tweet* a respeito do quanto você odeia o seu chefe ou para postar uma foto na qual você aparece "apagado" com uma bebida na mão poderão arruinar a sua carreira para sempre. Até mesmo as menores coisas — a maneira como você se comporta, se veste, a sua presença on-line, a sua linguagem corporal e com quem você se associa podem ajudar a construir a sua marca ou acabar com ela.

6. Você precisa construir uma presença positiva na nova mídia. A nova mídia e a convergência entre a sua vida pessoal e a privada encerram muitos benefícios. As suas redes sociais on-line possibilitam que você entre em contato com pessoas que têm interesses semelhantes aos seus. A sua presença on-line pode ajudá-lo a construir a sua reputação, e as oportunidades educacionais disponíveis on-line podem ajudá-lo a cavar mais fundo em busca das coisas que mais o entusiasmam e nas quais você deseja se especializar. Além disso, como discutiremos nos últimos capítulos, expandir a sua rede social o ajudará, com o tempo, na sua carreira ao colocá-lo em contato com pessoas que sabem o que você pode fazer e estão em uma posição que lhes permite ajudá-lo a progredir.

7. Você precisará trabalhar com pessoas de diferentes gerações. Como a combinação da necessidade econômica e o crescente tempo de vida das pessoas as está mantendo mais tempo no local de trabalho, você sem dúvida acabará trabalhando ao lado de pessoas de todas as idades. (Em algumas profissões, trabalhadores experientes estão competindo por cargos no nível de iniciante com pessoas recém-formadas, já que estão dispostos a sofrer uma redução nos seus salários para permanecer empregados.) Existem agora quatro gerações distintas na força de trabalho: Geração Z (estagiários), Geração Y (funcionários), Geração X (gerentes) e *Baby Boomers* (executivos). Cada uma dessas gerações foi educada em um período diferente, tem uma visão diferente do local de trabalho e se comunica de uma maneira diferente. Ao aprender como administrar os relacionamentos com pessoas de outras gerações, você será mais bem-sucedido.

8. A carreira do seu chefe vem em primeiro lugar. Se o seu gerente é malsucedido, as frustrações dele sem dúvida serão transmitidas para você, e as chances de você um dia ser promovido são bastante fracas. Mas se você apoiar a carreira do seu gerente, tornar a vida dele mais fácil e conquistar a confiança dele, ele o levará junto quando galgar os degraus corporativos — mesmo que isso signifique ir para outra empresa.

9. Quem tem mais contatos ganha. Nós nos deslocamos de uma economia de informação para uma economia social. O fato de você saber muitas coisas é menos importante (podemos descobrir praticamente qualquer coisa em segundos com uma simples busca no Google) do que você saber trabalhar com outras pessoas para resolver problemas. O ritmo rápido da tecnologia, das informações, da demanda de consumo e a constante modificação das hierarquias organizacionais vão causar um impacto na maneira como administra a sua carreira no trabalho. Se você não se conectar e não permanecer conectado, você rapidamente se tornará irrelevante para o mercado.

10. Lembre-se da regra do um. Quando se trata de conseguir um emprego, começar um negócio, encontrar alguém com quem se casar ou praticamente qualquer outra coisa, tudo o que é necessário é uma pessoa para mudar a sua vida para melhor. Todo mundo pode estar dizendo não à sua volta, mas desde que uma pessoa diga sim, você está no caminho certo. As pessoas bem-sucedidas conseguem o que querem porque entendem que basta uma oportunidade para chegar ao nível seguinte, e quando elas chegam a esse nível, apenas mais uma é suficiente para que elas cheguem ao nível seguinte. Cabe a você atrair essas pessoas para que apoiem a sua carreira.

11. Você é o futuro. Em 2025, 75% da força de trabalho global será da Geração Y. Isso significa que embora você possa estar no início da sua carreira, em um futuro não muito distante você estará na vanguarda. Neste momento, você precisa se posicionar para assumir uma dessas principais funções de liderança quando a força de trabalho mudar e os membros das gerações mais velhas se aposentarem. Falaremos mais sobre isso no Capítulo 1.

12. O empreendedorismo é para todo mundo, não apenas para os donos de empresas. Muitas pessoas definem *empreendedorismo* como começar um negócio, mas nos últimos anos o significado se ampliou para incluir alguém que é responsável, que está disposto a correr riscos e que se promove. Se você quer progredir, comece a olhar para a direção executiva da sua empresa como uma firma de capital de risco. Seja persistente, convença-os de que as suas ideias para eles são boas e proponha soluções inovadoras nas quais ninguém pensou até agora.

13. As horas estão fora, as realizações estão dentro. Se você quer manter o seu emprego e subir na empresa, pare de achar que precisa trabalhar um número ridículo de horas por semana. Em vez disso, perceba o seu valor, aja de uma maneira compatível com ele, avalie os seus êxitos e depois promova a si mesmo.

14. A sua carreira está em suas mãos, não nas mãos do seu empregador. Não importa o que digam, as empresas estão cuidando de si mesmas. E embora você decididamente deva tentar fazer com que a sua empresa seja bem-sucedida, precisa garantir que também está tendo alguma vantagem na situação. Se não está aprendendo e crescendo, você não está mais se beneficiando, e essa é uma questão que você terá que resolver. Não se apoie em nada ou em ninguém. Seja responsável pela sua própria carreira e assuma o controle da sua vida.

Se você quer ser bem-sucedido, terá que dominar essas novas regras. Escrevi este livro para ajudá-lo a fazer exatamente isso. Enquanto *Me 2.0* abordou como conseguir um emprego por intermédio da mídia social, este livro trata do que acontece *depois* que você está empregado. Como conseguir as habilidades de que você precisa para progredir na carreira? Como se preparar para lidar com quaisquer problemas que possam surgir nestes tempos incrivelmente incertos? Como estabelecer uma rede de contatos com executivos e gerentes? Como administrar relacionamentos entre pessoas de diferentes gerações? Como criar uma marca pessoal que mostre o seu caráter único, faça com que as pessoas reparem em você no trabalho e o ajude a se promover mais rápido do que os seus colegas estão se promovendo? Em resumo, esse é o assunto deste livro. E em vez de dizer que você deve pedir demissão do emprego e começar a sua própria empresa ou violar regras corporativas, vou lhe dar instruções sobre como permanecer dentro das políticas corporativas enquanto atinge o seu verdadeiro potencial no trabalho.

Este livro foi escrito para todos vocês, jovens trabalhadores com elevado potencial como Jason, que não têm um mapa claro da carreira, mas estão dispostos a se esforçar para fazer diferença para a sua empresa e para si mesmos. É claro que qualquer pessoa que esteja querendo progredir no trabalho ou na carreira também será beneficiada com a leitura deste livro. E você vai receber uma combinação única da minha experiência e da experiência de centenas de pessoas como você a partir das entrevistas que conduzi com mais de cem funcionários, gerentes e executivos de grandes empresas como a Intel e a PepsiCo, bem como os resultados de um estudo proprietário que a minha empresa fez em parceria com a American Express, em que entrevistamos mil jovens funcionários e mil gerentes. Os resultados o deixarão surpreso e lançarão uma luz muito necessária sobre as tendências, dicas e estatísticas que são os segredos para que você possa prosperar.

Este livro contém onze capítulos, cada um deles em sintonia com o método "pense de uma maneira convencional" necessário para que você seja bem-sucedido no trabalho. À medida que o local de trabalho for mudando, você precisará conhecer as novas regras e saber como lidar com elas. Também compreendo que embora a maioria das pessoas trabalhe e continuará a trabalhar para empresas, alguns de vocês se sentirão atraídos para o empreendedorismo. No entanto, mesmo que você saiba que um dia estará por conta própria, com frequência é extremamente proveitoso ter alguma experiência corporativa no currículo antes de entregar as chaves da sua sala ao seu empregador. Seja qual for o seu caminho, este livro será útil para você tanto como um manual de instruções quanto como um guia de referência.

Na primeira parte, mostrarei a você como obter as habilidades de que precisa para ser bem-sucedido. Falaremos a respeito das habilidades técnicas, das habilidades interpessoais e das habilidades da mídia social. Você tomará conhecimento das habilidades de que precisa, o que fazer para obtê-las e como usá-las para progredir.

Na segunda parte, avançaremos para o que você deve fazer para se tornar conhecido por essas habilidades, como formar um grupo de adeptos, como se tornar mais visível e como aumentar a sua influência dentro da sua organização — tudo isso sem se promover em excesso.

Na terceira parte, nós nos concentraremos nos resultados do estudo que mencionei, que revelarão o que os gerentes estão buscando quando conservam e promovem os jovens talentos (e o que os jovens profissionais pensam que os gerentes estão procurando; dica: as duas listas nem sempre são iguais). Quando você entender as necessidades corporativas, cometerá menos erros, avançará mais rápido e se sentirá mais confiante no local de trabalho.

Na quarta parte, falaremos a respeito das atividades a que você deve se dedicar fora do local de trabalho para promover a sua carreira do lado de dentro. Vou mostrar como você deve pegar as ideias que o entusiasmam e usá-las para assumir diferentes cargos na sua empresa. Falaremos também a respeito de como você pode, essencialmente, começar o seu próprio negócio enquanto estiver empregado, e como conseguir que os seus gerentes e executivos o apoiem, fornecendo-lhe os recursos de que você precisará para fazer isso acontecer. Os funcionários estão se tornando mais empreendedores no trabalho. Além disso, muitas empresas estão agindo um pouco como capitalistas de risco, procurando funcionários com um potencial elevado e recompensando a inovação *dentro* dos métodos convencionais, financiando projetos que poderiam ter fracassado antes de começar se você tivesse tido que ir em busca do seu próprio financiamento.

Finalmente, na última parte, falaremos a respeito de fazer mudanças. É bastante provável que você não vá permanecer no mesmo emprego durante toda a sua vida profissional. Desse modo, vamos discutir como avaliar se você deve permanecer com o seu atual empregador ou ir para outra empresa; o que fazer se você detesta o seu emprego mas não pode se dar ao luxo de ir embora; como lidar com os recrutadores, pedir um aumento e muitas outras coisas.

A América corporativa pode estar mudando rapidamente, e não podemos contar com uma reviravolta na economia em um futuro próximo. Mas se você seguir os passos que esquematizo neste livro, você terá razão para ser otimista em cada capítulo. Eu o ajudarei ao longo do processo de identificação das habilidades de que você precisará para progredir na sua carreira — e como obtê-las. Essas informações lhe darão uma tremenda vantagem sobre os seus colegas que, aos tropeços, despenderão um tempo enorme tentando aprender o que você já sabe. Elas também o tornarão mais bem-sucedido e realizado na função atual, e lhe fornecerão as ferramentas de que você precisará para avançar com mais confiança para o seu próximo cargo.

Eu o deixarei com esta última ideia antes de começarmos: embora o foco deste livro seja pensar de uma maneira convencional — ter sucesso e progredir *dentro* da sua organização —, é fundamental que você esteja aberto para novas possibilidades. Ao longo de todo este livro, vou lhe mostrar as possibilidades e ajudá-lo a tirar vantagem delas. A sua carreira está em suas mãos, e estou aqui para respaldar as suas ambições e ajudá-lo a promover a si mesmo. Vamos começar!

Aplausos para o seu sucesso,
DAN SCHAWBEL

1

O futuro é VOCÊ

As pessoas nascidas nas décadas de 1980 e 1990 têm em seu poder as chaves que revelarão os segredos de amanhã.

— BARRY SALZBERG
CEO Internacional da
Deloitte Touche Tohmatsu Limited.

Nós somos aqueles que nascemos nas duas últimas décadas do século XX. Somos oitenta milhões de jovens e estamos assumindo o controle do mundo. Tenho plena confiança de que esta geração vai transformar para melhor os negócios como os conhecemos. Perdemos a confiança nas organizações, nós as estamos pressionando para que abracem causas sociais e queremos que elas apoiem as nossas comunidades locais. Não gostamos das hierarquias corporativas e não queremos nos sentir reprimidos por um dia de trabalho com um número fixo de horas. Acreditamos que as empresas não deveriam julgar o desempenho em função do tempo de permanência no emprego, da idade ou das horas trabalhadas e sim com base nos resultados obtidos. À medida que mais membros do nosso grupo ingressarem na força de trabalho, a mudança acontecerá rapidamente e as empresas que não se ajustarem serão incapazes de tirar proveito da mais procurada concentração de talentos da história. Em 2014, 36% da força de trabalho dos Estados Unidos será formada por pessoas nascidas nas últimas duas décadas do século XX (vulgo Geração Y).

Em 2020, nós seremos 46%, e seremos responsáveis por 75% da força de trabalho *global* em 2025.[1] Temos o poder de mudar a América corporativa porque daqui a uma década, nós *seremos* a América corporativa. Valerie Grillo, CDO* da American Express, entende o pleno potencial e magnitude da Geração Y. "Vivemos em um mundo onde a mídia digital e social mudaram completamente a maneira como nos relacionamos com os nossos clientes e promovemos os produtos e serviços para eles. Atrair e conservar os melhores talentos disponíveis é fundamental para o sucesso a longo prazo; as pessoas da Geração Y são um componente-chave dessa estratégia."

Mas essa não é uma história apenas sobre o futuro. Um recente estudo realizado pela minha empresa e pela PayScale concluiu que 15% dos membros da Geração Y já ocupam cargos de liderança.[2] À medida que a nossa influência continuar a crescer, acredito que obrigaremos as empresas a serem mais transparentes no local de trabalho, a ter um processo mais honesto de recrutamento e a se tornar mais colaborativas. As hierarquias vão desmoronar, os "megaprédios" corporativos vão se consolidar e se tornar espaços opcionais de *coworking*. Os funcionários poderão trabalhar em qualquer lugar a qualquer hora e só serão avaliados em função dos resultados que apresentarem.

O local de trabalho será mais como um jogo, em vez de um lugar onde são executadas tarefas desagradáveis e maçantes, e terá uma cultura mais parecida com a de uma *start-up* do que com a de uma empresa da velha escola. Essas são excelentes notícias para os trabalhadores e para todas as empresas que se adaptarem a essas mudanças. Mas não acredite apenas nas minhas palavras. Cynthia Trudell, CHRO** da PepsiCo, também enxerga o tremendo impacto que a Geração Y causará no local de trabalho. "Muitas das mudanças operacionais que estamos fazendo hoje são concebidas para que nos desloquemos para uma hierarquia plana e nos afastemos do velho e tradicional comando e controle. Você visualiza o futuro e vê a maneira como os membros da Geração Y trabalham como uma equipe porque eles são treinados para fazer isso na escola, e esse é estilo do futuro."

Mas por que estou lhe dizendo tudo isso? É muito simples. Creio que ao compreender o impacto que a sua geração terá no local de trabalho nos próxi-

---

* *Chief Diversity Officer.* (N. dos T.)
** *Chief Human Resource Officer.* (N. dos T.)

mos anos, você saberá o que precisa fazer agora para ser notado no trabalho e conseguir que pessoas se interessem pelas suas ideias. Uma vez que isso esteja garantido, você estará bem adiantado no caminho para se tornar um líder na sua empresa.

Algumas companhias já começaram a modificar a sua cultura para torná-la mais compatível com os membros da Geração Y. O mesmo estudo da PayScale no qual trabalhei mostra que o tempo médio de permanência no emprego dessas pessoas é de dois anos (cinco para a Geração X e sete para os *Baby Boomers*). A Chegg Inc., um serviço de aluguel de livros-texto estabelecida no Vale do Silício, tinha dificuldade em conservar os seus funcionários da Geração Y até mesmo pela média de dois anos.[3] A empresa criou uma política de férias remuneradas ilimitadas, algo que a HubSpot, a Netflix e algumas outras tinham implementado anos antes. Os empregadores que oferecem esses planos constatam que além de ser uma boa ferramenta para a contratação, eles também aumentam a produtividade dos funcionários ao eliminar um estresse da vida deles que poderia afetar o desempenho no trabalho. Alguns empregadores foram ainda mais longe, dando efetivamente aos funcionários dinheiro para gastar durante as férias, mas com a condição de que eles não podem fazer *nenhum* tipo de trabalho e precisam se desligar completamente da tecnologia quando estiverem ausentes. Os empregadores dizem que os funcionários voltam revigorados e prontos para pegar no batente.

A taxa anual de rotatividade na Chegg caiu 50% por ano nos últimos dois anos em decorrência do programa. Outra empresa, a fabricante de software Aprimo, garante aos recém-formados na faculdade um aumento de responsabilidade no intervalo de um ano, uma política que a empresa considera responsável pelo aumento de 85% na sua taxa de retenção dos funcionários da Geração Y.[4] Em resumo: as empresas que demonstram aos funcionários que se importam com eles e com a carreira deles (em parte por tornar o local de trabalho mais compatível com a Geração Y e oferecendo oportunidades para que eles assumam mais responsabilidade) os conservarão. Todas as outras perderão a disputa pelo talento. Mas ainda temos um longo caminho a percorrer.

Eis mais alguns exemplos do tremendo impacto que a Geração Y causará nos locais de trabalho de hoje e de amanhã:

- **Vamos derrubar o *firewall*.** Os membros da Geração Y estão sempre conectados através da tecnologia, e usam as ferramentas da mídia social e os seus smartphones para permanecer em contato com a família, os amigos e os colegas de trabalho. As empresas inteligentes permitirão que os recursos sociais sejam usados no trabalho porque isso torna os trabalhadores mais produtivos, favorece a comunicação rápida e barata com o mundo inteiro e deixa os seus funcionários felizes. Por outro lado, as empresas que limitarem os sites da mídia social no local de trabalho e limitarem as nossas escolhas de dispositivos móveis terão dificuldade em recrutar e/ou reter as pessoas da Geração Y. Quando estas últimas assumirem o controle do local de trabalho, todas as empresas (com algumas exceções nas indústrias altamente regulamentadas) permitirão a utilização aberta da tecnologia. Trinta e três por cento dos membros da Geração Y escolheriam a liberdade da mídia social e a flexibilidade dos dispositivos a um salário mais elevado. E de acordo com a Cisco, 56% não trabalhariam em uma empresa que proibisse a utilização da mídia social.

- **Vamos transformar o trabalho em algo mais parecido com um jogo do que um trabalho desagradável.** Os membros da Geração Y cresceram jogando *video games*, e estamos constantemente buscando o emprego dos nossos sonhos. Não estamos dispostos a nos acomodar, somos altamente otimistas e acreditamos que o nosso emprego deve refletir o nosso estilo de vida. Quando ficamos entediamos com o emprego, acabamos indo embora. No futuro, os membros da Geração Y modificarão a maneira como o trabalho é feito. A gamificação no local de trabalho já está ganhando força agora, mas vai se tornar padrão no futuro. A gamificação é uma nova maneira de treinar e desenvolver funcionários por meio de jogos. Um exemplo de uma empresa que já está usando a gamificação para cultivar uma base leal de funcionários da Geração Y é a BlueWolf Consulting.[5] Os funcionários da BlueWolf ganham pontos postando novos temas para discussão ou respondendo a posts dos colegas de trabalho, o que faz com que a empresa permaneça inovadora e aumente o envolvimento. Além disso, eles são incentivados a compartilhar posts, documentos de marketing e outros conteúdos através dos seus próprios perfis nas redes sociais. Eles ganham pontos quando os seus posts são clicados, e os pontos podem ser resgatados em diferentes prêmios como iPads ou um almoço com o CEO. O resultado foi que o tráfego no website da empresa aumentou 45%, e o tráfego no blog corporativo dela aumentou 80%. A Gartner prevê que já em 2014, mais de 70% das empresas terão pelo menos um aplicativo gamificado.

- **Vamos trabalhar com os nossos amigos.** Os membros da Geração Y desejam um trabalho que os faça se sentir em casa, e estamos mais propensos do que os trabalhadores das gerações anteriores a escolher um emprego apenas para estar com os nossos amigos. É por esse motivo que muitos de nós abrimos negócios e escolhemos os nossos amigos como sócios. Para nós, os limites entre o pessoal e o profissional estão misturados, e sentimos que é mais fácil levar a nossa vida social conosco para o trabalho dessa maneira.

- **Vamos construir uma organização colaborativa.** Os membros da Geração Y se destacam na colaboração. E para que tenhamos um local de trabalho mais colaborativo, a estrutura física efetiva dele precisa ser reelaborada (os cubículos individuais, por exemplo, isolam muito as pessoas). Desse modo, em vez do espaço de escritório tradicional, teremos espaços sociais customizados para as nossas necessidades. Dois exemplos disso são o escritório da Unilever em Hamburgo e o da Microsoft em Amsterdã, nos quais os funcionários não têm mesas permanentes e são incentivados a se locomover e procurar o lugar onde possam ser mais produtivos.[6] No local de trabalho de um futuro não muito distante, você verá escritórios projetados sem cubículos, uma utilização mais ampla de espaços abertos e mesas redondas, escritórios virtuais e um número maior de empresas usando espaços de *coworking* em vez de enormes prédios corporativos com milhares de funcionários dentro deles. A tecnologia será uma parte importante da maneira como os funcionários colaboram e já estamos vendo isso por meio das redes sociais internas e das ferramentas da mídia social que possibilitam os blogs, os posts nos fóruns, os vídeos e assim por diante. O objetivo de tudo isso é promover a comunicação e a interação entre os funcionários.

- **Vamos ter uma influência positiva nas gerações mais velhas.** Na realidade, isso já está acontecendo. Por exemplo, fomos os primeiros a adotar o networking social. As gerações mais velhas só aderiram depois, não raro porque queriam permanecer em contato com os seus filhos, ou espioná-los. Como os membros da Geração Y são muito diferentes dos das gerações anteriores na maneira como agem, se comportam, tomam decisões de compra e veem o mundo, eles começaram a mudar as opiniões e o comportamento dos mais velhos (74% dos membros da Geração Y acreditam que influenciam as decisões de compra dos seus colegas e das pessoas das outras gerações).[7] "Podemos efetivamente ver os membros da Geração X mudando a maneira como veem as marcas e o que esperam dos produtos, serviços e experiências porque os da Geração Y estão elevando o nível para todo mundo, e isso tem lugar na força de trabalho", declara Ross Martin, vice-presidente executivo da MTV Scratch na MTV Networks. Parte do problema é que os membros da Geração Y não querem apenas ser alvo do marketing; eles querem fazer parte do *branding* e do processo de criação do produto, e estar envolvidos com ele on-line.

  A influência da Geração Y também se estende ao mundo off-line. Cadeias varejistas como a Macy's começaram a oferecer marcas de moda completamente novas — e estão até mesmo reestruturando as suas lojas físicas — para torná-las mais atrativas para os jovens compradores. E no local de trabalho, os funcionários mais jovens estão fazendo um aconselhamento inverso com os *Baby Boomers*, ajudando-os a conhecer melhor a tecnologia e a utilizá-la de maneira mais eficiente no trabalho.

- **Vamos conferir uma reputação melhor à América corporativa.** Em muitos círculos, a América corporativa ainda é vista como impessoal, fora de sintonia e impulsionada pelo resultado final. Mas 92% dos membros da Geração Y acreditam que os negócios devem ser avaliados em função de outros parâmetros além do lucro e devem se concentrar em um objetivo social.[8] Os membros da Geração Y estão extremamente envolvidos com a retribuição às comunidades, em fazer uma diferença positiva no mundo, e somos conhecidos por colocar o significado acima do dinheiro quando se trata de tomar decisões a respeito de onde trabalhar. Desse modo, vamos causar uma influência positiva na maneira como os negócios são feitos, apoiar instituições beneficentes e empresas sem fins lucrativos internacionais, e apresentar uma imagem melhor da América corporativa no futuro.

- **Vamos mudar a maneira como os funcionários são promovidos.** Tipicamente, as promoções acontecem depois que a pessoa está há um certo tempo no emprego. No entanto, os membros da Geração Y querem promoções mais rápidas e frequentemente não estão dispostos a esperar anos para subir ao nível seguinte em uma empresa. Acreditamos que as promoções devem estar mais vinculadas a realizações e resultados do que se basear na idade e em anos de experiência. Tradicionalmente, as promoções tendem a acontecer no início do ano fiscal de uma empresa ou no ano civil. Entretanto, à medida que a nossa influência for aumentando, as promoções terão lugar no momento em que forem merecidas. A palavra-chave aqui é *merecidas*. Você continuará a ter que dar duro e produzir resultados para constantemente adicionar valor à sua equipe e à sua empresa.

Ao compreender o impacto que a sua geração causará na força de trabalho nos próximos anos, você poderá se preparar melhor para isso e se tornar um líder na sua empresa. Isso o ajudará a ser notado no trabalho, a fazer as pessoas se interessarem pelas suas ideias e até mesmo o tornará mais confiante.

Tudo isso parece muito bom, não é mesmo? O futuro é brilhante e o futuro é você!

2

Habilidades técnicas: seja mais do que a descrição do seu cargo

> Na economia atual baseada no conhecimento, o que você ganha depende do que você aprende.
>
> — BILL CLINTON

Permaneça atualizado para permanecer empregável

Como discutimos, uma coisa que é certa, em qualquer organização, é que a mudança é constante — empresas são vendidas, equipes de gestão são demitidas, funções profissionais são terceirizadas ou automatizadas e inúmeras outras coisas podem acontecer que são igualmente inesperadas e estão fora do nosso controle. As pessoas que se adaptam sobrevivem; as que não se adaptam não sobrevivem. Se você não fizer o possível para acompanhar a maneira como o mundo está mudando, você logo se tornará inútil — e desempregado. Você se lembra da Blockbuster? Ela tinha uma enorme fatia do mercado de aluguel de vídeos, mas não acompanhou a crescente demanda para que os vídeos fossem entregues na nossa casa. Mas a Netflix fez isso, e abocanhou a maior parte da fatia de mercado da Blockbuster. Agora, a Netflix tem que competir com o quase interminável suprimento de *streaming* de mídia gratuito de empresas como a Hulu e o YouTube. Charles Darwin captou perfeitamente essa ideia quando declarou: "Não é a espécie mais forte que sobrevive, e tampouco a mais inteligente, e sim a que responde melhor à mudança".

Faz sentido, não é mesmo? Um *designer* gráfico com experiência em HTML, Flash e a versão 2002 do Adobe Photoshop e Illustrator — mas que não se manteve atualizado com as inovações — não será nem de longe tão valioso quanto uma pessoa recém-saída da escola e que domine os mais recentes e melhores softwares de *design*. Além disso, é sempre mais barato contratar uma pessoa mais jovem que tenha habilidades atuais do que uma mais velha cujas habilidades não estejam tão atualizadas. Isso é algo que você deve ter em mente, já que, em algum ponto, você será um desses trabalhadores mais velhos e o seu emprego poderá ser ameaçado por alguém que hoje ainda esteja usando fraldas mas que, daqui a alguns anos, dominará habilidades que ainda nem mesmo foram inventadas.

Em última análise, é você quem decide que habilidades deve dominar e como vai gastar o seu tempo; quanto mais tempo você dedicar à aquisição de habilidades que são muito procuradas, mais valioso você se tornará. Quando você dominar as habilidades técnicas corretas relacionadas com a sua profissão e a sua área, as pessoas notarão os seus talentos e o convidarão para trabalhar com elas em projetos. Você se tornará o funcionário que todos procuram, principalmente nas situações críticas. Mas nada disso vai acontecer se você não for persistente e não insistir em informar às pessoas o que você é capaz de fazer e onde você pode contribuir mais para a sua empresa (isso é tão importante que dediquei um capítulo inteiro à autopromoção). Toda essa atenção adicional lhe conquistará mais respeito das pessoas com quem você trabalha, e mais confiança — além de ainda mais visibilidade e projetos importantes — das pessoas para quem você trabalha.

A American Society for Training and Development (ASTD) estima que já em 2015, 60% dos novos empregos exigirão habilidades que somente 20% da população tem atualmente. Então, como você pode saber quais as habilidades de que você vai precisar no futuro? É difícil dizer com exatidão, mas eis algumas tendências atuais que lhe fornecerão uma orientação básica:

DEFASAGEM DAS HABILIDADES. Apesar de estarmos presenciando algumas das taxas de desemprego mais elevadas nos últimos cinquenta anos, existem atualmente três milhões de ofertas de emprego nos Estados Unidos.[1] Na realidade, um recente estudo do ManpowerGroup descobriu que 52% das empresas americanas têm dificuldade em preencher vagas. Quais são as funções mais difíceis de preencher? Cargos de nível universitário em engenharia, contabilidade e finanças, e TI. De acordo com a Manpower, o maior problema é que um número excessivo de candidatos carece das habilidades técnicas necessárias para o cargo. Nós claramente precisamos de mais pessoas com diploma universitário nos Estados Unidos, mas o Georgetown Center on Education and the Workforce faz a projeção que a demanda por trabalhadores com nível superior ultrapassará a oferta nos Estados Unidos em mais de 300 mil empregos por ano. Então, quem vai preenchê-los? Trabalhadores da Índia, do Paquistão, da Europa Oriental e da Ásia, onde os engenheiros são tão valorizados quanto os médicos e onde os jovens estão afluindo para adquirir as habilidades necessárias para trabalhar na nova economia. Para lhe dar uma noção de como os engenheiros são importantes hoje em dia, em setembro de 2009, quando o desemprego era de quase 10% — o nível mais elevado em décadas —, a taxa para os engenheiros era de 6,4%.[2] E enquanto escrevo estas linhas, a taxa de desemprego nos Estados Unidos está acima de 7%, mas para os engenheiros, ela está abaixo de 2%.[3]

GLOBALIZAÇÃO. Você se lembra da defasagem de 300 mil empregos por ano que mencionei anteriormente? Todos esses empregos estão indo para o exterior. As notícias só ficam piores. De acordo com a Knight Frank Research, e o Wealth Report do Citi Private Bank, já em 2050 a Índia roubará da China o primeiro lugar na lista das maiores economias do mundo. A essa altura, os Estados Unidos já estarão fora do primeiro lugar há trinta anos.

AUTOMATIZAÇÃO. Ao redor do mundo e em todas as indústrias, as máquinas estão executando tarefas que costumavam ser feitas por pessoas. Pense nas filas de pagamento automático nas lojas onde você mesmo escaneia os artigos que comprou, passa o cartão de crédito e empacota as suas coisas. Essa costumava ser uma função executada por uma pessoa, o que nos conduz a um dos principais pontos deste capítulo. Não basta simplesmente se adaptar à mudança. Você precisa encontrar uma maneira de se tornar inestimável, uma maneira de garantir que está fazendo coisas que não podem ser automatizadas. Isso significa se manter atualizado com tendências e todas as outras coisas que poderiam afetar o cargo que você ocupa e aquele que você gostaria de ocupar. Significa se tornar um especialista hoje mas sempre aprender novas habilidades que o tornarão um especialista amanhã. Em alguns casos, você talvez precise mudar de emprego — é difícil prever quais habilidades são aparentemente essenciais hoje, mas serão completamente desnecessárias amanhã.

O DESEMPENHO MÉDIO ACABOU. Eis uma grande citação do colunista do *New York Times* Thomas Friedman: "No passado, os trabalhadores com qualificações médias, com um desempenho médio, podiam ganhar o suficiente para ter um estilo de vida médio. No entanto, hoje em dia, o que é médio oficialmente terminou. Se você for médio, simplesmente não ganhará o que costumava ganhar. Isso não é possível porque um número muito maior de empregadores tem muito mais acesso ao trabalho muito acima da média da mão de obra importada, da robótica barata, do software barato, da automatização barata e do talento barato". Ter um desempenho médio não fará com que você seja notado, independentemente da sua área. Como eu disse há pouco, você precisa descobrir uma maneira de contribuir de uma maneira exclusiva, de adicionar valor e de se destacar. Essa é a única maneira de sobreviver.

Os dias de trabalhar em uma empresa durante vinte anos sem se preocupar com a estabilidade no emprego e parar de trabalhar com uma boa aposentadoria já acabaram há muito tempo. E o mesmo aconteceu com a lealdade ao empregador. Hoje, a tendência é em direção a ambientes de colaboração e à contratação de pessoas que podem trabalhar de uma maneira independente.

A mensagem aqui é bem simples. As habilidades que você tem agora podem não ser relevantes amanhã. Desse modo, o melhor que você tem a fazer é se adestrar nas habilidades de que você precisa enquanto aprimora as que você já tem. Justin Orkin, executivo de vendas da Advertising.com da AOL, disse isso de uma forma maravilhosa: "Leio muitos blogs, tenho reuniões semanais com a nossa equipe", afirma. "Também sou membro do conselho da diretoria de publicidade. É preciso ler e ouvir muito para permanecer atualizado. O passado é excelente, mas todo mundo quer saber do futuro. O futuro é hoje."

Então, você está à altura da tarefa? Sei que tudo isso pode parecer um pouco intimidante, mas a verdade é que se você estiver disposto a se esforçar, será capaz de conseguir um emprego na nova economia. E conseguirá evitar que esse emprego seja terceirizado. É claro que a decisão de fazer isso ou não é sua, mas posso garantir que é bem melhor ser visto como alguém que está ativamente contribuindo e administrando a própria carreira do que como alguém que está inativo rezando para que alguma coisa aconteça. Ao adquirir todas as habilidades necessárias e usá-las para contribuir de uma maneira significativa, você não conseguirá evitar progredir na sua carreira. A gerência não o promoverá enquanto você não promover primeiro a si mesmo — adquirindo as habilidades certas e apregoando-as. Você precisa dar aos gerentes um motivo para que prestem atenção em você. E fará isso se tornando tão competente que eles não conseguirão evitar você. Lembre-se de que os que estão mais acima no organograma da empresa estão procurando pessoas de elite como você, aquelas cujas habilidades podem ajudar a empresa a progredir (e promover a carreira do gerente nesse processo).

O funcionário indispensável:
as habilidades técnicas

Você precisa de habilidades práticas, técnicas, para preencher a descrição do seu cargo; elas dizem respeito à execução das tarefas. Sem elas, você nunca seria capaz de conseguir uma entrevista, que dirá um emprego. As habilidades técnicas são mensuráveis — quantas linhas de código você consegue escrever em uma semana? Qual a sua competência no Excel? Quantos toques você consegue digitar por minuto? E você será capaz de usá-las em várias funções e empresas. Por exemplo, se a sua área é contabilidade, o conhecimento dos princípios de contabilidade geralmente aceitos será necessário, quer você trabalhe em um banco ou em uma padaria. Como é fácil quantificar as habilidades técnicas, frequentemente é possível obter certificados e prêmios pela aquisição delas.

Eis uma breve lista de habilidades técnicas, e muitas delas estão relacionadas com a tecnologia, mas à medida que esta última muda, o mesmo acontecerá com as habilidades técnicas exigidas. Muitas das habilidades que são absolutamente essenciais para administrar os negócios hoje em dia (a codificação, o *design* de websites e a mídia social, citando apenas alguns) não existiam há dez anos. E daqui a dez anos, haverá uma enorme demanda por pessoas com habilidades das quais ninguém ouviu falar hoje. Fui parceiro da oDesk.com em um estudo que descobriu que 94% dos *freelancers* acreditam que aprender novas habilidades ao longo da careira é muito ou extremamente importante. À medida que avançarmos neste capítulo, tenha consciência de que aprender habilidades técnicas não é uma coisa que você só faz uma vez. Manter as suas habilidades atualizadas é um processo constante.

- Gerenciamento de projetos
- Gestão financeira
- Elaboração de orçamentos
- Previsão de vendas
- Engenharia (mecânica ou de software)
- Utilização de software no escritório
- Domínio de uma segunda língua
- Web *design*
- Correspondência comercial

Então, qual a importância das habilidades técnicas? Vou fornecer alguns percentuais. A minha empresa fez um levantamento entre mil gerentes e mil jovens trabalhadores a respeito das habilidades técnicas. Eis o que constatamos:

- Sessenta e cinco por cento dos gerentes e 61% dos jovens trabalhadores disseram que ter uma habilidade técnica é "muito importante" ou o fator "mais importante" quando os funcionários são avaliados para funções de liderança.

- Oitenta por cento dos gerentes e 79% dos jovens trabalhadores disseram que ter um raciocínio estratégico e habilidades analíticas é "muito importante" ou "o fator mais importante" quando os funcionários são avaliados para funções de liderança.

Além de ajudá-lo a conseguir e manter empregos, as habilidades técnicas também possibilitam que você se desloque dentro da organização em que trabalha. Digamos que você seja um assistente administrativo em uma grande empresa. Você detesta o que está fazendo, mas precisa do salário e dos benefícios.

Há uma vaga no departamento de TI, e você está pensando em se candidatar — embora não tenha nenhum treinamento formal. Posso praticamente garantir que você não vai conseguir o cargo, a não ser que consiga demonstrar que tem algumas habilidades técnicas importantes em TI. No entanto, se você tem essas habilidades, a história é completamente diferente.

Oana Kelsay, planejadora de logística global da Johnson & Johnson, foi capaz de alavancar as suas habilidades técnicas — que ela desenvolvera por conta própria — para sair rapidamente da sua função de iniciante. Durante a faculdade, ela aceitou um emprego na Johnson & Johnson no departamento de Atendimento ao Cliente como uma maneira de pagar os seus estudos. Ela diz o seguinte: "Desde o ensino médio eu já tinha muito conhecimento de tecnologia, de modo que quando ingressei na J&J, logo me tornei conhecida como a TI informal, e os meus colegas atendentes do serviço de atendimento me procuravam para ajudá-los a resolver os seus problemas nessa área. Por sorte, eu tinha uma excelente gerente que percebeu o meu conjunto de habilidades, e quando o departamento de Atendimento ao Cliente lançou o SAP para substituir o seu velho sistema AS400, ela logo me treinou no novo sistema para que eu pudesse me tornar uma usuária avançada do SAP, ajudar a resolver problemas, testar o novo sistema e treinar os meus colegas. Acabai sendo transferida para o departamento em que estou hoje, o de Planejamento Estratégico".

E nada disso teria acontecido se Oana não tivesse adicionado habilidades técnicas fora de suas responsabilidades básicas.

Identificando as habilidades de que você precisa — especialmente se você estiver de olho em um novo cargo

Para que você possa executar bem as suas funções atuais, você precisa saber exatamente que habilidades técnicas são necessárias. E se você estiver pensando em se deslocar lateralmente — ou para cima — na sua empresa, precisará descobrir quais as habilidades técnicas que a sua *nova* função requer. Você pode fazer isso de algumas maneiras.

A maneira mais lógica de começar é lendo a descrição do cargo, já que a maioria dessas descrições inclui uma lista das habilidades exigidas. No entanto, como as descrições dos cargos nem sempre priorizam as habilidades requeridas de uma maneira proveitosa, você também deve conversar com o seu gerente e fazer uma visitinha aos seus simpáticos amigos do RH. Pergunte a eles de que habilidades você precisará para executar as funções do cargo no qual você está de olho. E caso precise de mais de uma habilidade, por qual delas você deve começar? E o que você deve fazer para adquirir essas habilidades — a empresa tem um treinamento durante as horas de trabalho? Eles pagarão para você fazer um curso fora, ou você terá que pagar do seu bolso?

Também é uma boa ideia conversar com pessoas que estejam fazendo o trabalho que você deseja fazer. O departamento de RH ou os gerentes podem lhe dar uma lista das habilidades oficialmente exigidas, mas alguém que esteja com a mão na massa todos os dias terá uma ideia muito melhor do que é *realmente* necessário para ter sucesso, e as duas listas podem ou não ser iguais. Paul Di Maria, gerente sênior de uma proeminente firma de pesquisa de mercado, faz um trabalho de aprendizado incrível simplesmente ouvindo. "Faço perguntas a todo mundo sobre as melhores práticas demonstradas quando sinto que o meu trabalho está ficando estagnado", diz Paul. "Também agarro qualquer oportunidade que tenho de escutar pessoas que estão no topo da minha área. Essa interação é preciosa. Espero vir a saber um quarto do que elas sabem, e elas nunca param de aprender e se desenvolver."

Toda essa conversa frente a frente lembra um pouco a velha escola, de modo que você não deve se esquecer dos recursos on-line. O LinkedIn se tornou uma empresa da mídia e é agora, em certo sentido, uma extensão da conversa frente a frente: ele capta o conteúdo mais compartilhado no seu sistema — esses são os temas que as pessoas sentem que são os mais importantes — e o organiza por categoria no linkedIn.com/today. Dependendo dos seus interesses, você pode customizar o tipo de conteúdo e notícias que vê. O LinkedIn também tem um serviço chamado "Thought Leaders"* que oferece blogs exclusivos de personalidades importantes como Richard Branson. É uma excelente oportunidade de aprender com os grandes.

Se você está interessado em um emprego específico, a Onetoline.org lhe dirá exatamente quais são as habilidades de que você precisa para ser bem-sucedido. Esse é um excelente recurso, quer você esteja esperando subir no seu departamento ou planejando mudar completamente de área. Você obterá uma

---

* "Líderes de Pensamento". (N. dos T.)

imagem clara de como é a vida para as pessoas que trabalham nessa função, inclusive o que elas fazem ao longo de qualquer dia de trabalho, e que cursos você precisará frequentar para permanecer atualizado. Por exemplo, se você está interessado em ser analista financeiro, terá que ser capaz de avaliar a qualidade dos títulos de crédito, ser proficiente em análise financeira e planilha eletrônica, e ter um bom conhecimento prático de finanças e contabilidade. Você também conseguirá encontrar as exigências de instrução, o salário médio e até mesmo o número de vagas atualmente existentes e as projetadas.

Uma breve pausa...

Uma vez que você saiba quais são as habilidades que você precisa ter, precisa dar um passo importante antes de se pôr em campo para adquiri-las. Estou falando de uma avaliação sincera dos seus pontos fortes e fracos, do que você faz melhor e do que talvez precise melhorar. O objetivo é você se voltar para as habilidades técnicas que pode desenvolver e irão ajudá-lo a se tornar o especialista no assunto que você deseja ser — a pessoa que todos procuram para se informar a respeito de um assunto específico, a pessoa que todos procuram sempre que têm dúvidas, seja porque você é um usuário avançado do Microsoft Excel, porque você é um prodígio na criação de aplicativos para smartphone ou porque você é a única pessoa no seu escritório que conhece o obscuro dialeto indiano que é a única língua falada pelo seu fornecedor. Quanto mais pessoas o procurarem, quanto mais requisitadas as suas habilidades, mais valioso você será para a sua empresa.

Pontos fortes ou fracos?

Sempre que falo a respeito de pontos fortes e fracos, ouço a mesma pergunta: é melhor se concentrar em desenvolver os pontos fortes ou em superar os pontos fracos?

Infelizmente, não existe uma resposta completamente certa ou errada; você precisa fazer aquilo que se sente mais à vontade fazendo. Algumas pessoas consideram mais eficaz desenvolver os pontos fortes. Outras, como Lisa Stewart, vice-presidente adjunta da e-Exchange, na State Street — uma empresa de serviços financeiros da lista da Fortune 500 — consideram melhor trabalhar para superar os pontos fracos. "Eu me concentro mais em descobrir as minhas fraquezas para que eu possa aprimorá-las antes que outras pessoas as descubram. Não quero dar à direção da empresa nenhuma razão para que queiram me substituir." E outras ainda atribuem uma ênfase igual a ambas as coisas. "Preciso conhecer e exercitar os meus pontos fortes para garantir que não vou perdê-los", declara Oana Kelsay da J&J. "Tenho que reconhecer e trabalhar os meus pontos fracos para que eu possa rapidamente transformá-los em pontos fortes. Tenho a necessidade obsessiva de ser a melhor em tudo, e sei que não conseguirei isso se não conhecer os meus pontos fortes e fracos."

Embora a escolha seja sua, recomendo que você desenvolva os seus pontos fortes. Quando você se concentra em desenvolvê-los, verá resultados mais rápido do que se tivesse gasto o mesmo tempo superando as suas fraquezas. Isso o tornará mais confiante. Além disso, geralmente é mais divertido fazer e aprender coisas que você já faz bem. E quando você está se divertindo, fica propenso a ter vontade de continuar aprendendo e desenvolvendo ainda mais as suas habilidades. No entanto, há exceções. Por exemplo, se você souber que tem um ponto fraco que poderia potencialmente prejudicar ou limitar a sua carreira (sob o aspecto de habilidades técnicas, isso poderia ser algo como querer se tornar um analista financeiro sem ter nenhum conhecimento de estatística), a sua principal prioridade deveria ser resolver essa fraqueza. O que quero que você faça aqui é identificar as suas habilidades técnicas. Não todas, é claro, apenas aquelas que poderiam afetar o seu desempenho, lhe dar uma vantagem, fazer com que você se destaque no emprego ou que poderiam, antes de qualquer coisa, afetar a sua capacidade de conseguir um emprego.

Portanto, faça a si mesmo as seguintes perguntas e elabore uma lista dos seus cinco a dez principais pontos fortes:

- O que faço realmente bem?
- Em que os outros acham que sou competente? (De várias maneiras, isso é mais importante do que o que você pensa a respeito de si mesmo.)
- Em que a minha função exige que eu seja competente?
- O que é importante para a minha função, e eu tenho as habilidades certas para me destacar?

- Que habilidades eu preciso ter para conseguir a minha próxima promoção ou aumento – seja onde estou trabalhando agora ou em outro lugar?
- O que mais eu preciso saber para chegar ao nível seguinte em uma carreira aqui ou em qualquer outra empresa?
- Estou fazendo uso dos meus pontos fortes em ambientes de equipe e aumentando o sucesso da minha equipe?
- Os meus colegas de trabalho e gerentes sabem quais são os meus pontos fortes, e eles acham que estes contribuem para o sucesso da equipe?
- Os meus pontos fortes estão sendo subutilizados? Se for esse o caso, por quê, e o que posso fazer a respeito disso?

Você identificou bem quais são os seus pontos fortes? Ótimo! Agora, vamos dar uma olhada rápida nas áreas em que você poderia melhorar. Sim, eu sei que eu disse para você se concentrar nos pontos fortes, mas todos nós temos fraquezas, e deixar de dar atenção a elas poderia debilitar o seu desempenho e limitar a mobilidade da sua carreira. Faça a si mesmo as seguintes perguntas e prepare uma lista de cinco a dez pontos fracos (o importante é você se concentrar naqueles que poderiam afetar, ou que estão afetando, o seu emprego atual ou futuro):

- O que eu poderia melhorar? Em que eu acho que poderia ser mais competente?
- Os meus pontos fracos estão me impedindo de executar corretamente as minhas funções ou de me destacar no emprego?
- O meu gerente me deu *feedback* a respeito das minhas fraquezas?
- Em que pontos fracos preciso me concentrar a fim de melhorar no trabalho?

Se você está tendo dificuldade em compilar listas de pontos fortes e fracos, não tenha vergonha de pedir ajuda às pessoas com quem você trabalha. Considere isso uma espécie de avaliação informal por especialistas. Duas advertências importantes: peça *feedback* somente a pessoas em quem você confie. Segundo, não peça *feedback* com muita frequência. Isso pode parecer bobagem, mas muitos empregadores com quem eu trabalho se queixam de que um número excessivo dos seus jovens funcionários está constantemente perguntando: "Como estou me saindo?" Se você ficar o tempo todo tentando fazer com que as pessoas lhe digam o que elas pensam, corre o risco de ser percebido como alguém que não consegue trabalhar de uma maneira independente, que precisa de um excesso de apoio e que não é adequado para as funções de liderança.

Em vez de perseguir indiscriminadamente o seu gerente ou colegas de trabalho em busca de *feedback* sobre o seu desempenho, tente descobrir o momento adequado. Por exemplo, se o seu gerente trouxer à baila uma certa habilidade sua com relação à qual você não se sente confiante, pergunte como você pode melhorá-la. Analogamente, se você usou o Excel para elaborar uma projeção financeira, mas um colega comentar que os números estão incorretos, esse é o momento perfeito para pedir uma orientação sobre o que você pode fazer para se tornar mais competente no Excel.

Outra maneira criativa de obter *feedback* é ter uma conversa/reunião semanal com o seu gerente para analisar o seu progresso. Fale com ele a respeito do seu trabalho e seja sincero com relação àquilo com que você está tendo dificuldades. As pessoas geralmente gostam quando recebem pedidos de ajuda, mas não vá longe demais.

Bem, é assim que as coisas seriam em um mundo ideal. Na realidade, na maioria dos casos, a não ser que se trate de uma análise oficial de desempenho, a maioria das pessoas simplesmente não falará abertamente com você a respeito das suas fraquezas (dos seus pontos fortes, talvez) mesmo que você pergunte. Isso parece rude demais. Desse modo, você precisa bancar o sociólogo. Se você prestar bastante atenção à maneira como as pessoas reagem ao que você diz e faz, receberá uma grande quantidade de *feedback* não verbal — a expressão facial, a linguagem corporal, o tom de voz. (Como interpretar as pessoas é uma habilidade interpessoal, vamos lidar com ela no próximo capítulo.)

E quando estiver falando com as pessoas, se você souber que tem algumas habilidades que eles desconhecem, abra o bico! Por exemplo, John Gerzema, presidente executivo da BranAsset Consulting, que supervisiona a estratégia para a Young & Rubicam Companies, me contou uma excelente história a respeito de um funcionário que tomou a iniciativa de informar John a respeito de algumas habilidades suas que estavam sendo subutilizadas. "Recentemente, um jovem e promissor analista me procurou para falar a respeito de treinamento. Como a empresa que eu administro se especializa em estratégia de marca impregnada de analítica, presumi que ele desejasse mais aconselhamento em análise quantitativa e informações. No entanto, quando nos sentamos, ele me explicou que nas horas de lazer ele é fotógrafo e produtor de documentários, e que ele sentia que esse seu lado não estava sendo utilizado na empresa. 'Afinal de contas, somos uma empresa de *branding*; por que não iríamos querer utilizar essas habilidades?', perguntou ele. Além disso, ao trabalhar o dia inteiro mexendo com números, ele sentia que o seu lado criativo estava começando a ficar atrofiado." Impressionado com a paixão desse jovem analista, John fez duas coisas. Primeiro, transferiu o funcionário para Chicago (onde estão os escritórios de filmagem, fotografia e desenho gráfico da empresa), para que ele pudesse ficar mais próximo de uma comunidade criativa. Segundo, John reestruturou a função do rapaz, para que ele passasse a usar suas habilidades de filmagem e fotografia. "Mas a lição principal que extraí de tudo isso", acrescentou John, "é que os membros da Geração Y não são definidos pela função que ocupam. O emprego deles é apenas uma parte de um mosaico maior. Em Hollywood, quanto mais hífens você tem, maior o seu poder. Uma pessoa que é Ator-Autor-Diretor-Produtor, por exemplo, vai conseguir passar mais vezes pelo tapete vermelho do que alguém que tenha um único título. E o que o meu analista estava me dizendo era o seguinte: 'Tenho muitos aspectos que você não consegue entender e pelos quais não consegue sentir empatia. E se você não os enxergar, talvez não vá continuar a me ver por muito tempo'."

Que exemplo poderoso da necessidade de você garantir que os seus gerentes e colegas de trabalho estejam cientes das suas habilidades.

A *aquisição de habilidades técnicas*

Como mencionei anteriormente, o objetivo de desenvolver habilidades técnicas é se tornar especialista em um determinado assunto e proficiente em funções específicas relacionadas com o seu cargo. A melhor maneira de identificar a habilidade ou habilidades nas quais você deve se concentrar primeiro é se sentar com o seu gerente e perguntar quais delas são importantes para a sua profissão e quais você precisará ter se quiser progredir na empresa. (Se você quiser ir um pouco mais fundo, faça as mesmas perguntas a um mentor do seu setor ou a um colega com mais experiência do que você.) Não deixe de pedir ao seu gerente que o ajude a relacionar as habilidades em ordem de importância. Em seguida, escolha as habilidades que você deseja desenvolver e nas quais deseja se especializar. Na verdade, você começará com uma ou duas que, de alguma maneira, fazem uso dos seus pontos fortes, aquelas que possibilitarão que você se distinga dos outros na sua empresa e no seu setor. Quando você está fazendo alguma coisa na qual já é bastante competente, é natural que queira passar mais tempo dedicando-se a ela. Em decorrência disso, você se aprimorará ainda mais rápido. Se as principais habilidades da sua lista não utilizam os seus pontos fortes, procure na lista até encontrar uma que os utilize. Isso não significa que você deva desconsiderar todas as habilidades que não façam uso dos seus pontos fortes. De jeito nenhum. Estou apenas dizendo que é muito mais fácil se tornar um especialista em uma coisa de cada vez. Dito isso, com frequência as habilidades coincidem parcialmente umas com as outras, de modo que trabalhar em mais de uma de uma só vez é aceitável, desde que elas se complementem. Em última análise, qualquer coisa que você faça e qualquer habilidade que você desenvolva o ajudarão a progredir mais rápido. É como obter a máxima satisfação pelo seu dinheiro. Se você tentar fazer coisas demais, poderá se dispersar e não chegar a lugar nenhum.

Existem diferentes maneiras de adquirir habilidades técnicas, mas de um modo geral todas se encaixam em duas categorias amplas: as habilidades que você aprende por intermédio da sua empresa e as habilidades que você adquire sozinho. Vamos examinar detalhadamente cada uma dessas categorias.

A *formação profissional patrocinada pela empresa*

As empresas inteligentes aprenderam que a fim de atrair e reter pessoas jovens, elas precisam oferecer oportunidades para que elas progridam. Caso contrário, os jovens trabalhadores irão trabalhar para outro empregador que dê mais valor a eles. Muitas grandes empresas oferecem cursos internos — às vezes com instrutores em sala de aula, às vezes por meio de *webinars* ou algum outro tipo de tecnologia. Stonie Guseh, gerente de conta do Google, tira proveito de todas as oportunidades de aprendizado que a empresa oferece. "Os seminários, *webinars* e conferências são algumas das minhas maneiras prediletas de permanecer bem-informado a respeito das inovações, das melhores práticas criativas, e de desenvolver novas habilidades que sejam relevantes para funções atuais e futuras, afirma Stonie. "Algumas das minhas favoritas têm sido desenvolver habilidades de liderança e entender a face em constante modificação do consumo da mídia."

Outras empresas oferecem cursos de treinamento on-line que podem ser feitos no próprio local de trabalho ou a distância. Alguns empregadores pagarão para você fazer cursos em outro lugar, talvez em uma faculdade local ou uma universidade on-line. E praticamente todas as empresas pagarão a sua taxa de inscrição em conferências profissionais ou eventos especializados desde que você vá aprender alguma coisa que traga vantagens para elas. Mas você nunca saberá nada disso se não fizer perguntas a respeito do assunto.

Quando David Roman, analista de sistemas de negócios da American Express, fez perguntas, ele recebeu um entusiástico sinal de aprovação. David estava se preparando para fazer a prova de PMP (*project management professional*),* e a Amex pagou para ele duas semanas de aulas para que desenvolvesse as suas habilidades de gerenciamento de projetos. "Eles também permitiram que eu reorganizasse a minha programação de trabalho, porque as aulas só eram oferecidas durante o dia", acrescenta ele.

Infelizmente, nem sempre é fácil — especialmente se você for um funcionário relativamente novo — descobrir os tipos de formação e treinamento patrocinados pela empresa que podem estar disponíveis. Portanto, o seu primeiro passo será entrar em contato com a sua rede de contatos — o seu gerente e os colegas de trabalho — para descobrir o que eles estão fazendo para permanecer relevantes e o que eles sugerem que você faça. Sem dúvida, eles lhe darão excelentes conselhos sobre algumas oportunidades que você não deve deixar escapar e outras às quais você não deve dar atenção.

Mas não se esqueça do departamento de RH, que pode ser o seu recurso mais poderoso. A maioria das pessoas tem contato com o RH durante o período de contratação e de orientação, mas depois que são admitidas, nunca mais procuram esse departamento. Grande erro. Uma das principais funções do pessoal do RH é desenvolver o talento dentro da empresa, e eles sabem muito bem quais treinamentos internos e externos seriam apropriados para alguém na sua função.

---

* Profissional de gerenciamento de projeto. (N. dos T.)

E se a sua empresa tiver uma intranet ativa, esse é provavelmente o primeiro recurso que o RH irá sugerir que você examine. Caso você não tenha ouvido falar em uma intranet, trata-se de uma rede de computador proprietária que compartilha informações, internamente, entre os funcionários de uma empresa específica. Se você não trabalhar para a empresa que é dona da rede, você não conseguirá acessá-la. A intranet de cada empresa possui diferentes tipos de conteúdo. Algumas têm pouco mais do que o seu boletim informativo corporativo. Outras podem oferecer treinamentos internos on-line e posts de cargos que estão vagos — o que geralmente inclui uma descrição detalhada das habilidades requeridas. Quando você tiver algum tempo livre, passe uns minutos examinando essas listas — especialmente os cargos que você acha que poderiam lhe interessar no futuro.

Tenha em mente que a quantidade e a qualidade da educação patrocinada pelas empresas está em toda parte. A Ford paga até 5 mil dólares por ano em anuidades e taxas para funcionários que estejam fazendo cursos universitários. Ela também paga até 200 dólares por ano em livros. Quando eu estava na EMC, fiz vários cursos e treinamentos por intermédio da EMC University: redação, produtos e tecnologia da EMC, Six Sigma e muitos outros. Six Sigma, por exemplo, foi um curso intenso de seis meses e incluiu muitos trabalhos que tive que fazer nas minhas horas pessoais. Muitos dos cursos que fiz por intermédio da EMC University tinham pouco a ver com a função que eu exercia, mas como eu estava ampliando o meu conjunto de habilidades e me tornando um funcionário mais valioso, a empresa me deu um total apoio, o que incluiu me conceder dias de folga quando eu precisava e cobrir todas as despesas. Muitas outras companhias têm programas igualmente sólidos, enquanto outras oferecem bem menos. A melhor maneira de descobrir se o seu empregador se encontra nesse *continuum* é perguntar ao RH e ao seu gerente o que está disponível.

Se a sua empresa estiver oferecendo formação interna ou pagando para você estudar fora, ela irá considerar um retorno do investimento que está fazendo em você, o que significa que você talvez precise fazer um "discurso de vendas" convincente para o seu gerente. Como em qualquer abordagem de vendas, você começará fazendo alguma pesquisa. Se você quer comparecer a uma dispendiosa conferência fora da sua cidade, por exemplo, descubra que outras empresas estarão presentes, quem irá falar, quem está patrocinando a conferência e que cursos ou palestras específicos serão oferecidos. Se você estiver pensando em fazer um curso formal — quer dentro, quer fora da empresa — converse com pessoas que já o fizeram para ter certeza de que o curso foi efetivamente útil para a carreira delas. Antes de fazer o seu discurso, certifique-se de que está preparado para dar respostas de peso às perguntas que o seu gerente poderá fazer (e que você faria se estivesse no lugar dele). O que você vai aprender e como isso vai melhorar o seu desempenho no trabalho, torná-lo um funcionário mais valioso e beneficiar a empresa? Basicamente, você precisará demonstrar que o benefício para a companhia é maior do que o preço da conferência e o custo de oportunidade de você faltar ao trabalho durante alguns dias.

Alguns avisos importantes. Às vezes, o treinamento patrocinado pela empresa tem condições. Por exemplo, se a companhia tem um programa de reembolso da anuidade, talvez você tenha que assinar um acordo prometendo permanecer na empresa durante um determinado número de anos depois de se formar (se você não fizer isso, terá que devolver o custo da sua formação). E nunca se inscreva em um curso patrocinado pelo seu empregador se você achar que talvez venha a abandoná-lo, porque isso o fará parecer uma pessoa instável e não confiável (os professores quase sempre fazem chamada, e se você não estiver presente na aula, o seu chefe saberá, e ele ficará muito menos inclinado a aprovar o próximo curso que você quiser fazer). Desse modo, faça toda a sua pesquisa antes de se inscrever.

Tudo isso pode ser um pouco como um jogo de equilíbrio. Como eu disse anteriormente, quanto mais você aprender, mais valioso você se tornará para o seu empregador — e isso possibilitará que você suba os degraus da sua organização e aufira salários mais elevados ao longo do caminho. Mas não se dedique a um excesso de trabalho adicional, porque isso poderia prejudicar o seu desempenho na função para a qual foi contratado.

Aprendendo por conta própria

Se a sua empresa não oferecer um treinamento interno ou externo, mesmo assim você precisará atualizar continuamente as suas habilidades técnicas para permanecer relevante. A diferença é que encontrar e tirar proveito dos recursos certos fica inteiramente ao seu critério. A boa notícia é que as maneiras pelas quais você pode adquirir habilidades técnicas por conta própria são praticamente infinitas.

Se a sua empresa não está lhe pagando para adquirir habilidades técnicas, vou pressupor também que você estará fazendo isso durante as suas horas vagas. Assim sendo, antes de mergulhar em alguma coisa, quero que você pense com muito cuidado a respeito de duas coisas: como você vai permanecer motivado e como você vai encontrar tempo para as horas adicionais de estudo, para continuar a ter um alto desempenho no trabalho *e* ainda assim ter uma vida social? Eu sei, eu sei, este livro é sobre a sua carreira, mas a vida encerra muito mais coisas além de trabalho. Deixar o trabalho dominar a sua vida simplesmente não é saudável. Além de se divertir, passar tempo com os amigos e ir acampar nos fins de semana, ter uma vida fora do escritório evitará que você fique esgotado no emprego e o tornará um funcionário mais eficiente.

Outro fator a considerar quando você pensa em adquirir habilidades por conta própria é que, às vezes, provar que você efetivamente adquiriu uma nova habilidade ou que aprimorou uma antiga pode representar um desafio. Uma maneira engenhosa de contornar esse problema é dar uma olhada em Acinet. org/certifications_new, que é uma loja *one-stop* na qual você encontra certificações na sua área. Você pode procurar por nome, organização, profissão e ramo de atividade. Eles têm provas nas quais você pode testar o seu conhecimento e as suas habilidades, e o melhor de tudo é que você pode obter um certificado que mostra que você é tão competente quanto diz que é.

Considere todos esses fatores quando pensar a respeito de como descobrir e refinar as habilidades técnicas que você precisará ter para progredir na sua carreira. No próximo segmento, você encontrará uma série de recursos valiosos que desmembrei por categoria. Como eu sei que o dinheiro pode ser um problema para muitas pessoas que acabam de ingressar na força de trabalho (ou que fazem parte dela há relativamente pouco tempo), incluí apenas recursos gratuitos.

RECURSOS EDUCACIONAIS GRATUITOS OU DE BAIXO CUSTO.
Muito bem, você já tem uma ideia bastante sólida das habilidades que deseja desenvolver. É claro que sempre é interessante que a sua empresa arque com as despesas, mas isso nem sempre vai acontecer. Neste segmento, quero lhe ofe-

recer alguns excelentes recursos — cuja maioria você poderá acessar de casa ou encontrar bem perto de você — onde você poderá aprender novas habilidades ou aprimorar aquelas que já tem. Estou me concentrando aqui em recursos que são gratuitos ou muito baratos. Portanto, se você deseja descobrir quantas palavras-chave você precisa ter no post de um blog para maximizar a eficácia de SEO* dele ou como passar na prova para CPA,** comece o processo aqui.

AS CONFERÊNCIAS E OS SEMINÁRIOS são excelentes lugares para adquirir habilidades e estabelecer uma rede de contatos ou networking. Você obterá as últimas informações de pessoas que são bem-sucedidas no seu setor e terá a oportunidade de conhecer outras pessoas que compartilham os mesmos interesses. Falaremos mais a respeito do networking mais adiante neste livro, mas por ora, lembre-se apenas de que quanto mais contatos você tiver, mais pessoas estarão disponíveis caso você venha a precisar de ajuda e mais você conseguirá progredir na sua carreira.

- Consulte o Eventbrite.com para verificar o que está disponível na sua área. Eventbrite.com é um website que relaciona eventos de todos os tipos. Busque por ramo de atividade e localização para encontrar os mais próximos de você. Você pode até mesmo se inscrever on-line.

- Consulte o Conferencealerts.com. Eles têm listas de conferências no mundo inteiro classificadas por assunto nas quais você pode fazer buscas. Se você encontrar alguma que seja relevante para o seu emprego ou o emprego no qual você está de olho, pergunte ao seu gerente se a empresa pagará a sua inscrição.

WEBSITES EDUCACIONAIS. Eis apenas alguns dos inúmeros sites que oferecem cursos gratuitos ou de baixo custo sobre qualquer assunto que você possa imaginar:

---

* *Search Engine Optimization* (Otimização para Ferramentas de Busca). (N. dos T.)
** *Certified Public Accountant* (Auditor Independente). (N. dos T.)

- Skillshare.com é um mercado de educação comunitária no qual você pode aprender com especialistas em assuntos específicos. Se você for especialista em outra área, talvez possa fazer uma permuta ensinando para uma pessoa o que você sabe em troca do que ela sabe.

- Udemy tem cursos gratuitos e de baixo custo sobre uma variedade de temas, entre eles gerenciamento de operações, desenvolvimento de produto e até mesmo Twitter. Você também encontra em Udemy.com/u/ danschawbel os meus cursos sobre *branding* pessoal e o curso associado a este livro a respeito de como progredir.

- KahnAcademy.org é uma empresa sem fins lucrativos cuja missão é mudar a educação para melhor. Eles têm uma biblioteca de mais de 4 mil vídeos educacionais de excelente qualidade sobre uma grande variedade de temas, que estão disponíveis gratuitamente para qualquer pessoa, em qualquer lugar que ela esteja.

- Quora é um site de Perguntas e Respostas onde você pode fazer perguntas e obter respostas de uma grande comunidade de especialistas em uma ampla variedade de campos. As informações estão organizadas por área de interesse (matemática, finanças, marketing e assim por diante), e você pode pesquisar nos extensos arquivos em busca de perguntas que outras pessoas fizeram ou fazer as suas.

- Big think (Bigthink.com) é uma excelente fonte de grandes ideias de uma rede de 2 mil especialistas em uma enorme variedade de assuntos do mundo inteiro.

- iTunes U (Apple.com/education/itunes-u/) é o maior catálogo digital do mundo de conteúdo educacional gratuito. Você poderá fazer cursos completos criados e ministrados por professores de instituições renomadas, ver tarefas e atualizações dos professores, fazer anotações e realçar o texto em iBooks, e acessar o conteúdo multimídia dos cursos.

- TED.com. Todos os anos são realizadas duas conferências TED que reúnem as mentes mais inspiradoras e criativas do mundo. Muitas das sessões da TED estão disponíveis on-line quer em Ted.com/talks ou no YouTube. Explore o site e descubra os seus favoritos. Ao contrário das outras opções deste segmento que oferecem cursos permanentes, a Ted.com oferece palestras individuais.

- Textbookrevolution.org é um site administrado por estudantes dedicado a aumentar a utilização de conteúdos educacionais gratuitos por professores de nível médio e universitário. Nele, você pode procurar livros e didáticos e não didáticos.

A Open Courseware (Ocw.mit.edu) e a Venture Lab (Venture-lab.org) são administrados pelo MIT e pela Stanford University, respectivamente, e lhe dão acesso a cursos de nível de graduação e pós-graduação em uma incrível variedade de temas desde C++ e microeconomia a estudos de mídia e idiomas estrangeiros. A Coursera (Coursera.org) é semelhante às duas anteriores, mas oferece cursos gratuitos de mais de trinta faculdades e universidades. A Treehouse (Teamtreehouse.com) se concentra apenas em *web design* e *web development*, e a Codeacademy.com permite que qualquer pessoa aprenda a codificar. Além de software, você pode aprender a criar websites, jogos e aplicativos. Uma ótima característica é que você pode fazer um curso junto com amigos, e vocês podem permanecer motivados monitorando o progresso uns dos outros. Por que codificação? Porque é uma habilidade altamente especializada que é sempre muito procurada, o que geralmente se traduz na capacidade de ganhar mais.

À medida que o mundo vai ficando menor, saber línguas estrangeiras também está se tornando cada vez mais importante. Por exemplo, os meus amigos que são fluentes em japonês e chinês nunca tiveram dificuldade em encontrar trabalho. O conhecimento de idiomas também abre novas oportunidades de trabalho e de viagens. Você pode começar esse processo gratuitamente na busuu.com. Escolha um idioma e comece a aprender de uma maneira muito interativa, quer na Web ou por meio de um aplicativo móvel. Você também pode se conectar com uma comunidade de outras pessoas que estejam aprendendo a mesma língua que você para poder praticar as suas habilidades.

O aprendizado genérico a respeito da sua área

Embora tenhamos falado a respeito do aprendizado de habilidades técnicas, não negligencie a importância de mais conhecimentos gerais — especialmente a respeito do que está acontecendo no seu setor. Na nossa pesquisa, descobrimos que 76% dos gerentes e 80% dos jovens funcionários afirmaram que ter conhecimento do setor é um fato "muito importante" ou "o mais importante" quando as pessoas jovens são cogitadas para funções de gerência. Você pode obter conhecimento sobre o seu setor de várias maneiras, e quase todas são gratuitas ou muito baratas; tudo de que você precisa é uma conexão de internet. Portanto, eu o incentivo a examinar o maior número possível dos recursos que indico a seguir. Cada porção de conhecimento que você adquirir o ajudará a fazer o seu trabalho melhor agora e o preparará para o progresso.

- **Mídia corporativa.** Uma das melhores é a Harvard Business Review (Hbr.org) para conhecimentos gerais sobre negócios, mas você pode obter uma vista panorâmica e aprender muito no *Wall Street Journal*, na revista *Forbes* e no *New York Times*.

- **Publicações específicas da área.** Cada setor tem publicações especializadas. Encontre as suas. Pergunte ao seu gerente o que ele está lendo. Pegue o elevador e vá até o andar do CEO e pergunte ao assistente administrativo dele o que o CEO está lendo.

- Os blogs são uma excelente maneira de desenvolver habilidades e adquirir conhecimento a respeito de assuntos específicos ou setores inteiros. Embora você possa procurar no Google o assunto a respeito do qual deseja aprender, você também pode descobrir quais são os mais populares visitando sites como Alltop.com (que classifica os principais blogs) e Technorati.com (um mecanismo de busca de blogs).

- **Websites.** Há um bom número de sites excelentes que oferecem conselhos importantes sobre a carreira, o empreendedorismo e outras coisas. O 30 Second MBA (Fastcompany.com/mba) é um dos melhores (os CEOs da revista *Time* e da Nintendo estão lá, assim como Mark Zuckerberg do Facebook). O Score. org oferece por e-mail aconselhamento gratuito e confidencial dos especialistas do setor. Esse é um recurso especialmente valioso se você está pensando em um dia criar o seu próprio negócio.

- **Livros.** Colar grau é excelente. Mas o fato de você ter recebido o seu diploma não significa que você possa parar de aprender. E embora muito conhecimento esteja sendo adquirido por métodos digitais, os livros ainda desempenham um papel importante no aprendizado (e, sim, as versões Kindle e iPad contam como livros).

Especialize-se em um determinado assunto

Depois de ter identificado as habilidades técnicas das quais você precisa para ocupar o cargo que você almeja e de ter descoberto as melhores maneiras de adquiri-las (seja nas horas de trabalho e com o dinheiro da empresa, seja por conta própria), a única coisa que lhe resta fazer é começar a pôr em prática essas habilidades. No mercado de trabalho de hoje, simplesmente ter as habilidades incluídas na descrição do cargo que você almeja não é suficiente. Nem de longe. Para que você possa ter qualquer esperança de ser promovido e subir na sua organização, precisará pensar além do cargo que aparece no seu cartão de visitas (e isso supondo que a sua empresa ao menos lhe dê cartões de visitas) e comece a acrescentar um valor genuíno ao seu departamento ou à sua companhia. A maneira mais eficaz de fazer isso é tornar-se o especialista que todos procuram em uma habilidade ou assunto específico, o primeiro nome que vem à mente dos seus colegas de trabalho ou supervisores quando eles precisam de ajuda, aquele que eles têm incluído na discagem rápida para projetos especiais. Em outras palavras, você quer ser exatamente como David Trahan, consultor da Interbrand. "Sou conhecido como 'um dos caras digitais'", diz ele. "Porém, mais especificamente, como o 'cara da mídia social'. Faço parte de uma pequena força-tarefa interfuncional que está desenvolvendo a nossa capacidade digital, treinando diferentes departamentos em como integrar o digital ao nosso negócio. Sou muito chamado para participar de *brainstormings*, visitas a clientes e projetos especiais relacionados com a mídia digital e social."

O *website* Talentdrive.com, que tem uma ferramenta de busca proprietária que ajuda os recrutadores a encontrar currículos on-line, elaborou recentemente um relatório e descobriu que 71% dos gerentes que estão querendo fazer contratações estão tentando preencher funções especializadas, mas 67% das pessoas que estão procurando emprego consideram que têm "habilidades amplas". Em outras palavras, elas estão tentando ser generalistas, satisfazer a gregos e troianos. Grande erro!

As marcas mais bem-sucedidas — sejam elas indivíduos ou enormes corporações — procuram ser conhecidas por uma coisa muito específica. E é exatamente isso que você precisa fazer. O ponto principal é que se você for excessivamente generalista, nada o tornará conhecido. Quando aparecerem os projetos, não haverá nenhuma razão para quem quer que esteja escalando a equipe o chame em vez de chamar outra pessoa. Se você quer progredir, precisa ser especialista em um determinado assunto. Os especialistas geram valor e atenção. Quando você é o especialista e as pessoas sabem disso, os gerentes irão procurá-lo. Você se tornará um trunfo inestimável para a empresa.

No entanto, apenas para esclarecer as coisas, não estou dizendo que você não deva ser competente em uma grande variedade de coisas. Você decididamente precisa se proteger tendo habilidades em uma série de importantes funções empresariais. Isso o ajudará a se adaptar à mudança. Mas você não pode ser um fenômeno em tudo. Entretanto, você pode se destacar em uma coisa específica. E isso é especialmente importante no início da sua carreira, quando você precisa do máximo de visibilidade possível.

Se você estiver trabalhando para alguém como Mike Proulx, vice-presidente sênior e diretor de estratégia digital da Hill Holliday, uma das principais agências publicitárias dos Estados Unidos, e você não for um especialista, a sua carreira logo ficará estagnada. "Sem dúvida precisamos muito de especialistas", afirma Proulx. "Embora a minha equipe seja responsável pela mídia social, é simplesmente impossível que todo mundo tenha um conhecimento íntimo e profundo de todas as plataformas, políticas e melhores práticas sociais. Queremos que todo mundo se especialize nas áreas pelas quais sentem maior entusiasmo, e contamos uns com os outros para compartilhar o que sabemos com toda a equipe, com os clientes e no blog da nossa empresa."

Conclusão: ser um especialista o ajuda a adicionar valor a qualquer coisa que você faça. Mas como o cenário dos empregos está em constante mudança, você talvez precise mudar de especialização de vez em quando para garantir que estará sempre adicionando valor. Além disso, você terá mais facilidade em se adaptar se também compreender bem a visão global.

O seu plano de carreira

O mundo está mudando tão rápido, e há tanta incerteza por aí, que é realmente difícil acompanhar o que está acontecendo — especialmente o que está mudando no ambiente do local de trabalho. Por esse motivo, para ser bem-sucedido, você precisará ser capaz de se adaptar rapidamente ao cenário em constante mudança.

Para fazer isso, você precisará criar um plano e identificar uma meta — uma coisa concreta e mensurável. David Trahan da Interbrand acredita firmemente em ter um plano concreto. "Eu sei aonde quero ir na vida, mas também tenho um plano para a empresa onde estou atualmente", diz ele. "Tenho ativo um plano de um ano, e uma ideia de como seria o próximo ano se eu atingisse as minhas metas. Sei o que preciso para alcançar os meus objetivos. Desenvolvi um entendimento de política interna, egos e metas, de modo que posso me estender e me ajustar para causar um impacto máximo em todos os meus projetos."

Comece por definir as suas metas a curto, médio e longo prazos — é fundamental que você tenha algumas em cada grupo. Descobri que os planos mais bem-sucedidos são aqueles em que começamos com o pensamento voltado para a meta final e trabalhamos retroativamente a partir daí, delineando o mais detalhadamente possível os passos específicos que daremos para atingir essa meta. Por exemplo, "Dentro de três anos estarei ocupando um novo cargo como vice-presidente adjunto de X. Para conseguir isso, vou obter uma certificação em Y e dominarei Z habilidades. Arranjarei tempo para fazer um dos cursos oferecidos pela empresa ao longo do ano. Também comparecerei a duas conferências do meu setor, irei a dois encontros mensais do grupo de networking Z, e almoçarei uma vez por semana com um colega do meu setor". Para pessoas da geração dos seus pais, um plano a longo prazo poderia se estender por dez anos, enquanto um de curto prazo poderia ser de um ou dois anos. No entanto, para os jovens trabalhadores de hoje, longo prazo provavelmente equivale a não mais do que três anos, e curto prazo pode representar apenas seis meses. É claro que é importante incluir um pouco de flexibilidade no seu plano: a empresa em que você trabalha pode fechar as portas, você pode ter que pedir demissão do emprego para cuidar de um parente doente, ou pode surgir uma inovação tecnológica que torne a sua meta obsoleta antes que ela aconteça. Em casos como esses, você precisará ajustar o seu plano às pressas, definir novas metas e traçar um novo rumo.

Você também deve deixar que os seus interesses, paixões e talvez até mesmo um pouco de sorte impulsionem os seus planos. Mary Pilon, repórter esportiva do *New York Times*, descobriu o que queria fazer com base nas suas experiências e compartilhou comigo alguns excelentes conselhos dos quais você também poderá se beneficiar. "Tive a sorte de trabalhar em lugares com pessoas apaixonadas pelo que fazem e esse entusiasmo se revelou contagiante", diz ela. "Não acredito que ter sucesso em uma carreira envolva algum segredo. Trabalhe com afinco, encare o 'Não' como um ponto de partida e faça o que gosta. E tenha a mente aberta. Não acho que uma versão mais jovem de mim tenha um dia me visto como repórter financeira ou repórter esportiva. No entanto, ao trabalhar com essas coisas, percebi que eu adorava essas diferentes áreas de narrativa. Adoro o fato de que o jornalismo pode ajudar as pessoas de maneiras diretas e indiretas. Adoro que a essência do meu trabalho seja corrigir as coisas, aprender e ensinar aos outros. Não sei o que vou vestir amanhã ou o que estarei fazendo daqui a um ano, cinco anos ou depois disso. Por melhor que seja às vezes definir metas, ficar obcecado por elas pode deixá-lo cego para as oportunidades que estão bem à sua frente."

Chegar a ser repórter do *New York Times* não é uma proeza fácil, de modo que é difícil argumentar com Mary. Dito isso, embora ela possa não ter um plano firme, ela decididamente tem metas e maneiras de medir o seu progresso à medida que avança em direção a essas metas. Certifique-se que está fazendo a mesma coisa.

Torne-se o especialista sem o qual a sua empresa não pode viver

As quatro coisas mais importantes que você pode fazer durante o processo de se tornar o especialista em um assunto que todos procuram, principalmente nos momentos mais difíceis, são as seguintes:

- **Preste atenção ao que está acontecendo à sua volta.** Que habilidades parecem estar sendo mais requisitadas agora do que antes? E não se esqueça de verificar isso com você também. Que habilidades você está usando com menos frequência do que usava no passado?

- **Comunique-se constantemente.** Por mais que você preste atenção ao que está acontecendo, não existe uma maneira de ser capaz de absorver tudo. Desse modo, converse com pessoas: colegas de trabalho, gerentes, pessoas em funções que você gostaria de estar exercendo. E faça muitas perguntas: quais são as habilidades que elas mais valorizam? E as que elas menos valorizam? Que funções estão sendo mais requisitadas agora? Quais elas acham que serão mais requisitadas no futuro? Vamos falar a respeito de como fazer networking no próximo capítulo.

- **Elabore um plano.** Como você vai conseguir as habilidades de que necessita? Você deve estar sempre aprendendo, adquirindo conhecimento e habilidades que irão beneficiá-lo à medida que progride na sua carreira.

- **Permaneça flexível**. Lembre-se de que as coisas mudam constantemente. O que é importante hoje pode não sê-lo amanhã, e o que vai ser importante amanhã talvez ainda nem mesmo tenha sido inventado.

Como você viu neste capítulo, obter habilidades técnicas e se tornar conhecido por causa delas pode posicioná-lo para conseguir um emprego e possibilitar que você funcione com eficiência enquanto estiver nele. Mas se você realmente quiser galgar ao nível seguinte, ser um gerente ou progredir de alguma maneira na sua carreira, você também precisará de habilidades interpessoais. É exatamente isso que vamos examinar no próximo capítulo.

3

Habilidades interpessoais: faça com que cada impressão seja levada em conta

Estamos começando a ser julgados por um novo parâmetro: não apenas em função do quanto somos inteligentes, ou do nosso treinamento e qualificação, mas também de como lidamos com nós mesmos e uns com os outros.

— DANIEL GOLEMAN,
coautor de O *Espírito Criativo*, Editora Cultrix.

Os resultados são a coisa mais importante no trabalho, certo? Faça os seus cálculos, feche os contratos, termine no prazo e dentro do orçamento. Faça essas coisas e você seguirá sem dificuldades em direção ao topo. Não é assim que as coisas devem acontecer? Qualquer pessoa que tenha estado no mundo corporativo, mesmo que por pouco tempo, sabe muito bem que nem sempre as coisas funcionam dessa maneira. Você certamente já viu pessoas competentes serem passadas para trás em promoções (esperançosamente você não foi uma delas). Você viu pessoas com um desempenho inferior progredirem. Você sem dúvida se perguntou como o cara que não sabe nem contar direito conseguiu ser gerente. Então você sabe que o progresso na carreira encerra mais coisas do que os resultados do trabalho. Então, qual é o ingrediente que está faltando? As habilidades interpessoais.

No nível mais básico, as habilidades interpessoais — às vezes chamadas de *inteligência emocional* — são habilidades não técnicas. Mas a coisa é mais sutil do que isso. Elas são habilidades interpessoais, habilidades que possibilitam que você forme relacionamentos com colegas de trabalho, se encaixe na cultura corporativa e se comunique com êxito. As habilidades técnicas, a respeito das quais falamos no capítulo anterior, são aquelas que o ajudarão a lidar com os elementos da sua função, mas são as habilidades interpessoais que possibilitarão que você progrida. Elas são em geral muito visíveis para as pessoas à sua volta, e se essas habilidades forem penetrantes, as pessoas repararão nelas. Ao adquirir e dominar a comunicação e outras habilidades interpessoais, e desenvolver a sua própria inteligência emocional, você se tornará a pessoa com quem todo mundo deseja trabalhar. Você se tornará uma pessoa influente e um líder. Você também será bastante responsável por gerenciar a maneira como é percebido pelos outros. Não espere para ser julgado pelos outros. Em vez disso, concentre-se em realçar as suas habilidades de uma maneira que demonstre claramente (em contraste com ter que dizer alguma coisa) as habilidades que você tem e o valor que você e essas habilidades levam para a sua equipe e o seu empregador.

A diferença entre as habilidades técnicas e as interpessoais é de certo modo como a diferença entre um computador individual e uma rede. Você pode fazer muitas coisas com o computador, mas a rede possibilita que você se comunique com outros computadores, acesse de casa a intranet da empresa e imprima um documento mesmo estando do outro lado do prédio. Um único computador dá conta do serviço, mas a rede possibilita que você extraia muito mais de cada dispositivo conectado. Pedi a uma série de gerentes de empresas da lista da Fortune 500 que me dissessem quais habilidades interpessoais eles acham que os jovens precisam ter caso desejem subir na carreira. Eis o que eles responderam:

- Uma sólida ética profissional
- Otimismo/atitude positiva
- Boas habilidades de comunicação
- Boas habilidades de conversação
- Habilidades narrativas para apresentações
- Habilidades de gerenciamento do tempo

- A capacidade de ouvir com atenção e sensibilizar-se com as "necessidades humanas" dos colegas de trabalho e dos clientes, e de fazer com que eles se sintam compreendidos e respeitados
- Saber interpretar bem as pessoas
- A capacidade de construir relacionamentos e se conectar com os outros em um nível profundo
- Saber usar tato ao transmitir uma mensagem
- A capacidade de propor soluções para problemas, e não apenas falar a respeito deles
- Contribuir de uma maneira significava para as sessões de *brainstorming*
- A capacidade de escrever bem
- Habilidades para resolver problemas
- Saber trabalhar em equipe
- Ser uma pessoa agradável
- Autoconfiança
- Saber aceitar críticas e aprender com elas
- Flexibilidade/adaptabilidade
- Saber trabalhar bem sob pressão
- Empatia
- Integridade
- Senso de humor

Qual a importância das habilidades interpessoais?

Falando francamente, as pessoas com habilidades técnicas custam muito barato. Um garoto do ensino médio provavelmente conseguiria aprender a maioria das habilidades técnicas necessárias para executar praticamente qualquer trabalho, mas é questionável se ele teria a maturidade emocional e as habilidades pessoais necessárias para usá-las em uma empresa da lista da Fortune 200. No Capítulo 2, falamos a respeito de como é importante sobressair. Bem, nada fará com que você sobressaia mais do que a capacidade de trazer à tona o que há de melhor em você mesmo e nos outros. Então, qual a importância das habilidades interpessoais? Em uma só palavra, elas são cruciais.

"Um número suficiente de habilidades interpessoais possibilita que o funcionário aprenda as habilidades técnicas: eles veem o valor e enxergam a visão mais abrangente", disse-me Susan Langill, diretora de alimentos e nutrição da Sodexo. "O funcionário bem-sucedido tem entusiasmo, garra, filtros sociais, habilidades interpessoais e avidez por aprender e ter sucesso. Esse funcionário promoverá a equipe e a organização, e com essas habilidades transferíveis ele é capaz de aprender a maioria das habilidades técnicas necessárias para executar quase todas as tarefas dentro de uma organização."

Vou dar mais alguns exemplos:

- Setenta e um porcento dos empregadores afirmam que dão mais valor à inteligência emocional do que ao QI, de acordo com a CareerBuilder. com. Cinquenta e nove por cento deles não contratariam uma pessoa com um QI elevado porém com uma baixa inteligência emocional.

- Quando a minha empresa entrevistou empregadores para verificar as características mais importantes que eles procuram quando contratam estudantes, 98% declararam "habilidades de comunicação", 97% responderam "uma atitude positiva" e 97% disseram "saber trabalhar em equipe".

- Oitenta e nove porcento das pessoas que são demitidas nos primeiros dezoito meses no emprego o são por razões atitudinais; apenas 11% são dispensadas por falta de qualificação, segundo Mark Murphy, fundador e CEO da Leadership IQ.

- Ao avaliar o desempenho de um funcionário, 32% dos empregadores declaram que as habilidades técnicas são as mais importantes, 7% dizem que são as habilidades digitais/tecnológicas e 61% afirmam que são as habilidades interpessoais, de acordo com o nosso estudo.

A conclusão aqui é que ser capaz de executar com competência as suas tarefas não é suficiente. A grande pergunta é a seguinte: você se ajusta bem à cultura corporativa? Você é capaz de construir relacionamentos com as pessoas com as quais você trabalha e com aquelas para as quais você trabalha? Você tem as habilidades necessárias para superar conflitos de personalidade, motivar os membros da sua equipe e convencer os seus gerentes de que as suas ideias são boas?

Agora que você sabe como as habilidades interpessoais são importantes, tudo o que você tem de fazer é começar a aprendê-las, certo? Infelizmente, dizer é mais fácil do que fazer. Ao contrário das habilidades técnicas, é difícil ensinar as habilidades interpessoais, e mais difícil ainda é medi-las. E também ao contrário das habilidades técnicas, nas quais você pode colocar imediatamente em prática tudo o que aprendeu em um ambiente de laboratório, no caso das habilidades interpessoais, o processo envolve você se colocar em situações em que elas são necessárias e, pouco a pouco, ir se aprimorando. No entanto, antes que possamos começar a transformá-lo em um especialista em habilidades interpessoais, precisamos identificar os seus pontos fortes e fracos.

Avalie as suas habilidades interpessoais

Vamos fazer uma rápida autoavaliação. Não estou falando de uma análise científica, a qual você pode fazer usando uma série de recursos, entre eles o Meyers Briggs, muitos dos quais estão disponíveis on-line gratuitamente ou quase sem nenhum custo. O que vamos fazer aqui é tentar ter uma ideia aproximada de onde você se encontra. Em uma escala de 1 a 5, na qual 1 é Não Concordo e 5 é Concordo Plenamente, classifique as seguintes declarações:

- Estou disposto a ser um ouvinte ativo   1 2 3 4 5
- Sou um bom negociador   1 2 3 4 5
- Sinto-me confiante em ambientes de grupo   1 2 3 4 5
- Trabalho bem sob pressão   1 2 3 4 5
- Aceito as críticas de bom grado   1 2 3 4 5
- Gerencio o meu tempo com competência   1 2 3 4 5
- Sou competente no relacionamento com os meus colegas de trabalho e outras pessoas   1 2 3 4 5
- Sou responsável pelas minhas ações   1 2 3 4 5
- Sou competente em resolver conflitos com outras pessoas 1 2 3 4 5

Muito bem, agora calcule o seu total. Se você obteve mais de 45 pontos (o máximo é 50), pode pular o restante deste capítulo — você é um gênio das habilidades interpessoais. Se o seu total ficou entre 30 e 45 pontos (que é onde quase todos nós nos situamos), é interessante que você aproveite cada oportunidade para refinar as suas habilidades interpessoais. Qualquer total menor do que 30 pontos significa que você tem um trabalho sério a fazer.

Maneiras de melhorar as suas habilidades interpessoais

Agora que você tem uma ideia aproximada dos seus pontos fortes e fracos no que diz respeito às habilidades interpessoais, vamos entrar nos pormenores de como você pode melhorar (ou desenvolver) as habilidades interpessoais. Aprender a se comunicar com eficácia é a habilidade interpessoal mais importante de todas. Ela também é, provavelmente, a mais mal compreendida. A comunicação envolve mais do que apenas falar. Muito mais. Pense em todos os e-mails e mensagens de texto que você envia todos os dias, na maneira como você faz o pedido do seu café pela manhã, o sorriso que você dá para a garota ou o cara bonito no metrô quando está indo para o trabalho, as reuniões presenciais com os colegas de trabalho e até mesmo nos momentos em que você está em silêncio ao lado de outras pessoas no elevador. Praticamente tudo o que fazemos — até mesmo a maneira como nos sentamos, caminhamos, comemos ou nos divertimos — comunica alguma coisa para alguém. Nas próximas páginas, você vai aprender comigo algumas excelentes maneiras de melhorar as suas habilidades de comunicação.

OUÇA COM ATENÇÃO. Se você não ouvir atentamente, não poderá de jeito nenhum saber o que as pessoas querem, qual é a disposição de ânimo delas, por que estão fazendo o que estão fazendo e como você pode ajudá-las a atingir as metas que têm em mente (em contraste com como você pode convencê-las a fazer o que você quer que elas façam).

A parte mais importante do ato de ouvir não é falar. Eu sei que isso parece bastante básico, mas muitas pessoas estão com tanta presa de fazer com que as suas opiniões sejam ouvidas que interrompem os outros, falam por cima das palavras deles e, às vezes, simplesmente não calam a boca — especialmente quando estão nervosas. Uma maneira de determinar se você fala demais é pensar em como você inicia as conversas. Você começa contando uma longa história a respeito de uma coisa que aconteceu a você ou que você fez, ou você começa fazendo algumas perguntas e escutando as histórias *dos outros?*

Quando você estiver falando com alguém, mostre-se realmente presente e faça várias perguntas — mas não transforme a conversa em um interrogatório rigoroso. Se a pessoa disser alguma coisa interessante, explore um pouco mais o assunto. Baseie as suas perguntas de acompanhamento nas respostas que a pessoa deu à pergunta inicial. Quanto mais você deixar as pessoas falarem a respeito delas, mais interessadas elas ficarão em você e mais apoiarão as suas ideias.

E se você costuma se distrair com facilidade, pratique a concentração. Um dos métodos que eu uso para testar a minha concentração é tentar recordar os detalhes de uma conversa depois que ela termina. Quando tenho papel à mão, anoto um breve resumo do que a outra pessoa disse. Ou então dito essas anotações para o meu telefone. Eu sei que isso soa como algo que você ouviria no curso básico de psicologia ou de uma dessas pessoas do suporte técnico que são treinadas para repetir o que você disse, mas realmente funciona. Em primeiro lugar, demonstra que você estava realmente escutando; segundo, pode esclarecer quaisquer equívocos; e terceiro, pode lhe dar a oportunidade de fazer perguntas de acompanhamento para que você consiga se aprofundar mais no que a outra pessoa está tentando explicar. Se você descobrir que não consegue se lembrar do que a pessoa com quem você está falando disse, você está diante de um grande sinal de alerta que diz que precisa prestar mais atenção às coisas.

Ser um bom ouvinte é, por si só, uma habilidade de comunicação crucial. No entanto, ela também afeta a maneira como você se comunica em outras áreas. Por exemplo, a sua habilidade de ouvir com atenção causará um efeito direto na sua capacidade de redigir resumos de reuniões, e-mails de acompanhamento e até mesmo notas de agradecimento.

ESCREVA BEM. "Se eu tivesse que dar um conselho aos nossos jovens líderes, seria que eles aprimorassem as suas habilidades de redação", me disse Nancy Altobello, vice-presidente de pessoas da Ernst & Young LLP. Desse modo, embora você possa passar um tempo razoável enviando *tweets* e mensagens de texto, à medida que você se deslocar na sua organização, também precisará redigir relatórios, documentos de marketing, boletins informativos e, é claro, e-mails. Ser capaz de produzir um material escrito que as pessoas queiram ler é essencial. "Quando chega a hora de transmitir aquela mensagem difícil para um cliente ou colega de trabalho, é bastante provável que ela contenha mais de 140 caracteres", acrescenta Altobello. Independentemente do que você esteja escrevendo, certifique-se de que as suas palavras estão indo direto ao assunto e contêm um forte incentivo à ação. As pessoas que lerem o que você estiver escrevendo (e isso inclui o assunto do e-mail) devem terminar a leitura sabendo exatamente o que você quer que elas façam. No mínimo, isso evitará que você tenha que lidar com cem perguntas que pedem que você explique coisas que você deixou de fora no documento original.

Também é essencial conhecer o seu público. O e-mail que você enviou para o seu chefe convidando-o para almoçar deve ser muito diferente do e-mail que você envia para um amigo. E tudo deve ser revisado antes de ser enviado. Erros de gramática, grafia, pontuação, frases incompletas e um longo texto interminável e incoerente farão você parecer desleixado e pouco profissional. É extremamente difícil fazer a revisão das nossas próprias coisas, de modo que um par de olhos adicionais pode ser necessário no caso de alguns documentos. E como você nunca sabe aonde o seu texto, e-mail ou seja lá o for vai aparecer (as pessoas rotineiramente clicam em Responder para Todos ou acidentalmente encaminham documentos que não deveriam ser encaminhados), sugiro que você sempre escreva imaginando que alguém que você realmente deseja impressionar lerá o que você enviou.

Escrever é mais ou menos uma exceção à regra de que as habilidades interpessoais não podem ser ensinadas, o que significa que se você não escreve como deveria, pode ter aulas para melhorar a sua grafia, gramática, pontuação, estrutura das frases e outros conceitos básicos. Mas ensinar *exatamente* o que você deve dizer com essas palavras perfeitamente escritas e belamente estruturadas é muito mais difícil.

Todas as nossas habilidades de comunicação estão interligadas. Vimos como ouvir afeta a escrita. Bem, a escrita, por sua vez, afeta outras áreas. Por exemplo, saber como colocar as suas ideias no papel de uma maneira lógica e bem organizada tornará muito mais fácil apresentá-las aos outros.

TREINE PARA AS APRESENTACOES. Quanto mais alto você subir em uma organização, mais palestras e apresentações você terá que fazer. Infelizmente, a perspectiva de falar diante de outras pessoas é assustadora. Assim, além de tomar betabloqueadores ou sedativos (o que, é claro, você só faria se o seu médico mandasse), a única maneira de aplacar o seu nervosismo é praticando. Quanto mais você praticar, mais fácil será. Por exemplo, faça uma apresentação de dois minutos na hora do jantar e um monólogo de cinco minutos diante do espelho antes de se deitar para dormir. As oportunidades de fazer apresentações estão por toda parte. Você pode até mesmo se levantar e fazer o pedido de todo mundo para o garçom quando sair para almoçar com os seus amigos. Se você não conseguir encontrar oportunidades para treinar é porque não está procurando com o empenho necessário. Se você quiser praticar ainda mais, associe-se a um grupo como os Toastmasters (Toastmasters.org), uma organização internacional que ajuda as pessoas a desenvolver habilidades de oratória e apresentação.

Os dois maiores receios que as pessoas têm a respeito das apresentações são o de se fazer de idiotas na frente de uma porção de desconhecidos e de ter que convencer outros a concordar com o ponto de vista delas. A solução mais fácil é tomar medidas para ter alguns aliados no seu público, e a maneira mais fácil de fazer isso é procurar travar contato com algumas das pessoas para quem você vai fazer a apresentação. Ofereça a elas uma síntese do que você vai falar e obtenha algum *feedback*. Se elas gostarem do que você está fazendo, ficarão do seu lado, e você não precisará convencê-las de nada. Se elas não gostarem do que você está fazendo, pergunte quais são as preocupações delas e tente resolvê-las. Você talvez consiga incorporar algumas ideias delas à sua apresentação. Nada faz as pessoas se sentirem mais importantes do que os outros acatarem os conselhos delas. E a capacidade de fazer com que os outros se sintam importantes é inestimável.

A linguagem corporal: observe e use o que não é declarado

No local de trabalho — e em todos os outros lugares — você está se comunicando o tempo todo, quer você saiba disso, quer não. Você provavelmente já leu ou ouviu em algum lugar que de 80% a 90% da comunicação é não verbal. O percentual exato não importa; a questão é que ele é grande. As pessoas julgarão você baseadas em todos os tipos de sinais não verbais – a maneira como você se comporta, o modo como você mexe a cabeça quando está ouvindo outras pessoas, o jeito como você caminha pelo escritório. Os gerentes fazem muito isso, particularmente quando estão avaliando pessoas para uma possível promoção. Sem dúvida, eles querem alguém com as habilidades e qualificações adequadas, mas também querem uma pessoa que se vista e aja apropriadamente.

Eu disse anteriormente que você poderia melhorar a comunicação escrita ou verbal aprendendo a ouvir melhor. De um modo bastante semelhante, quero começar a falar a respeito da comunicação não verbal incentivando-o a prestar atenção à linguagem corporal das outras pessoas.

OBSERVE OS OUTROS. Você vai fazer isso por dois motivos. Primeiro, ao observar a linguagem oral e corporal dos outros, você terá uma ideia do que os está motivando, do que os está preocupando ou deixando animados. Isso possibilitará que você ajuste a sua abordagem à situação específica deles. Com uma pessoa hesitante, por exemplo, será interessante que você seja menos contundente do que seria com uma pessoa firme e dinâmica. Você deve observar dessa maneira tanto os clientes quanto os seus colegas de trabalho e gerentes. "A mudança não é fácil e frequentemente é recebida com resistência e insegurança. A mídia social e a tecnologia estão progredindo de uma maneira tão rápida, assim como as pessoas que consomem o conteúdo, que adaptar-se a essas mudanças, e conseguir atrair essas pessoas, pode representar um grande desafio", afirma Royale Ziegler, gerente de mídia social da E! Entertainment. "É extremamente importante considerar qual a melhor maneira de uma pessoa receber a minha mensagem e depois transmiti-la da maneira apropriada."

Segundo, é fundamental que você saiba como os outros o percebem e como eles reagem ao que você diz e faz. Às vezes, essas reações serão verbais; outras serão comportamentais. Às vezes serão óbvias; outras serão muito sutis. Uma pessoa que lhe faça muitas perguntas provavelmente está interessada em você e quer ouvir o que você tem a dizer. Alguém que revire muitos os olhos, bata repetidamente, de leve, com os pés no chão, fique olhando ao redor da sala e diga muito "oh, realmente" e não faça uma única pergunta de acompanhamento está lhe dizendo claramente que você não está conseguindo estabelecer uma conexão, de modo que você terá que descobrir o motivo ou investigar a questão adotando outra linha de ação. Embora muitas pessoas não tenham nenhuma dificuldade em ler as deixas dos outros, nem todo mundo consegue fazer isso. Se você não consegue entender bem como os outros o percebem, terá que trabalhar essa habilidade. Se você for assim, precisará fazer um esforço coordenado para prestar mais atenção à maneira como as pessoas reagem ao que você está dizendo e fazendo. Pare de vez em quando e pergunte a si mesmo como você está se saindo.

OBSERVE COM ATENÇÃO A SUA LINGUAGEM CORPORAL. Você se lembra do que eu disse há pouco a respeito de a maior parte da comunicação ser não verbal? Pense no que você faz com o seu corpo quando está envolvido com outras pessoas. Você se inclina para trás na cadeira e cruza os braços? Você fica em pé com as mãos nos quadris? Você sofre da "síndrome da perna irrequieta" (sim, esse é um distúrbio efetivo)? Você olha para as pessoas de frente ou você se senta ou fica em pé na diagonal (as pesquisas demonstram que as pessoas tendem a se concentrar naquilo para que os seus pés estão apontando)? Você retifica clipes, gira canetas ou manuseia nervosamente qualquer outra coisa? Simples comportamentos como esses podem fazer uma enorme diferença na sua capacidade de se comunicar com os outros, ouvir o que eles têm a dizer, fazer com que se sintam à vontade e construir relacionamentos com eles.

FAÇA CONTATO VISUAL TANTO QUANDO VOCÊ ESTIVER SOZINHO COM OUTRA PESSOA QUANTO EM SITUAÇÕES QUE ENVOLVAM O TRABALHO EM EQUIPE. Se você já tentou ter uma conversa com alguém que não esteja olhando para você, você sabe quanto isso pode ser frustrante e irritante. E você sabe como é agradável — e quanto você se sente importante — quando a pessoa com quem você está conversando olha diretamente para você. Mantenha os olhos na pessoa com quem você estiver falando e não deixe que eles perambulem pela sala em busca de alguém mais interessante com quem você possa falar. Se você tem o hábito de olhar em volta quando os outros estão falando, pare de fazer isso.

Habilidades interpessoais para as pessoas que trabalham remotamente

De acordo com um estudo recente realizado pela Cisco, 70% dos estudantes universitários e jovens profissionais especializados não consideram realmente necessário ir ao escritório para trabalhar. Surpreendentemente, um número cada vez maior de empregadores parece concordar com isso. E é bem provável que você já se encontre nessa situação. Outro estudo, este realizado por uma empresa de software, a Wrike, descobriu que 83% dos funcionários das empresas trabalham remotamente, pelo menos parte do dia. Todo o tempo que você passa lendo e respondendo a e-mails enquanto está no trem ou no ônibus indo e voltando do trabalho, antes de se deitar, durante o café da manhã ou até mesmo a caminho do banheiro no meio da noite conta, como deveria.

Mas aqui reside o problema: ao mesmo tempo que trabalhar em casa se torna mais aceito e o rígido modelo de comando e controle do escritório se torna mais obsoleto, as pessoas que trabalham remotamente (e com essa expressão estou me referindo a qualquer pessoa que trabalhe tanto em casa quanto em qualquer outro lugar que não seja no escritório do empregador) se preocupam com a possibilidade de que os seus colegas de trabalho ou chefes os considerem indolentes, e que a falta de contato pessoal com o chefe possa prejudicar a sua carreira.

Para Andre Obereigner, um profissional de RH da IBM na Malásia que dá apoio à atividade de RH da empresa na Alemanha e na Europa, a questão do contato pessoal é a sua principal preocupação. Sem dúvida, o fato de você não estar no mesmo lugar ao mesmo tempo que a outra pessoa torna a comunicação mais difícil. "E mesmo quando você se comunica, não está tendo acesso às expressões faciais e à linguagem corporal que transmitem informações que podem ser vitais no processo de tomada de decisões", afirma ele.

Infelizmente, alguns funcionários que trabalham remotamente, de fato, se tornam indolentes e acabam sendo demitidos. E mesmo que você não seja indolente (e você não estaria lendo este livro se o fosse), as pessoas que trabalham remotamente têm mais dificuldade em formar fortes laços emocionais com os colegas de trabalho (obviamente, a *happy hour* depois do trabalho está fora de cogitação), e eles não passam aqueles momentos inestimáveis em contato direto com a alta direção. "Eles não têm a oportunidade de dar um pulo na sala de uma pessoa e perguntar como ela está indo, conversar sobre o que ela está trabalhando no momento etc.", diz Sherri Hartlen-Neely, diretora-adjunta da Computer Sciences Corporation que supervisiona as pessoas que trabalham remotamente. Também é muito mais difícil conseguir que as pessoas reparem nas suas habilidades técnicas se você não estiver no escritório. No entanto, as coisas que podem fazer com que você seja demitido, bem como aquelas que poderão torná-lo um sucesso, são as mesmas tanto para as pessoas que trabalham remotamente quanto para aquelas que trabalham no escritório.

MANTENHA CONTATO

Isso é extremamente importante. A antiga expressão "longe dos olhos, longe do coração" é decididamente verdadeira no mundo corporativo. Se as pessoas não o virem, não pensarão em você quando surgir a próxima oportunidade. Portanto, você precisa tomar medidas para garantir que o seu gerente leia o seu nome, veja o seu rosto ou ouça a sua voz todos os dias. Sherri Hartlen-Neely sugere que os gerentes entrem em contato com a sua equipe para o bate-papo informal que acontece naturalmente quando as pessoas se encontram no mesmo espaço físico. "Na condição de gerente (e eu diria também como funcionária) é preciso entrar em contato com as pessoas em vários momentos durante a semana apenas para dizer 'Oi! Como vão as coisas?'" Use o Skype, o

Google Talk ou algum outro sistema de videoconferência. Envie mensagens instantâneas, mensagens de texto ou use o Twitter, e não tenha medo de telefonar. Mas descubra qual é o método de comunicação preferido de seu gerente. Talvez o melhor seja seguir os estereótipos baseado na idade: se o seu chefe for muito mais velho do que você, talvez você deva dar um telefonema. Se ele tiver a sua idade ou for mais jovem, as novas tecnologias talvez funcionem melhor, mas mesmo assim você deve procurar se informar.

NETWORKING

Comunique-se o máximo que puder, especialmente com os seus colegas de trabalho e outras pessoas no seu setor. Compareça aos programas de treinamento em locais externos e às festas da sua empresa, e participe do maior número possível de eventos de networking e conferências que você puder. Construir relacionamentos sólidos pode representar um desafio para as pessoas que trabalham remotamente, mas é algo incrivelmente importante.

INCLUA ALGUM TEMPO PARA SE COMUNICAR PESSOALMENTE
QUANDO VOCÊ TIVER UMA OPORTUNIDADE

Muitas empresas têm reuniões no local de trabalho mais ou menos uma vez por ano. Se você receber um convite para uma delas, não decline. "Geralmente escolhemos alguns dias por ano quando toda a equipe pode pegar um avião e vir até aqui participar do desenvolvimento de equipes e de um aprendizado", afirma Hartlen-Neely. "Além disso, é claro, temos o jantar com toda a equipe e a reunião que todos aguardamos ansiosamente. Compartilhar uma refeição encerra algo que nos faz sentir mais próximos das pessoas e compreendê-las melhor."

Cause a impressão certa

A antiga expressão "Nunca temos uma segunda chance para causar uma primeira impressão" não é exatamente correta, e vamos tratar disso em um minuto.

Mas não há dúvida de que a primeira impressão é, de fato, muito importante. Pesquisadores de Princeton constataram que a primeira impressão é formada em um décimo de segundo.[1] Isso é bastante assustador. O que é ainda mais assustador é o fato de que uma exposição mais longa não altera significativamente essa primeira impressão. Isso significa que você, na verdade, nem mesmo tem que ter contato com alguém para formar uma impressão, motivo pelo qual você precisa pensar cuidadosamente a respeito de como você é percebido.

Portanto, vamos falar a respeito dos vários componentes que afetam a impressão que causamos.

TENHA CUIDADO COM A SUA CONDUTA. "Na minha opinião, a habilidade interpessoal mais deficiente entre os membros da Geração Y é a conduta deles", me disse Mark Kuta, gerente de planejamento de vendas na cadeia de valor da Oracle. "Como se comportar em um almoço de negócios, como fazer o acompanhamento com as pessoas, como usar classe para se diferenciar. Comprei livros sobre boas maneiras para vários dos meus jovens funcionários." Isso parecerá terrivelmente básico, mas as boas maneiras a que estou me referindo são as mesmas que os seus pais lhe ensinaram quando você era pequeno: seja educado, diga "por favor" e "obrigado", ouça com respeito e não interrompa os outros quando estiverem falando. Além disso, embora os seus pais não tenham dito nada especificamente a respeito das mensagens de texto, garanto que enviar torpedos ou checar o seu e-mail no meio de uma reunião ou almoço de negócios é extremamente rude.

VISTA-SE DE ACORDO COM A OCASIÃO. Por mais banal que isso possa parecer, você realmente precisa se vestir para o sucesso. Quarenta e um por cento dos empregadores dizem que as pessoas que se vestem bem ou de uma maneira mais profissional têm mais probabilidade de ser promovidas do que aquelas que não se vestem tão bem. Um estudo recente realizado pela CareerBuilder.com examinou a questão de se vestir para o sucesso a partir do ângulo oposto. Eles descobriram que coisas que podem parecer superficiais para você podem fazer uma grande diferença para os gerentes. Os principais fatores que os tornam menos propensos a promover um candidato foram os seguintes: *piercings* (37%), mau hálito (34%), tatuagens visíveis (31%), roupas (29%) e mesa desarrumada (27%). Entre outros fatores estavam roer unha, o bronzeamento exagerado e o uso excessivo de perfume.[2] As pesquisas demonstram que quando as mulheres se vestem de uma maneira masculina para uma entrevista de emprego, elas têm mais probabilidade de conseguir a vaga, e se elas ocupam um cargo de prestígio e se vestem de uma maneira provocante, as pessoas acham que elas são menos competentes.

Você está se sentindo indignado? Mas embora pareça inapropriado que uma pessoa leve em consideração a sua aparência, é assim que as coisas são, quer você goste, quer não. Dean Lawyer, gerente sênior de área de soluções de mobilidade e do governo em nível estadual e local, da T-Mobile, declarou o seguinte: "Encarar com desprezo um colega de trabalho com um cabelo esquisito, *piercings* no corpo, tatuagens etc., sem chegar a conhecer a pessoa que está por trás de tudo isso pode não estar correto, mas é uma realidade. Portanto, se o seu cabelo não é a coisa mais interessante a seu respeito, você deve considerar o tipo de atenção que ele recebe". O objetivo é parecer elegante e profissional, mas sem perder a personalidade. A coisa importante a ser considerada quando você se vestir para o trabalho é quais são os padrões existentes. Se trabalha em uma *start-up* e todo mundo usa jeans, excelente, vista jeans. Se todo mundo estiver usando jeans e você aparecer de terno, você vai parecer um puxa-saco. Mas se você trabalhar em um banco de investimento onde o padrão é usar terno e você aparecer de jeans, você vai parecer um idiota.

Portanto, eis o que você deve fazer. Vista-se para o cargo que você deseja ter, e não o que você ocupa no momento. Melanie Mitchell, vice-presidente sênior de estratégia de marketing de busca da Digitas, explicou o seguinte: "Se os seus colegas usarem jeans no trabalho todos os dias e a maioria dos gerentes vestirem trajes de negócio casuais, é mais provável que alguém na direção o perceba como adequado para um cargo de gerente se você se vestir bem pelo menos alguns dias por semana".

Sugiro que você se vista um nível acima do padrão do seu escritório. Se a norma de vestuário for jeans, vista calça cáqui. Se for traje de negócio casual, use paletó, porém sem gravata. Você entendeu. Você também precisa estar preparado. Conclusão: ao se vestir de uma maneira profissional e apropriada, você está enviando a mensagem que está preparado para assumir mais responsabilidades e subir na empresa.

Como obter aquela segunda chance

Como mencionei anteriormente, a primeira impressão é incrivelmente importante, motivo pelo qual você precisa fazer todo o possível para causar uma boa impressão. É difícil se recuperar de uma má impressão inicial, mas decididamente *não* é impossível. No entanto, isso vai exigir algum trabalho. "Causar uma excelente impressão inicial estando preparado, envolvido e sendo autêntico é essencial", afirma Todd Davis, chefe de recrutamento da Amazon. "Se você conseguir voltar atrás e demonstrar essas qualidades, você tem uma boa chance." John Bell, diretor executivo internacional da Social@Ogilvy (a gigante da propaganda), me disse que embora qualquer pessoa possa dar uma topada em um único encontro, "o que fazemos sistematicamente ao longo dos primeiros noventa dias em um emprego ou trabalho contratado é do que as pessoas se lembrarão mais".

Recuperar-se de uma má impressão inicial envolve exceder as expectativas. De algumas maneiras, isso será fácil — depois da sua gafe inicial, você tem a oportunidade de superar as expectativas na próxima vez. Mas você precisa pensar com cuidado a respeito do que saiu errado e avaliar como corrigir a situação. O ocorrido tem a ver com a sua imagem? Foi alguma coisa que você fez? Alguma coisa que você disse? Qual o passo mais importante quando queremos nos recuperar de uma má impressão inicial? Como Todd Davis me disse, "Você precisa assumir a sua má impressão inicial. Mantenha contato com a pessoa com quem você acha que foi inadequado. Ela dará valor a isso".

Não interprete nada do que estou dizendo aqui como um convite (ou permissão) para não levar a sério a primeira impressão. Erica Tremblay, diretora do Programa de Desenvolvimento de Inteligência e Marketing da EMC, diz que embora uma recuperação seja possível, não existe nenhuma garantia de que você efetivamente terá a chance de fazer isso. "As pessoas são ocupadas, elas podem avançar para outro projeto e nunca mais trabalhar com você de novo, de modo que você pode nunca mais ter a oportunidade de corrigir a situação", diz ela. "É melhor se concentrar em causar uma sólida impressão inicial."

A razão disso é bastante simples. O primeiro encontro define expectativas para futuras interações. E o segundo também é importante porque ele confirma ou neutraliza o que aconteceu durante a primeira impressão. Se você causou uma impressão inicial não tão espetacular, as expectativas para o seu segundo encontro serão bastante baixas — e fáceis de superar. Se a sua primeira impressão foi boa, as expectativas serão elevadas para o segundo encontro. Se você corresponder a elas, terá estabelecido uma boa reputação. Se não corresponder, terá que começar a pensar a respeito de uma terceira impressão.

Construindo relacionamentos

Se eu tivesse que propor outro sinônimo para "habilidades interpessoais" além de "inteligência emocional", eu provavelmente escolheria "construir relacionamentos". Tudo a respeito do que falamos neste capítulo tem a ver com a ligação com outras pessoas. Por um lado, há a ligação com clientes e outras pessoas fora da sua organização. Elas querem fazer negócio com outras que conhecem e em quem confiam. Ronisha Goodwin, gerente de Recrutamento de Universitários da Hyatt Hotels Corporation, resumiu isso habilmente: "Os nossos gerentes precisam ser capazes de se relacionar tanto com os hóspedes quanto com os funcionários. É ótimo que eles sejam qualificados para a função que exercem, mas precisamos de pessoas capazes de sensibilizar-se com as 'necessidades humanas' tanto dos nossos funcionários quanto dos nossos hóspedes, garantindo que todos se sintam compreendidos e respeitados". Katherine Larner, executiva de conta da Pandora, acrescenta: "O setor de vendas está intensamente voltado para a formação de relacionamentos porque as pessoas não querem comprar coisas com alguém com quem não se dão bem ou em quem não confiam (além disso, elas tendem a gastar mais dinheiro com pessoas com quem gostam de trabalhar e em quem confiam!) É a mesma coisa que ocorre quando você dá a uma boa garçonete mais do que os 10% habituais de gorjeta — você faz isso porque gostou das habilidades interpessoais dela. Essa não é a *única* razão pela qual alguém vai comprar comigo, mas ajuda a conseguir aquela 'gorjeta' adicional quando você é uma pessoa atenciosa, alguém com quem é fácil trabalhar e que está sempre demonstrando um interesse pessoal e genuíno pelas pessoas".

Por outro lado, há as pessoas com quem você trabalha e aquelas para quem você trabalha. E construir relacionamentos com elas é igualmente importante. Um estudo recente da Harvard constatou que apenas 15% dos motivos pelos quais as pessoas progridem no local de trabalho estão relacionados com habilidades adquiridas e conhecimento profissional.[3] Os outros 85% têm a ver com habilidades com as pessoas. E com *habilidades com as pessoas* eu quero dizer *ser apreciado*. "Desde o primeiro mês, fiz tudo o que pude para me introduzir na estrutura da empresa — fosse ingressando na comissão de eventos, oferecendo-me como voluntária para ajudar em um novo programa, jogando no time de softball da empresa, escrevendo cartões no Natal, pregando uma peça bem humorada em um colega de trabalho ou oferecendo de bom grado o meu tempo para entrevistar candidatos", declara Ginger Lennon, uma jovem gerente de marketing na Digital Influence Group, uma firma de serviços de marketing estabelecida em Boston. "Logo descobri que era muito mais fácil fazer com que os colegas não apenas gostem de nós, mas também nos ajudem e façam um grande trabalho para nós quando somos generosos com o nosso tempo e nos empenhamos em criar uma cultura na empresa e um ambiente de trabalho divertido, positivo e cordial."

A maioria dos gerentes admite que antes que um processo formal de promoção tenha início, eles já identificaram a pessoa que desejam promover, de acordo com um estudo realizado na Georgetown University por Jonathan Gardner and Berland Associates. Eles descobriram que 56% de grandes empregadores que tinham mais de um candidato à promoção já tinham um favorito — e os critérios para ser um favorito não tinham nada a ver com habilidades; tudo dizia respeito à simpatia. Em 96% das vezes, o favorito conseguiu a promoção. Isso significa que mesmo que você não seja tecnicamente o mais qualificado para a função, mesmo assim você tem uma possibilidade de conseguir a promoção — se o seu chefe gostar de você.

No entanto, tenha em mente que o fato de o seu chefe gostar de você nem sempre é suficiente. É preciso que também haja alguma substância. Melanie Mitchell, vice-presidente sênior de Estratégia de Marketing de Busca da Digitas, me contou uma excelente história que demonstra muito bem esse ponto. "Trabalhei com um rapaz que sabia muito bem fazer os colegas e a equipe darem boas risadas, mas dificilmente ele se oferecia para fazer um trabalho extra quando era necessário. Quase sempre, ele fazia apenas o essencial. Nada mais. Tipicamente, ele chegava às 9 horas e ia embora às 17h30 todos os dias. Certo dia, algumas pessoas o pegaram dormindo na sua mesa, o que não agradou à gerência. Passado algum tempo, ele pediu demissão e foi para outra empresa. No entanto, cerca de oito meses depois ele voltou a nos procurar. Ele ouvira dizer que tínhamos uma vaga disponível e afirmou que ainda tinha lembranças agradáveis das pessoas, da cultura da empresa e de trabalhar conosco. Quando entramos em contato com a equipe que estava fazendo a contratação — a mesma equipe com a qual ele trabalhara antes — a breve resposta foi "não, obrigado". Isso não aconteceu porque ele não fosse um cara legal ou engraçado, mas porque eles precisavam de alguém disposto a realmente trabalhar e ser parte da equipe. E com base na atitude anterior dele, ele claramente não era essa pessoa."

Torne-se um líder na sua organização

Tornar-se um líder o ajudará a criar a sua marca e progredir mais rápido. Para que isso aconteça, é claro que os gerentes precisarão vê-lo como possuindo as qualidades de liderança necessárias. O que isso significa? Os gerentes estão procurando pessoas de visão, que enxergam possibilidades onde outras veem becos sem saída; pessoas corajosas, dispostas a correr riscos calculados para obter resultados; pessoas que estabelecem limites mais elevados do que quase todas as outras e que se animam diante da oportunidade de exceder as expectativas; pessoas que inspiram confiança e segurança nos seus colegas de trabalho, se destacam na resolução de conflitos e trabalham bem em equipe.

Desenvolver qualidades de liderança é uma coisa decididamente possível — e como você está trabalhando as suas habilidades interpessoais, você já está bem adiantado. Agora é apenas uma questão de praticar. E a melhor maneira de fazer isso — e de demonstrar o seu potencial de liderança — é assumir funções de liderança em todos os momentos e lugares possíveis. Mas não fique sentado esperando que as ofertas caiam no seu colo. Você precisa ir atrás das oportunidades.

O que forma um líder?

Ser um líder é extremamente importante: no nosso estudo, 78% dos gerentes e 84% dos funcionários disseram que as habilidades de liderança são ou "muito importantes" ou "as mais importantes". Você encontrará a seguir vinte características de liderança descritas pelas dezenas de gerentes que entrevistamos para este livro:

1. Ser um formador de equipes (86% dos gerentes e 82% dos funcionários dizem que isso é muito importante ou o mais importante).
2. Ter habilidades de construir relacionamentos (75% dos gerentes e 79% dos funcionários colocam isso no topo ou perto do topo da lista).
3. Ter caráter, energia, paixão e carisma.
4. Dedicar-se a cumprir tarefas, metas, missões e objetivos.
5. Ser aberto, sincero e objetivo.
6. Pensar criativamente.
7. Ser justo — dar oportunidade e crédito a todos.
8. Ser bem organizado e ter a capacidade de delegar tarefas.
9. Lidar bem com os outros — entender a resolução de conflitos e ser sensível às emoções dos outros.
10. Ter segurança para correr riscos.
11. Trabalhar bem sob condições de estresse.
12. Reconhecer as novas oportunidades quando elas surgem.
13. Ser capaz de produzir e enunciar mensagens para um público.
14. Ter uma ética profissional inflexível e a mentalidade de nunca desistir.
15. Inspirar a grandeza nos outros.
16. Ser competente — compreender a função de todas as outras pessoas e ainda assim ser um especialista na sua própria.
17. Ser capaz de fazer as perguntas certas, encontrar as respostas certas e tomar decisões certas.
18. Ser humilde — não ficar com todos os louros.
19. Assumir a responsabilidade pessoal pelo sucesso da equipe.
20. Ter boas habilidades de comunicação.

Com frequência constato que contemplar uma lista não é tão eficaz quanto um bom exemplo do mundo real. E como todo mundo define *liderança* de uma maneira um pouco diferente, quero lhe dar a oportunidade de ouvir dos próprios gerentes o que eles estão procurando. Megan Cherry, recrutadora de Relações Universitárias da Tyson Foods, está procurando jovens que sejam "muito profissionais, muito maduros, muito competentes em delegar atribuições, mas também muito competentes em saber onde está o seu ponto de ruptura e em elogiar quando o elogio é devido". Brian Pototo, diretor de Aquisição de Talento Internacional da Brocade, me disse o seguinte: "Tenho três membros da Geração Y na minha equipe que me impressionam regularmente com o seu entusiasmo, dedicação e comprometimento com o trabalho e com a nossa equipe". E Paul Marchand da PepsiCo diz: "Procuramos líderes que tenham integridade, que colaborem e que sejam permanentemente curiosos e instigantes. Aqueles que enxergam novas oportunidades, que são adaptáveis e que demonstram flexibilidade verão muitas portas se abrirem ao longo da carreira". E James Wisdom, segundo vice-presidente de Marketing Integrado da gigante dos seguros Aflac, procura "disposição e energia para abraçar o desconhecido e resolver um enigma, raciocínio organizado e a capacidade e a determinação de fazer as perguntas certas para desconstruir o que pode parecer impenetrável".

Como eu disse anteriormente, tornar-se um líder é uma excelente maneira de construir a sua marca e acelerar o seu caminho ascendente na empresa em que trabalha. Os bons gerentes sabem que os bons líderes são o futuro da organização, e eles sempre mantêm os olhos abertos para o talento. Desenvolva as habilidades que são mais requisitadas e você será mais notado. E você nunca chegará a lugar nenhum se não for notado.

A diferença entre líderes e gerentes

Como discutimos no capítulo anterior, os trabalhadores das antigas gerações frequentemente eram promovidos com base na idade e no número de anos passados na empresa. No entanto, no local de trabalho de hoje, onde tudo precisa ser aprendido e todo mundo é dispensável, as promoções baseadas na idade são praticamente uma coisa do passado. Respeitar o seu chefe, no entanto, decididamente *não é* uma coisa do passado. Ele tem experiência e força dentro da empresa, e ambas podem ajudar *você* a progredir na carreira.

Ao mesmo tempo, embora as palavras *gerente* e *líder* tenham um dia sido usadas como sinônimas, as definições mudaram. Nem todos os gerentes são bons líderes, e nem todos os líderes são bons gerentes. De um modo geral, os gerentes se baseiam mais em operações e metas, certificando-se de que os trens estejam no horário, que as coisas estejam caminhando de acordo com o planejado, que as metas sejam alcançadas e os orçamentos não sejam ultrapassados. Os líderes têm um pensamento mais progressista e inovador, e perguntam "Para onde vamos a seguir?" ou "Quem está faltando na nossa equipe para conseguirmos chegar ao próximo nível?"

Como liderar os membros da sua equipe de modo que eles o apoiem

Você quer ser um grande líder? Quer realizar grandes coisas com rapidez e eficiência? É claro que quer. Bem, tudo começa com os membros da sua equipe. Quanto melhor você conhecê-los, mais fácil será motivá-los. E quanto mais motivados eles estiverem, mais eles realizarão. Tudo começa com a atenção: que tipo de pessoas eles são? O que os motiva? O que não os motiva? A respeito de que eles são excessivamente sensíveis? Saber essas coisas fará com que você economize muito tempo e energia.

Em seguida, você precisa definir metas e etapas bem claras, e conseguir a adesão de todos. Os bons líderes permanecem organizados e sempre sabem o que está acontecendo, em que lugar, e quem está trabalhando no assunto. Depois, sempre que têm uma oportunidade, eles concedem o mérito adequado às pessoas da equipe. Você precisa fazer o mesmo. Ficaria surpreso com o número de pessoas que não reconhecem devidamente o que os outros fazem — e depois se perguntam por que não conseguem fazer a equipe ficar motivada.

Os bons líderes também têm uma política liberal e fazem todo o possível para que os membros da equipe se sintam à vontade trabalhando com eles. Eles fazem os membros da equipe sentir que fazem parte de algo maior do que eles mesmos. Cabe a você tomar medidas para que os membros da sua equipe conheçam as metas e o programa da empresa e mostrar a eles como os projetos nos quais estão trabalhando afetam toda a companhia.

Torne fáceis as conversas difíceis

Até agora, falamos a respeito de muitas maneiras diferentes de você se comunicar com as pessoas com quem trabalha, e como ser um comunicador eficaz é uma habilidade de liderança muito requisitada. Mas precisamos abordar mais dois aspectos da comunicação: como lidar com o conflito (entre você e outra pessoa e também entre duas outras pessoas). E como lidar com as críticas (recebendo e fazendo). Ninguém deseja lidar com situações desagradáveis, e as pessoas capazes de enfrentar difíceis desafios de comunicação são uma espécie rara. Se você aprender a fazer isso, decididamente se diferenciará dos seus colegas e se posicionará como um verdadeiro líder.

ACEITE AS CRÍTICAS... Quando as pessoas lhe oferecerem *feedback*, você precisa estar disposto a ouvir sem que isso estrague o seu dia ou lhe confira uma atitude desagradável. Ser capaz de lidar com as críticas demonstra que você está interessado em se aprimorar e que você deseja fazer parte da equipe. Por mais devastador que seja ouvir críticas, o que certamente é verdade para algumas pessoas, procure não deixar que isso o derrote. Eu sei que é fácil ficar na defensiva quando alguém diz algo negativo a nosso respeito — especialmente se a crítica for injustificada ou não muito construtiva. Mas antes de atacar mentalmente a pessoa que o criticou, pare e pense que talvez haja um pouquinho de verdade no que ela disse. Caso necessário, você pode pedir uma segunda opinião a alguém em quem você confie.

... E APRENDA COM AS CRÍTICAS. Se *de fato* houver um pouquinho (ou uma tonelada) de verdade na crítica que você receber (e quase sempre há), pense a respeito de como você pode aprender com ela. Sinceramente, o que você poderia ter feito ou dito de uma maneira diferente? Se você, de repente, se visse de novo na mesma situação, faria a mesma coisa? Ser capaz de aprender com as críticas não é uma coisa fácil, mas é algo que decididamente fará com que você seja notado pelo seu gerente e por outras pessoas.

E APRENDA A CRITICAR. À medida que você avançar em uma organização, é inevitável que você tenha que fazer algumas críticas. Certas pessoas adoram repreender os outros com rigor. Elas efetivamente esperam ansiosas a oportunidade de poder humilhar os outros e são bem capazes de fazer alguém chorar. Elas são idiotas insensíveis. Não seja uma delas. Descubra uma maneira de transmitir a sua mensagem de um modo que não cause nenhum dano e que, na verdade, faça com que a pessoa com quem você está falando tenha vontade de melhorar. A melhor maneira de fazer isso é começar a conversa em um tom agradável: descubra algo na pessoa que você possa elogiar, algo que ela faça especialmente bem. Em seguida, fale a respeito do evento principal e retorne a uma coisa positiva antes de encerrar a conversa.

Gerenciamento de projetos: onde as habilidades técnicas e interpessoais se encontram

Há algumas áreas nas quais as habilidades técnicas e as interpessoais caminham de mãos dadas. Uma das mais essenciais é a de gerenciamento de projetos — o processo de levar uma ideia da concepção à conclusão. Para ser um bom gerente de projetos, você precisará ser extremamente organizado, ter a capacidade de estabelecer prioridades, criar listas de coisas a fazer, atribuir a responsabilidade com relação a vários elementos do projeto, e acompanhar etapas e prazos finais — tudo isso envolve habilidades técnicas.

Mas os gerentes de projeto que verdadeiramente se destacam são aqueles que podem manter os membros da equipe no rumo certo, ajudá-los a transpor obstáculos e permanecer centrados quando se deparam com eles, incentivá-los quando eles se sentem desanimados e motivá-los a trabalhar juntos para realizar coisas que eles talvez não achassem que conseguiriam realizar — tudo isso envolve habilidades interpessoais. O segredo aqui é desmembrar as coisas em pedaços digeríveis. Digamos que você tenha designado um período de três semanas para a sua equipe terminar um projeto. Calcule o que precisa acontecer na primeira semana e quais as melhores pessoas para executar a tarefa. Em seguida, pense a respeito da segunda e da terceira semanas. Ao longo do período determinado, mantenha contato com os membros da equipe para verificar como eles estão se saindo e de que recursos adicionais poderiam precisar.

Construir uma rede sólida e se tornar um líder são condições que se reforçam mutuamente. Quando os seus colegas o respeitam e o seu gerente confia em você, é muito mais fácil assumir o controle de um projeto. Promova-se a funções de liderança em vez de ficar esperando que alguém lhe dê mais responsabilidade. Deixe que as pessoas saibam que você deseja assumir o controle, ao mesmo tempo que lhes garante que elas serão fundamentais para o sucesso do projeto. Demonstre o seu valor no primeiro projeto, e você consolidará a sua posição de líder e projetos maiores lhe serão confiados. À medida que você gerenciar projetos maiores, você se tornará mais visível, terá mais responsabilidades, adquirirá novas experiências e construirá novos relacionamentos que poderá alavancar no futuro.

As habilidades interpessoais são habilidades de vida

Uma das melhores coisas a respeito das habilidades interpessoais é que elas não se aplicam apenas à vida profissional. Habilidades interpessoais que podem parecer estar relacionadas com o trabalho podem ajudá-lo na sua vida pessoal e vice-versa. Um amigo meu, Bill Connolly, morria de medo de falar diante de outras pessoas. No entanto, depois de fazer um curso de improvisação, ele conseguiu eliminar o medo de falar em público, o que o ajudou no trabalho mas também ajudou a melhorar os seus encontros pessoais. Adam LoDolce, outro amigo, sempre fora tímido e desajeitado com as mulheres, de modo que decidiu fazer um curso sobre encontros pessoais. Funcionou, e as habilidades que ele aprendeu no curso — iniciar conversas, demonstrar interesse pelas outras pessoas, ser percebido como uma pessoa segura — também o ajudou a atrair mais clientes para o seu negócio. Ao longo do dia, pense a respeito das habilidades que você está aprendendo no emprego e procure imaginar como aplicá-las a outras áreas da sua vida.

Se você tem a sorte de trabalhar no Google, decididamente deve se inscrever no programa "Search Inside Yourself"* deles. Em uma entrevista para o *New York Times*, Karen May, vice-presidente de Liderança e Talento do Google, declarou o seguinte: "Temos excelentes pessoas trabalhando conosco. Como nós as mantemos? Ensinar funcionários com incríveis habilidades técnicas também significa ajudá-los a desenvolver habilidades de apresentação e de comunicação, ajudá-los a compreender como eles afetam outras pessoas, a desenvolver a capacidade de colaborar entre grupos e a cultivar uma mentalidade da qual possa surgir uma grande motivação". Até agora, mais de mil funcionários fizeram o curso, o qual ensina o treinamento da atenção, habilidades de ouvir atentamen-

---

* "Procure Dentro de Si Mesmo". (N. dos T.)

te, autoconhecimento e autodomínio, o desenvolvimento de hábitos mentais proveitosos e como lidar com o fracasso.

Sem dúvida, o programa do Google é um caso bastante raro. Um grande número de pessoas tem dificuldade para adquirir e refinar as habilidades interpessoais. Como já examinamos, há muitas maneiras de fazer isso. Mas a que tem mais êxito (e que também é a mais difícil) é colocar a mão na massa e tentar. Pode ser difícil nas primeiras vezes (ou nas primeiras dezenas de vezes), mas quanto mais você praticar, melhor você se tornará.

Domine as habilidades interpessoais para se tornar a pessoa com quem todo mundo deseja trabalhar

Se você está pensando em assumir uma posição de liderança, precisa estar empenhado em desenvolver e melhorar as suas habilidades interpessoais. Se você não for capaz de se ajustar à cultura da sua empresa, de saber trabalhar em equipe e motivar outras pessoas, você nem mesmo conseguirá chegar à lista de candidatos selecionados.

Por conseguinte, a partir de hoje, preste atenção à maneira como as outras pessoas percebem você. Procure conseguir algum *feedback* do seu gerente a respeito da situação atual das suas habilidades interpessoais, e volte a procurá-lo mais ou menos a cada seis meses para verificar o seu progresso — ou com mais frequência se ele tiver identificado algo que represente um problema sério.

Ter sólidas habilidades interpessoais torna acessíveis para você oportunidades para que você se torne mais social e construa relacionamentos mais firmes — relacionamentos que podem favorecê-lo no trabalho e na vida pessoal. Muito poucas pessoas são capazes de realizar grandes coisas completamente sozinhas; quase sempre você estará trabalhando em equipe. Quando você é conhecido como alguém com competência para desenvolver relacionamentos sólidos e positivos com os membros da sua equipe, e que é capaz de incentivá-los a enfrentar problemas difíceis na empresa, você se tornará um recurso ainda mais valioso. Isso o ajudará a desenvolver a sua marca e o posicionará para subir na organização em que trabalha.

4

Habilidades on-line:
use a mídia social em seu benefício

A Mídia Social, ao que se constatou, não diz respeito a agregar públicos para que você possa falar, aos berros, sobre as porcarias que você quer vender. A Mídia Social, na verdade, é uma necessidade humana básica, revelada digitalmente on-line. Queremos estar conectados, fazer diferença, queremos que as pessoas sintam a nossa falta e ser importantes para elas. Queremos nos entrosar, e sim, queremos ser liderados.

— SETH GODIN, autor de *The Icarus Deception.*

Ao se tornar perito no uso das redes sociais mais proeminentes, como Facebook, Twitter, LinkedIn e Google+, e ao identificar e aprender a usar aquelas que ainda não foram inventadas, você se manterá à frente dos acontecimentos. Você será capaz de construir e desenvolver uma sólida rede de contatos à qual poderá recorrer em várias situações, seja para gerar burburinho e vendas para o mais recente produto da sua empresa, ou para construir a sua própria marca pessoal. Ter uma forte marca pessoal fará com que você se destaque no trabalho, aumente a sua visibilidade e se posicione para as promoções. Combine isso com uma sólida rede social e você terá em seu poder a suprema rede de segurança para qualquer economia.

Comecei a usar o Facebook quando era aluno do terceiro ano da faculdade, e agora o mundo inteiro o está acessando, e ele está tendo um profundo impacto na nossa sociedade. (A mídia social está tão difundida que 92% das crianças entre 1 e 3 anos de idade já têm uma presença on-line.[1]) Estamos conectados com os nossos amigos, membros da família, colegas de trabalho e pessoas que encontramos casualmente em eventos e quando nos deslocamos durante o dia. Até mesmo as poucas pessoas que conheço que se recusavam a abrir uma conta no Facebook há alguns anos, agora o estão usando ativamente porque no mundo de hoje é praticamente impossível para alguém ir muito longe sem ele. Nos últimos anos, o Twitter promoveu as embaraçosas palhaçadas de Charlie Sheen (#winning) e até mesmo desempenhou um papel na insurreição egípcia que marcou o início da Primavera Árabe de 2011.

O Twitter é uma ferramenta incrivelmente poderosa que pode ser usada para o bem ou para o mal. Em 2012, as pessoas usaram o Twitter para manter as vítimas da Tempestade Sandy informadas a respeito de onde poderiam encontrar alimentos básicos e abrigo, e como localizar amigos e parentes perdidos. Por outro lado, nem tudo o que você lê no Twitter é verdadeiro. Durante essa mesma tempestade, um analista de Wall Street enviou uma série de *tweets* completamente falsos afirmando que a Bolsa de Valores de Nova York estava debaixo de um metro de água e que toda a energia elétrica de Manhattan havia sido cortada. Ele foi demitido do emprego e falou-se até mesmo em processá-lo.

Seguir as fontes certas é importante, e seguir especialistas do seu setor pode mantê-lo atualizado a respeito dos últimos acontecimentos na sua área e do que os Líderes de Pensamento estão fazendo. Essas são pessoas que estão completamente envolvidas com o assunto, e como elas (geralmente) gostam de compartilhar o conhecimento que têm, você pode aprender muito com elas.

Ter uma forte presença e muitos seguidores na mídia social também pode adicionar muito valor à sua carreira. A partir de uma perspectiva puramente pessoal, os seus contatos na mídia social podem ajudá-lo a melhorar a sua produtividade fornecendo-lhe um acesso mais rápido às informações. A partir da perspectiva de ser notado e construir a sua marca profissional, os seus contatos na mídia social podem ajudá-lo a apoiar a sua empresa de várias maneiras que certamente atrairão a atenção do seu gerente e colegas de trabalho. Por exemplo, se a sua empresa está prestes a anunciar um produto importante, você pode promovê-lo por intermédio da sua rede de contatos para gerar burburinho e obter uma atenção adicional para o lançamento — e você talvez até consiga um novo cliente. Se um cliente estiver reclamando no Twitter e você topar com o *tweet*, poderá informar o fato ao seu departamento de RP, resolver os problemas do seu cliente e emergir parecendo um herói. (Se você deixar que notícias negativas prossigam incontestadas, elas se espalharão.) E quando a sua empresa estiver pensando em fazer contratações, você poderá encontrar candidatos-alvo por meio dos seus perfis on-line e talvez até mesmo faturar alguns milhares de dólares no programa de indicações do seu empregador.

Pense nos seus perfis da mídia social como trunfos que você irá acumulando ao longo da sua carreira. As redes de contato que você construir poderão ajudá-lo a permanecer ligado a pessoas que você conhece e formar novas associações com pessoas que você não conhece. Além disso, como discutiremos em capítulos posteriores, quanto mais pessoas você conhece, mais fácil se torna abrir portas para novas oportunidades. Construa e utilize sabiamente as suas redes de contato agora, e elas pagarão grandes dividendos mais tarde.

Mas fique atento. Se você não tiver cuidado, poderá se meter em grandes apuros. Você talvez tenha ouvido falar nos assistentes do deputado Rick Larsen, democrata de Washington, que enviaram *tweets* de suas contas pessoais a respeito de como era legal ficarem sentados no assento do poder ao meio-dia, bebendo Jack Daniel's e assistindo a vídeos do Nirvana com o dinheiro do contribuinte? Você sabe quais são as pessoas que não estão mais sentadas lá — do assento do poder à porta da rua em apenas 140 caracteres.

Você imaginaria que as pessoas sabem que não devem fazer essas coisas, não é verdade? *Você* certamente sabe, não é mesmo? Por outro lado, com que frequência você clicou Responder para Todos em um e-mail quando a sua intenção era clicar apenas Responder? Isso pode ser bastante constrangedor.

Todos nós fazemos essas coisas. Cinquenta e quatro por cento das pessoas com menos de 25 anos e 32% das pessoas com mais de 25[2] dizem que já postaram alguma coisa da qual se arrependeram depois. Esses percentuais me parecem muito baixos. Acredito que qualquer pessoa que diga que nunca fez isso, ou fez e não se deu conta — ou não foi apanhada... ainda.

O fato é que vivemos em um mundo de ritmo acelerado no qual a pressão para responder e postar é constante, e no qual é excessivamente fácil cometer erros. Infelizmente, com frequência há um relacionamento inverso entre o tempo necessário para postar um comentário e o impacto negativo que esse post pode causar. Em outras palavras, os erros mais simples podem ter as maiores — e as mais duradouras — repercussões.

É por esse motivo que muitas empresas estão agora ganhando dinheiro para limpar a reputação on-line das pessoas. Elas sabem que, em grande medida, quem você é on-line é quem você é, ponto final. Pessoas que você não conhece — na sua empresa, no seu setor, no mundo inteiro — podem ler a seu respeito enquanto tomam o café da manhã, e para elas, o que leem é a verdade absoluta a respeito de quem você é.

Você acha que os seus gerentes e colegas de trabalho não estão olhando? Você acha que existe uma *firewall* entre a sua vida on-line e a sua vida off-line, ou entre o tempo profissional e o tempo livre? Pois você está enganado. Oitenta e cinco por cento das empresas usam hoje a mídia social para pesquisar funcionários — tanto para promoções quanto para contratações. Sessenta e três por cento usam o Facebook e o Twitter para desencavar sujeiras digitais. Setenta e um por cento monitoram a utilização das redes sociais pelos funcionários.[3] Oh, e se você estava esperando que as coisas melhorassem, mais uma vez você está errado. Um novo estudo da Gartner descobriu que 60% das empresas planejam *aumentar* a quantidade de espionagem dos funcionários por meio da mídia social até 2015. A moral da história? O Big Brother está aqui, de maneira que você deve tomar muito cuidado com os seus posts!

É claro que nem *todo mundo* está espionando o que você faz. Steve Fogarty, gerente sênior de Programas Estratégicos da Adidas, não costuma espionar o perfil dos funcionários. "Desde que um funcionário esteja desempenhando bem o seu trabalho, não estou interessado na vida social ou na mídia social deles", afirma Fogarty. "Mas se eles fizerem alguma coisa escandalosa ou prejudicarem a marca de alguma maneira e outras pessoas trouxerem isso à tona, é claro que isso poderá ter consequências negativas." No entanto, gerentes como Chris Petranech, gerente de vendas da PayPal, faz isso o tempo todo. "Gosto de entender os interesses deles e como eles usam a mídia social para se representar on-line", afirma Petranech. "Em última análise, eles são um reflexo da minha equipe dentro da organização." Outros vão ainda mais longe e efetivamente avaliam a qualidade das redes sociais do funcionário. "Estou em contato no Facebook, no Twitter e no LinkedIn com todas as pessoas com quem trabalho, se elas estiverem lá", declara Michael Brenner, diretor sênior de Marketing

Internacional da SAP. "É crítico secretamente aquelas que têm muito poucos contatos nos canais sociais."

O uso inadequado da internet é tão prejudicial para a sua carreira quanto aparecer atrasado, de pijama, para uma reunião com um cliente. Os empregadores encaram a sua reputação on-line como um reflexo direto da marca deles. Em outras palavras, o fato de que quem você é on-line é quem você é ponto final evolui um pouco mais e se torna quem *você* é on-line é quem *o seu* empregador é on-line — seja no Facebook, no Twitter, no seu blog pessoal ou no website da empresa. Uma reputação danificada on-line pode ser uma falta passível de demissão, o que significa que gerenciar a sua reputação on-line agora faz parte da descrição do seu cargo.

No entanto, gerenciar a sua reputação não diz respeito apenas a não ser demitido. A sua marca on-line é como você se posiciona na empresa, como você demonstra a sua capacidade, como você define a maneira como os gerentes e os colegas de trabalho o percebem. Gerenciar a sua marca on-line é uma das ferramentas mais poderosas para o progresso da carreira, e uma coisa que você precisa fazer ponderada, regular e proativamente.

Construindo a sua marca on-line

A melhor maneira de construir proativamente a sua marca on-line é colocar deliberadamente posts que o posicionam da maneira como você deseja ser visto. Poderiam ser comentários ponderados sobre artigos relacionados com o seu emprego, informações relevantes que você publica no Twitter e no seu blog pessoal, ou vídeos que você posta exibindo o seu mais recente projeto. Esses e outros posts reunidos o definem para os seus gerentes, para o seu setor e para o mundo. Eles o lançam no topo daquela busca no Google, detalham o seu perfil no LinkedIn e o definem no *pool* de talentos corporativos onde são tomadas as decisões sobre as promoções.

Tudo diz respeito a criar, controlar e gerenciar a sua reputação para que ela possa ajudá-lo a construir a carreira que você deseja. Se você não estiver sistematicamente colocando posts na mídia social, se não estiver formando links com blogs relevantes, não estiver deixando comentários nos blogs de outras pessoas e compartilhando informações relevantes para o seu trabalho, e não estiver se comunicando por meio do LinkedIn, atualizando o seu currículo on-line, ou não souber o que a busca no Google *desta semana* vai revelar a seu respeito, você está deixando que outras pessoas controlem a sua reputação — o que é um grande erro.

Os jovens funcionários frequentemente me perguntam por que, já que a meta deles é simplesmente subir ao topo da empresa em que trabalham, é tão importante construir a sua marca no mundo "exterior"? A minha resposta é a seguinte: porque se tornar um especialista reconhecido na sua área aumenta o seu valor para a sua empresa. Se o seu blog for amplamente lido, se as pessoas fizerem comentários sobre ele e o passarem adiante, se os seus artigos aparecerem em publicações on-line e você for convidado para falar em painéis, a sua empresa o verá como um especialista; você será recrutado para funções de nível mais elevado. E com uma boa razão. Você não está apenas *agindo* como um especialista — que é só aparência e não tem substância — você *será* um especialista. Ao reunir informações regularmente, analisá-las e transformá-las no seu conteúdo na Web, você estará desenvolvendo ideias que o tornam um valioso recurso para a empresa. A sua marca será um reflexo fiel do que você leva para o trabalho.

"Um dos meus primeiros projetos quando comecei no meu emprego foi criar um blog de recrutamento que contasse a história da Intel e se conectasse com o nosso público-alvo, as pessoas que estão em busca de trabalho", diz Sejal Patel, Estrategista de Mídia Social da Intel. "Aderi a vários fóruns e grupos de discussão on-line. Depois do meu primeiro chat on-line, fiz contato com uma profissional de recrutamento local que estava escrevendo um documento de marketing sobre mídia social e recrutamento. Ela acabou entrevistando o meu gerente e eu, e nos incluiu no seu documento. Alguns meses depois, ela me convidou para fazer parte de um painel que ia discutir a mídia social e recrutamento em uma famosa conferência de recrutamento! Isso ajudou a construir a marca da minha empresa, mas decididamente me ajudou também a construir a minha própria marca."

Jason Duty, diretor de Serviços Globais de Ajuda Social da gigante dos computadores Dell, me contou uma história a respeito de como construir uma presença na mídia social também construiu a carreira de um rapaz. "Eu o conheci em um evento da Dell para adeptos da mídia social. Na realidade, ele tinha muito pouca experiência com a mídia social na época, nem mesmo usava o

Twitter, e tinha acabado de concluir um curso de graduação na universidade. Durante o evento, ficou bastante claro que ele era completamente louco por tecnologia, e era possível ver o seu interesse sendo despertado à medida que íamos nos aprofundando cada vez mais em conversas sobre a mídia social. Depois do evento, permanecemos em contato, principalmente por intermédio da mídia social. No ano seguinte, organizamos o mesmo evento e convidamos novamente muitos dos participantes originais, inclusive esse rapaz. Fiquei impressionado com a maneira como ele abraçara a mídia social — em apenas um ano, ele acumulara muitos seguidores no Twitter, porém, o que era ainda mais importante, ele lançara um blog com um significativo conteúdo de multimídia e *podcasts*, e havia aumentado para dezenas de milhares a sua base de assinantes. Ele também causara uma profunda impressão em Michael Dell com o seu conhecimento de tecnologia e como ela é usada por várias faixas demográficas. Aconteceu simplesmente que, na ocasião, eu estava criando uma função na minha equipe para um gerente de programa da mídia social, e imediatamente pensei que esse rapaz seria perfeito para o cargo. Sinceramente, mesmo que aquela função não estivesse sendo criada, eu teria encontrado alguma maneira de contratá-lo. Ele está conosco há apenas alguns meses e já está causando um impacto significativo nos recursos da minha organização na mídia social."

O seu blog: bom para você, bom para a sua empresa

Blogar não apenas chama atenção para você; também pode trazer visitantes para a sua empresa. De acordo com um levantamento realizado em 2009 pela Technorati,[4] 71% dos blogueiros entrevistados disseram que os blogs aumentaram a visibilidade da empresa deles, 63% converteram possíveis clientes em compradores por intermédio do seu blog e 56% disseram que os seus blogs conferem reconhecimento à sua empresa como uma líder de pensamento no setor. Isso não pode prejudicar a avaliação anual, não é mesmo?

Como criar a sua identidade on-line

Você já tem uma conta de e-mail — provavelmente várias. E contas no Facebook e no Twitter também. E você talvez esteja no LinkedIn ou em outras redes sociais. Mas esse é apenas o começo. Um componente essencial da sua marca on--line é a sua identidade on-line, e isso vai bem além de simplesmente usar e-mail e a mídia social. Na verdade, o processo começa com algo tão simples quanto o seu nome, ou, como estamos falando a respeito da internet, do seu nome de domínio. Eis como criar a sua identidade on-line.

REGISTRE O SEU NOME DE DOMÍNIO. O seu nome de domínio (*www. seunome.com*) é o eixo central para a sua reputação digital. É geralmente a primeira coisa que aparece quando alguém procura por você on-line, de modo que quanto mais controle você tiver sobre ele, melhor. Você não vai querer que um *cybersquatter** o registre antes de você e depois lhe cobre uma fortuna pelos direitos ao seu próprio nome. (Acredite, isso acontece.)

Registre o seu nome de domínio mesmo que você não tenha planos de criar um website pessoal (embora eu vá lhe dizer mais adiante por que você deve criar um). O custo é mínimo — cerca de 10 dólares por ano, possivelmente um pouco menos se você fizer o registro ou renová-lo por mais um ano de cada vez. A maneira mais fácil de fazer isso é em GoDaddy.com.

Se possível, registre o seu nome completo: BenSmith.com. Se o seu nome já tiver sido registrado, use a inicial do nome do meio (BenRSmith.com), o seu nome do meio inteiro (BenRickSmith.com) ou o seu nome com a associação de classe (BenSmithPR.com). Isso garante que ninguém vai pensar que outro Ben Smith é você. Já é bastante difícil gerenciar a sua marca on-line; você não vai querer se preocupar a respeito de ser confundido com outra pessoa! Se todos os .com estiverem tomados, você também pode registrar as URLS .net e .me.

CRIE PERFIS EM REDES SOCIAIS SELECIONADAS. Se você ainda não tem um perfil no Facebook, no LinkedIn, no Twitter e no Google+, é chegada a hora de criá-los. Eles representam a maneira mais fácil de criar a sua identidade

---

* Pessoa que compra um nome de domínio homônimo de uma marca famosa esperando poder vendê-lo mais tarde com lucro. (N. dos T.)

on-line e promover você para os outros. Ao criar os seus perfis sociais, é importante que a sua identidade on-line seja coerente, de modo que você deve usar o mesmo nome, foto e informações de perfil para todas as contas. Use o nome de domínio que você registrou (mesmo que ele inclua o seu nome do meio, inicial ou associação de classe) para distinguir o seu perfil de outra pessoa com o mesmo nome.

O ideal é que você se registre nas quatro maiores plataformas: Facebook, Google+, Twitter e LinkedIn, mas (e este é um grande mas) fique atento ao seu tempo. Uma vez que você criar um perfil na mídia social, você terá que gerenciá-lo ativamente. Isso significa checá-lo *diariamente*, se possível, para criar e responder a posts e verificar o que os outros estão falando a seu respeito. *Portanto, não se inscreva em um número maior de redes do que você consegue ativamente gerenciar.*

> Observação especial: estou sugerindo que você tente manter o nome do seu perfil coerente em todas as redes sociais de que você participa. No entanto, como existem tantas, é bastante provável que o nome que você deseja não esteja disponível em todas as plataformas. Talvez seja interessante você usar KnowEm.com, que compara o seu nome com os existentes em centenas de redes sociais para que você possa ver onde ele está disponível.

O FACEBOOK é a maior rede social do mundo. Se ele fosse um país, os seus mais de um bilhão de membros o tornariam uma nação com três vezes o tamanho dos Estados Unidos. Metade dos usuários do Facebook se conectam todos os dias.

Se você é um usuário avançado do Facebook, sinta-se à vontade para saltar para o próximo segmento. Mas como a pergunta mais comum que as pessoas me fazem é "Qual a maneira de eu gerenciar a minha presença pessoal e profissional no Facebook?", vou passar alguns minutos respondendo a ela.

Sugiro que você use o seu perfil no Facebook como a sua página pessoal e crie uma Fan Page (ou perfil separado) para a sua imagem profissional. Uma Fan Page atua exatamente como um perfil regular: você pode postar fotos, vídeos, links e tudo o mais de que precise para promover a sua marca pessoal. Se em seguida você tornar o seu perfil regular "Somente para Amigos", todas as pessoas que procurarem você encontrarão apenas a sua Fan Page. Essa é uma solução para manter o seu perfil público e o seu perfil privado seguramente separados. O Facebook oferece instruções completas para você criar uma Fan Page: facebook.com/pages/create.php.

Embora isso seja um pouco mais arriscado, se você realmente quiser, pode ter um único perfil para a sua vida pessoal e a sua vida profissional combinadas. Você precisará apenas ser realmente cuidadoso e colocar os seus amigos e contatos profissionais em grupos separados. Depois, quando você postar atualizações, pode escolher que grupo, ou grupos, você deseja atingir. Depois de criar uma Fan Page, não se esqueça de tornar privado o seu perfil regular. Para fazer isso, vá para as suas Configurações de Privacidade e:

1. Torne a sua Configuração-Padrão de Privacidade somente "Amigos". Se você já tem amigos entre os contatos profissionais, fale com eles a respeito da mudança e forneça a eles o link da sua Fan Page. Em seguida, remova-os como amigos da sua página pessoal.

2. Ajuste "Quem Pode Entrar em Contato Comigo?" somente para "Amigos" e desmarque "Permitir que outros mecanismos de busca se conectem com a sua linha do tempo". Isso lhe dará mais controle sobre quem pode encontrar e examinar o seu perfil.

3. Não deixe que outras pessoas marquem você em fotos. A marcação o deixa aberto à inspeção pública, e como você não pode controlar o que as outras pessoas postam ou marcam, por que se arriscar? Para fazer isso, você precisa ir para Linha do Tempo e Marcações no menu Privacidade e ajuste a caixa de seleção de maneira a que você possa aprovar todas as marcações antes de elas serem postadas no seu mural.

4. Desative todos os aplicativos de plataforma, jogos e websites. Com poucas exceções, sobre as quais falaremos mais adiante, eles parecem não profissionais.

5. Limite o Público que tem Acesso a Publicações Antigas a "Amigos". Se você já postou alguma coisa que os seus colegas não deveriam ver, isso minimizará o dano. Outra abordagem (embora um tanto demorada) é

mudar as configurações de Privacidade em cada atualização individual de *status* que você, ou outra pessoa, tenha postado no seu mural a partir do momento em que você começou a usar o Facebook. Como último recurso, você pode mudar a data em cada atualização de *status*, ocultar completamente a atualização de *status* ou removê-la completamente do Facebook.

Com os perfis da Linha do Tempo do Facebook, é mais importante do que nunca gerenciar proativamente as suas configurações de privacidade. Se você não fizer isso, as suas atualizações poderão ser vistas pelos seus superiores, e eles poderão ter uma má impressão de você por causa de todas aquelas fotos de festas e atualizações de ataques políticos que você publicou. Quando a sua linha do tempo é visível, as pessoas podem verificar o que você postou anos atrás. Não sei como você se sente, mas eu fui presidente da minha fraternidade na faculdade, e não quero que os meus clientes vejam fotos ou atualizações do meu passado. Passei três horas revendo todas as minhas atualizações entre 2004 e 2006 a fim de garantir que tudo estaria protegido, e foi um tempo bem empregado. Em seguida, ativei todas as configurações de moderação para posts e fotos marcadas com o meu nome e desativei a possibilidade de outras pessoas escreverem no meu mural. Isso me dá pleno controle sobre o meu perfil.

Outra pergunta que me fazem com frequência é a seguinte: "Por que eu deveria construir a minha marca no Facebook?" A resposta é bastante simples. Você deve fazer isso porque quase todo mundo que você conhece ou desejaria conhecer está lá. Isso inclui os seus amigos e colegas de trabalho. Mas também inclui empregadores, recrutadores e parceiros de negócios em potencial que usam o Facebook (não raro junto com o LinkedIn) para procurar pessoas de peso para as suas organizações. O Facebook é uma maneira extremamente eficaz de manter as pessoas que você conhece atualizadas com o que você está fazendo, e de fazer o resto do mundo saber como você é magnífico. E eis algumas dicas sobre como incrementar a sua marca usando a sua Linha do Tempo no Facebook:

- Crie uma foto de apresentação na Linha do Tempo para a sua marca pessoal. As dimensões da foto são 840 pixels de largura por 310 pixels de altura. Use Photoshop, Paint ou outro programa, bem como imagens profissionais para criar uma Linha do Tempo que capte quem você é e no que está interessado. Você também pode ser criativo colocando a URL do seu website como parte da imagem.

- Adicione aplicativos à sua Linha do Tempo indo para facebook.com/about/timeline/apps. Esses aplicativos podem informar aos seus amigos e observadores quais são os seus interesses e *hobbies*. Um dos meus favoritos é o "Washington Post Social Reader", que deixa você compartilhar artigos recentes que você esteja lendo e o mantém atualizado com relação às notícias e acontecimentos no seu setor.

- Destaque atualizações de *status* específicas das quais você mais se orgulhe. Você pode mostrar as suas maiores realizações de imediato quando alguém acessar o seu perfil, o que pode incrementar a sua marca.

E finalmente, antes de irmos para o Google+, sugiro que você — no mínimo — crie um nome de usuário no Facebook (por exemplo, facebook.com/danschawbel) mesmo que você não esteja pronto para gerenciar o seu perfil no momento. Isso evita que outra pessoa o crie no seu lugar, faz com que as pessoas tenham mais facilidade em encontrá-lo e parece mais profissional quando você promove o seu perfil em outros websites.

Você sabe quantos colegas seus o estão seguindo no Facebook?

A mídia social de certa maneira transformou o mundo em uma cidade pequena, na qual todo mundo sabe o que todas as outras pessoas estão fazendo — mesmo que isso seja confidencial. Desse modo, independentemente do que você estiver fazendo, tenha sempre em mente que outra pessoa poderá vê-lo, e, exatamente como em uma cidade pequena, esses rumores se espalham com uma rapidez incrível — e é impossível controlá-los.

Portanto, antes de você gritar com uma garçonete por ela ter confundido o seu pedido ou sair e se embebedar com os amigos, pense se você realmente deseja que fotos dessa noite circulem pelo Facebook. E imagine o que o presidente da sua empresa faria se ele por acaso estivesse sentado na mesa ao lado. Não há como evitar que isso afete a impressão que ele tem de você. Não, é claro que isso não é justo, e sim, você tem direito a uma vida privada. Mas a realidade é que vivemos num mundo 24/7/365 e tudo é contabilizado. Quando foi última vez que você conheceu alguém no Facebook e percebeu que vocês não tinham nenhum amigo em comum? Para mim, a última vez foi há muito, muito tempo.

Nem mesmo consigo acompanhar todas as histórias horríveis que já ouvi — quer de gerentes assombrados que demitiram uma pessoa por fazer algo absurdo fora do local de trabalho ou de jovens constrangidos que foram apanhados e sofreram as consequências. Há o cara que telefonou dizendo que estava doente no dia 31 de outubro, foi a uma festa muita louca de Halloween vestido de fada e decidiu postar fotos no Facebook. Adivinhe quem viu as fotos? E há a jovem que postou na sua página do Facebook que detestava a empresa onde trabalhava e desprezava o seu chefe. Foi somente quando ela viu o comentário do chefe no seu *status*: "Você está despedida", que ela se deu conta de que se esquecera de que o aceitara como amigo. Pois é.

É claro que a natureza de pequena cidade da mídia social tem as sua vantagens. Se você estiver envolvido com instituições beneficentes ou em um trabalho voluntário, se você tiver escrito um artigo brilhante sobre algum assunto, se você tiver representado um dos papéis principais em uma produção do teatro comunitário ou feito qualquer outra coisa interessante, é fácil fazer com que as pessoas tomem conhecimento do fato.

A minha empresa analisou 4 milhões de perfis no Facebook e mais de 50 milhões de pontos de dados do Identified.com, e descobrimos que o jovem trabalhador típico está conectado a dezesseis colegas de trabalho no Facebook e tem quase setecentos amigos. No entanto, somente 36% deles incluem referências profissionais, o que significa que a maioria está usando o Facebook para posts pessoais mas estão compartilhando essas informações no trabalho. Humm. Provavelmente está na hora de haver um pouco separação entre a vida profissional e a vida privada!

Também descobrimos que o jovem trabalhador típico deixa o seu primeiro emprego depois de permanecer nele por pouco mais de dois anos. Isso significa que os seus amigos poderão se tornar seus colegas de trabalho em algum momento da sua vida. Foi exatamente isso o que aconteceu a Alex Leo, que acaba de iniciar a sua carreira como diretora de Produtos da Web na Thompson Reuters Digital. "Por causa da mídia social, eu já conhecia várias das pessoas com quem acabei trabalhando na Reuters. Algumas delas têm uma presença fabulosa on-line e nós nos comunicávamos muito, especialmente no Twitter. Isso tornou o meu ingresso na empresa excepcionalmente fácil, porque além de haver lá pessoas que eu conhecia, eu gostava do ambiente."

GOOGLE+. A plataforma da mídia social do Google, Google+, torna fácil manter separados o trabalho e a diversão. Ele o induz a criar Círculos — grupos de contatos — e depois deixa que você controle o conteúdo que é visto por cada Círculo. Você cria um para a família, um para companheiros de caminhada, um para contatos profissionais e assim por diante, e depois projeta o seu conteúdo da maneira apropriada. Registre-se em https://plus.google.com. Agora que o Google+ está plenamente integrado ao mecanismo de busca e algoritmo do Google, é importante que você comece a usá-lo se deseja se tornar mais visível. Eis algumas dicas e coisas que você deve ter em mente quando usar o Google+:

- Quanto mais seguidores você tiver (pessoas que incluíram você nos Círculos delas), mais elevada será a posição das atualizações do seu *status* quando alguém fizer uma busca no Google sobre um assunto que você conhece. E quando as pessoas o buscarem no Google, o seu perfil no Google+ terá uma posição elevada e poderá até mesmo aparecer quando as pessoas começarem a digitar o seu nome se elas já estiverem conectadas a você.

- Assim como no Facebook e no Twitter, você pode "recompartilhar" as atualizações de outras pessoas no Google+. Você também pode se comunicar com pessoas no seu setor usando a marca "+Name", que imediatamente avisará à pessoa que você a marcou.

- No entanto, ao contrário do Facebook, você pode usar o recurso Google Hangout para organizar uma videoconferência com pessoas na sua rede de contatos e conhecê-las melhor. Isso é especialmente útil se os seus contatos estiverem em um local diferente, seja do outro lado da cidade ou do outro lado do mundo.

- Assim como no caso das outras plataformas de mídia social, use o Google+ com cautela. As armadilhas envolvidas quando você confunde os limites entre o público e o privado são ainda mais sérias no caso do Google+ do que no das outras. Como ele faz parte do Google, qualquer coisa que você postar como Público acabará indo parar nas buscas do Google, onde qualquer pessoa poderá encontrá-la.

Você tem Klout?

A sua pontuação no Klout (klout.com) é uma medida da sua influência on-line: quantas pessoas o seguem on-line e quantas compartilham o seu conteúdo. A sua pontuação identificada (identified.com) mede quanto você é atrativo para os seus empregadores com base na sua educação, experiência e rede de contatos. Os empregadores estão começando a usar essas pontuações, além das avaliações de desempenho, quando decidem quem vão contratar e promover. A melhor maneira de melhorar as suas pontuações é criar sistematicamente um bom conteúdo que outras pessoas queiram compartilhar e ao qual desejem responder.

LINKEDIN. O LinkedIn é *a* fonte do networking profissional. Não é mais apenas uma questão de quem *você* conhece; é de quem *eles* conhecem e de quem *eles* conhecem. O LinkedIn é a sua ferramenta para atingir todos esses contatos. Uma vez que você tenha postado o seu perfil, você será convidado a se "conectar" com pessoas que você conhece e a partir daí você também terá acesso a todos os contatos dessas pessoas. Você poderá procurar pessoas que gostaria de conhecer e verificar se você tem um contato comum com ela que talvez possa fazer a apresentação. Ao mesmo tempo, como o LinkedIn é provavelmente a rede social de negócios mais popular, outros profissionais conseguirão encontrá-lo e se conectar com você.

Exatamente como você fez no Facebook, crie o seu nome de usuário no LinkedIn (linkedin.com/in/danschawbel). Vá para Editar Perfil, role para baixo até Perfil Público e clique em Editar. No lado direito da página você poderá Personalizar a URL do Seu Perfil Público. Use o seu nome de domínio se isso for possível. Enquanto estiver lá, copie e cole os campos do seu currículo e certifique-se de que o seu Perfil Público o está representando corretamente. O seu Perfil Público é uma versão abreviada do seu perfil que as pessoas veem se não estiverem "conectadas" a você. Ele não mostra os seus contatos e só permite que as pessoas entrem em contato com você por intermédio do sistema InMail do LinkedIn, um recurso de conta pago. Eis algumas dicas e coisas que você deve ter em mente quando usar o LinkedIn.

- Pense no seu perfil no LinkedIn como um currículo vivo, que respira, algo que o manterá relevante desde que você o mantenha atualizado. Recebeu um prêmio ou ganhou uma promoção? Poste-a! Escreveu um artigo inteligente sobre um assunto relacionado com os negócios ou leu um excelente artigo de outra pessoa? Poste-o também! Quanto mais você contribuir, mais as pessoas passarão a conhecê-lo.

- Use o LinkedIn como um diretório profissional para obter mais informações a respeito de pessoas com quem você trabalha, pessoas que você conhece em eventos e líderes do seu setor. Isso o ajudará a ter mais temas de discussão com eles e você mostrará que se importa e/ou está interessado neles.

- Examine a sala de redação LinkedIn Today indo para linkedIn.com/today. Eu a considero a melhor e mais subutilizada página do LinkedIn porque ela faz o *crowdsourcing** de todos os assuntos mais importantes que lhe interessam e lhe dá acesso aos que são mais compartilhados no LinkedIn.

- Ingresse no maior número possível de grupos que estejam ligados à sua área ou setor. Há um limite de cinquenta grupos, mas quanto maior o número de grupos nos quais você ingressar, maior será a quantidade de perfis aos quais você poderá ter acesso e maior o número de pessoas com as quais você poderá se conectar. Quando você ingressar no grupo, não deixe de participar das discussões deles. Responda a perguntas, compartilhe o seu conhecimento e aumente a sua visibilidade. Você nunca sabe que outras pessoas do grupo poderão ficar impressionadas com a sua proficiência.

- Uma coisa que muitas pessoas deixam de fazer é obter recomendações e elogios de ex-chefes e de outras pessoas com quem trabalharam enquanto exerciam alguma atividade profissional. Essas recomendações ajudam a defini-lo como um funcionário com um desempenho e valor elevados. E isso é importante quer você esteja planejando permanecer no seu emprego atual ou ir para outra empresa. Essas recomendações são geralmente de um ou dois parágrafos. O LinkedIn também tem um recurso que possibilita que os membros apoiem outros com relação a habilidades específicas. Ele é de certo modo semelhante ao botão "Curtir" do Facebook. Nada de longas explicações, apenas um simples clique. Essas breves recomendações são muito eficazes na construção das marcas pessoais, porque quanto maior o número delas que você tiver, mais visível você será quando as pessoas buscarem profissionais com as suas habilidades. O número de recomendações que você tem para cada habilidade é um indicador dos seus talentos percebidos. Se alguns deles não estiverem aparecendo muito, esforce-se para exibi-los mais no trabalho e on-line. Você também

* Utilização de trabalho, informações etc. oferecidos pelo público em geral, frequentemente por intermédio da internet, sem remuneração. Definição traduzida do Dictionary.com. (N. dos T.)

pode clicar em uma habilidade para ver quanto ela está sendo requisitada. Se as suas habilidades não estiverem sendo requisitadas, comece a se concentrar em outras.

O **TWITTER** é uma plataforma de *microblogging* que permite que você envie mensagens — chamadas *tweets* — que tenham até 140 caracteres. Essa é uma outra maneira de você se comunicar com as pessoas. E como *todo mundo* está no Twitter, ele também é uma excelente maneira de você permanecer atualizado a respeito do que as pessoas que influenciam o setor e os líderes de pensamento estão fazendo. Se você ainda não tem uma conta no Twitter, pode criar uma em twitter.com em cerca de cinco minutos. Criada a conta, você pode buscar outros usuários por nome ou pelo nome da empresa e começar a segui-los, o que quer dizer que você começará a receber os *tweets* deles, que poderão ser mensagens independentes ou poderão conter links para outros posts em blogs e outros conteúdos. O Twitter também o ajudará a se conectar com outras pessoas do seu setor. Ao enviar *tweets* com informações úteis, recursos, fatos, citações e links para o seu blog, você atrairá seguidores que começarão a encará-lo como um recurso. Limite os seus *tweets* à sua área de especialização, para que você se torne conhecido como um especialista nessa área. As pessoas que enviam *tweets* indiscriminadamente tendem a ser desconsideradas. Assim como no caso das outras plataformas de mídia social, use o seu nome completo e uma foto profissional para que as pessoas saibam que estão se conectando com você e não com outra pessoa. Eis algumas dicas e coisas que você deve ter em mente quando usar o Twitter:

- Crie um histórico personalizado no Twitter que contenha mais informações a respeito de quem você é e do que você faz. Você também pode incluir uma foto maior sua e talvez o logotipo da sua empresa, se você conseguir permissão e eles consentirem em que você assuma o perfil.

- Use o Twellow.com para procurar pessoas específicas no seu setor para você seguir. Procure evitar todas as outras pessoas, porque as coisas ficarão excessivamente atravancadas se você estiver seguindo centenas ou milhares de pessoas. Concentre a sua energia nas poucas pessoas em quem você está mais interessado. Você também pode usar ferramentas como TweetBeep.com e HootSuite.com para gerenciar todas as suas redes sociais em um único console. Você pode usá-las para rastrear conversas que mencionam você, o seu setor ou qualquer outra coisa que você especifique, bem como para gerenciar atualizações de *status* simultaneamente em múltiplas redes sociais.

- Interaja sempre que possível com os seus seguidores e as pessoas que você segue, em vez de empurrar fragmentos aleatórios de conteúdo sem nenhum contexto.

- Faça uma busca no Twitter para encontrar e participar de discussões interessantes. Você faz isso usando um hashtag (sustenido, o caractere #) seguido do tema que você está procurando. Uma busca por #millenials,* por exemplo, produzirá os mais diferentes tipos de conversas. Leia as linhas de discussão e comece a participar. Se você estiver procurando uma coisa que está atualmente nas notícias, poderá efetivamente seguir a discussão em tempo real. É um recurso muito interessante.

Se você sente que pode ficar bem colocado nelas, talvez também queira criar perfis em outras redes sociais. Zoominfo.com é um simples banco de dados profissional; o YouTube é o principal site de compartilhamento de vídeos do mundo. Use-o para postar vídeos profissionais e até mesmo um currículo em vídeo. Quora.com é uma rede social que o conecta a pessoas com interesses semelhantes e redes específicas do setor; Instagram permite que você compartilhe e edite fotos instantaneamente no seu telefone e as compartilhe com a família e os amigos em outras redes sociais; Pinterest é essencialmente um quadro de avisos gigante onde você pode "afixar" diferentes imagens, vídeos e outros tipos de conteúdo no seu próprio mural e naqueles das pessoas que o seguem; Foursquare permite que você use o seu smartphone para verificar se existe alguém que você conhece onde quer que você esteja.

---

* *Millenials* é outro nome em inglês para os membros da Geração Y. (N. dos T.)

Mas lembre-se: você está criando um perfil *profissional*, um perfil concebido para ajudá-lo a promover a sua carreira. Isso significa que você precisa pensar com muito cuidado a respeito do que você posta.

Você *deve* postar:
- as suas habilidades
- a sua experiência profissional relevante
- as suas principais realizações
- links para o seu website, blog e vídeos profissionais
- links para qualquer conteúdo cujo upload você tenha feito (artigos, comentários, posts em blogs etc.)
- depoimentos, recomendações e referências (se aprovados pelos autores)

Você *não deve* postar:
- fotos e vídeos pessoais
- relatos pessoais
- atualizações de *status* pessoais
- qualquer coisa que não realce a sua imagem profissional. (Isso significa nada de fotos de festas e nada de atualizações a respeito de quantas cervejas você acaba de beber!)

O *que aparece nas fotos que você marcou?*

Se você disser que não postaria fotos tomando cerveja on-line, você é mais esperto do que a maioria das pessoas. De acordo com um levantamento realizado em 2011 por MyMemory.com, o usuário típico do Facebook britânico está sob a influência do álcool em três quartos das suas fotos marcadas. Cinquenta e seis por cento dos entrevistados admitem que eles têm "fotos de bebedeiras" que não desejariam que os *seus* colegas de trabalho vissem.[5] O que você tem on-line que os seus colegas de trabalho não deveriam ver?

Desenvolva o seu próprio website

Como mencionei anteriormente, uma vez que você tenha um nome de domínio, você decididamente deve criar o seu website. Mais do que qualquer outra coisa, o seu site irá definir o seu eu profissional. Muito provavelmente, ele será a primeira coisa a aparecer em uma busca do seu nome no Google, o que lhe confere a mais importante plataforma para se descrever para o mundo. É onde você comunica as suas realizações e promove o seu *know-how*; onde você postará prêmios, depoimentos ou recomendações; onde incluirá links para quaisquer vídeos no YouTube que você tenha postado, para o seu blog se você tiver um, além de qualquer conteúdo que você possa ter criado. Ele pode incluir informações sobre a sua empresa e links para partes relevantes do website dela. Além disso, é claro, ele terá um link para o seu Facebook, Twitter e outros perfis nas redes sociais. No conjunto, essas informações definirão a sua marca pessoal.

Não precisa se preocupar com o custo. Você pode criar um website sem gastar um tostão. WordPress.com, About.me.com, Tumblr.com, Sites. Google.com e outros oferecem modelos e hospedagem, o que possibilitará que você crie um website básico e funcional. O inconveniente das opções gratuitas é que elas não são personalizadas e não o ajudarão a sobressair na multidão. Por conseguinte, recomendo que você use um site gratuito para marcar presença até estar pronto para investir em um site personalizado. O *design* de um site personalizado pode custar 600 dólares ou mais (a não ser que você tenha as habilidades e o software para projetar um sozinho). Você também terá que pagar um serviço de hospedagem na Web para o seu site (recomendo GoDaddy.com e Bluehost.com., que cobram de 50 a 100 dólares por ano). Mas os custos realmente valem a pena: você está fazendo um importante investimento na sua carreira. O seu website poderá ser a primeira coisa que um provável empregador veja a seu respeito. E como discutimos no Capítulo 3, você precisa fazer com que essa primeira impressão tenha peso.

Tão logo o seu site esteja funcionando, você precisa mantê-lo atualizado. Um website não requer um gerenciamento diário como as contas na mídia social, mas é uma boa ideia checá-lo pelo menos uma vez por semana para garantir que ele sempre contenha os seus mais recentes projetos e informações. Se você usar o Google Analytics (disponível gratuitamente), você conseguirá ver que pessoas estão visitando o seu site, como elas o descobriram (por exemplo, o termo que elas usaram na busca do Google), que páginas elas estão visitando e quanto tempo permaneceram nelas. Essas informações o ajudarão a ajustar o site para torná-lo ainda mais atrativo. Se você não tem muito tempo para atualizar o seu site, existem várias opções econômicas que você pode instalar que buscarão os posts mais recentes de algumas ou de todas as suas contas na mídia social.

Repetindo, as ideias acima são apenas uma visão geral de como você pode otimizar a sua presença on-line. Quanto maior o número delas que você implementar, mais elevada será a posição do seu website. As pessoas não podem ler o seu conteúdo ou travar conversa com você se não souberem que você existe.

Os conceitos básicos da SEO* – Otimização de Sites para Mecanismos de Busca

Se você quer ser conhecido como um especialista, terá de aparecer nas buscas da sua área de especialização — não apenas nas buscas do seu nome. Para ter uma posição mais elevada, você precisa otimizar o seu site por meio de um processo chamado otimização de sites para mecanismos de busca (SEO). Como os algoritmos do Google, do Bing, do Yahoo! e de outros mecanismos são muito complicados, toda uma indústria se desenvolveu para tentar manipular os resultados dos mecanismos de busca. Existem livros inteiros a respeito da SEO, e não podemos entrar em tantos detalhes, mas apresento a seguir alguns dos conceitos básicos para que você possa começar a se mexer. À medida que você for se tornando um usuário avançado da mídia social, poderá se envolver com os detalhes da SEO.

NOME DE DOMÍNIO

Ao usar palavras-chave, como o seu nome completo ou um assunto que queira abordar, você ajudará a elevar a sua posição nos mecanismos de busca, o que levará o seu site para mais perto

---

* Sigla de *Search Engine Optimization*. (N. dos T.)

do topo da página de resultados quando as pessoas fizerem uma busca com essas palavras (e, por extensão, com o seu site).

PALAVRAS-CHAVE

Escolha de duas a cinco palavras-chave que você quer que alcancem uma posição elevada nos mecanismo de busca e use-as em todo o seu website, inclusive no título e dentro de posts de blog. A fim de verificar quais as palavras-chave que são mais buscadas mensalmente e qual o grau de competitividade delas, consulte https://adwords.google.com/select/KeywordToolExternal.

BACKLINKS

Quanto maior o número de websites com links para o seu site, mais elevada será a sua posição nos mecanismos de busca. Se possível, você deve ter em mente tanto a quantidade quanto a qualidade dos sites que remetem ao seu site. Se você tiver um bom conteúdo no seu site, outros sites terão links para ele. É claro que se você pedir a outras pessoas que tenham links para o seu site, você precisa estar preparado para retribuir.

RELEVÂNCIA E AUTORIDADE

Links de websites populares com muito tráfego e que têm um conteúdo relacionado com você são especialmente proveitosos. Por exemplo, se o *New York Times* fizesse um link para o seu blog, isso impulsionaria muito mais a sua posição do que se um site aleatório fizesse o mesmo.

TRÁFEGO NA WEB E NA MÍDIA SOCIAL

Quanto mais popular for o seu conteúdo e quanto mais você promovê-lo, mais tráfego você receberá. O tráfego geralmente é proveniente dos mecanismos de busca e das redes sociais.

Desenvolva o seu próprio blog

Uma vez que você tenha o seu website, é fácil acrescentar um blog. Vá para WordPress.org e faça o download e instale o software da Web hosting (hospedagem na Web) deles. Instruções simples estão disponíveis (em inglês) no site. Isso possibilitará que você desenvolva um blog personalizado que fará parte do seu website. Se decidiu não criar o seu website, você pode criar um blog gratuito usando um dos modelos em WordPress.com ou usar TumbIr.com para um simples formato de blog. Mas recomendo que faça o investimento e obtenha um *design* de blog personalizado para que você possa sobressair. Milhares de outros blogs estarão usando o mesmo modelo gratuito (chamados *themes* [temas] no linguajar do WordPress). Você quer que o seu fique igualzinho ao deles? Por menos de 100 dólares você deve ser capaz de conseguir um tema muito mais exclusivo que você pode personalizar e adequar às suas necessidades. A respeito do que você deve escrever? Concentre-se em um único assunto que o interesse muito ou que você deseje dominar a fundo, e atenha-se a ele. As pessoas lerão o que você escreve porque compartilham a sua paixão pelo assunto, valorizam as suas ideias e acreditam que quando abrem o seu blog você terá coisas importantes a dizer nessa área específica. Se você tiver construído a sua especialidade em vendas remotas ou virtuais, não comece de repente a blogar a respeito de RP. Você não sabe escrever muito bem? Eis uma dica: *"Fale", não escreva*. Esqueça todas aquelas coisas que você aprendeu sobre a nossa língua no ensino médio (mil desculpas, Sra. Richardson) sobre frases completas, frases temáticas e não começar frases com "e". Finja que está conversando com um amigo e simplesmente diga a ele o que você quer que ele saiba. Os blogs de sucesso não são monografias; eles são escritos da maneira como o blogueiro costuma se expressar. É isso que transmite o entusiasmo e a energia do blogueiro e que torna divertido ler os blogs. É claro que é importante prestar atenção à grafia e à gramática porque o que você escreve representa a sua marca e você poderá ser julgado severamente. O que estou querendo dizer é que você não deve parecer um livro escolar. Você precisa se expressar, e os blogs são mais casuais do que os artigos e ensaios habituais.

No entanto, é óbvio que até mesmo o blog mais agradável só pode ser lido se as pessoas o encontrarem. O que significa que você não pode simplesmente redigi-lo e deixá-lo ficar onde está, sem fazer nada. Você precisa criar trajetos para ele, o que significa encontrar blogs e websites que postarão links para o seu. Você está blogando a respeito de tendências em Recursos Humanos? Tente conseguir que os melhores blogs de RH contenham links para o seu. Você está escrevendo sobre a sua experiência com o Linux? Busque links no mundo de TI. Mire alto e persiga links para os maiores blogs e websites; eles próprios recebem mais tráfego e elevarão a sua posição nos *rankings* do Google. Como ir atrás desses links? Não recomendo que você rasteje (*"Por favor, por favor, crie um link para o meu site..."*). Isso não é eficaz e pode repelir as pessoas. Em vez disso, crie um conteúdo de qualidade com o qual outros blogueiros e jornalistas no seu setor irão desejar estabelecer um vínculo. Envie o seu material para eles; poste comentários relevantes nos artigos e blogs deles; deixe que eles vejam o que você tem a oferecer. Quando eles tiverem acesso ao seu material, inicie um relacionamento. Depois que conhecerem e o seu trabalho, eles ficarão mais inclinados a oferecer um link.

Você nunca sabe aonde o seu blog — e a sua paixão — irão levar. Brian Stelter começou um blog rastreando a cobertura das redes de notícias a cabo da Guerra do Iraque quando ele era calouro na faculdade. O blog progrediu tanto, que chamou atenção de uma empresa de mídia social, a Mediabistro.com, que o contratou para expandir o blog sob os auspícios dela. Stelter diz o seguinte: "A paixão é a característica mais importante que eu trago para o meu blog. Sinto-me motivado a blogar todos os dias".[6] Hoje, Stelter continua a seguir a sua paixão como repórter de mídia do *New York Times*.

Uma palavra de advertência antes de você criar o seu blog: os blogs são impulsionados pela paixão. Eles são apenas tão bons quanto os posts *frequentes*, alimentados pela paixão do blogueiro. Nada é menos interessante do que um blog que foi atualizado pela última vez seis meses atrás. Por conseguinte, não crie um se você realmente não tiver prazer em escrever nele *pelo menos uma vez por semana*.

Torne-se um produtor de conteúdo

O segredo para maximizar a sua marca on-line é chegar ao topo dos mecanismos de busca com links que exibam os seus recursos. E o segredo para subir de posição nos mecanismos de busca é distribuir informações para as pessoas encontrarem. Isso significa produzir muito conteúdo. Que tipo de conteúdo você deveria produzir? Posts em blogs, comentários sobre blogs de outras pessoas, artigos e comentários em publicações on-line e até mesmo vídeos no YouTube. Qualquer conteúdo profissional que destaque apropriadamente as suas habilidades favorecerão a sua carreira. Não sabe a respeito do que escrever ou postar? Bem, todo mundo é especialista em *alguma coisa*. Você só precisa descobrir qual é essa sua "alguma coisa". Relações com o cliente? Marketing? Planilhas do Excel? Você tem ideias a respeito de como otimizar um processo? Ou pensamentos a respeito de uma tendência que você está detectando? O que você constatou que talvez interesse a outras pessoas na sua área? Mantenha o que você escrever genérico: não revele segredos da empresa. Mas procure pensar em si mesmo como um especialista na sua área e veja que possibilidades de conteúdo lhe vêm à cabeça. (Acompanhar o que outros na sua área estão postando também lhe dará ideias.) Talvez você seja especialista em alguma coisa fora do trabalho que mesmo assim seja relevante para o local de trabalho. Eu estava trabalhando em marketing de produto na EMC quando comecei a postar a respeito da minha paixão externa, a mídia social. Eu publicava cerca de doze posts por semana, postando vídeos que eu filmara para a Personal Branding TV e escrevendo artigos para blogs e revistas on-line. O meu trabalho chamou a atenção da *Fast Company*, que traçou o meu perfil como o de um especialista na área, e quando me dei conta, os gerentes da EMC viram esse perfil e me procuraram para que eu ajudasse a criar o primeiro cargo de "especialista em mídia social" da empresa. Talvez você também tenha uma habilidade ou interesse fora do trabalho que possa ser relevante para a sua empresa. Você é um excelente orador? Um negociador habilidoso? Fluente em uma língua estrangeira? Usar a Web para promover o seu *know-how* é uma maneira de exibi-lo para o seu empregador. Se você costuma dar palestras, poste vídeos das suas apresentações com uma lista dos locais onde você falou. Se negociar for o seu forte, poste um breve artigo no seu website a respeito de negociações que você concluiu com êxito. Se você for fluente em uma língua estrangeira, poste um vídeo de si mesmo conversando nesse idioma em um ambiente de negócios, ao lado de uma lista das suas habilidades relacionadas com a língua (você é capaz de fazer uma tradução simultânea?

Uma tradução escrita? Pode conduzir um treinamento cultural para viajantes de outros países?). Poste essas informações no seu website e nos seus perfis na mídia social, e depois use os seus contatos e a intranet corporativa para procurar oportunidades na sua empresa onde essas habilidades possam adicionar valor. Uma maneira infalível de criar conteúdo é examinar e fazer comentários a respeito do material de outras pessoas. Faça regularmente comentários nos seus blogs favoritos. Poste comentários sobre artigos relevantes para a sua área. Faça a análise crítica de livros relacionados com o trabalho na Amazon. com onde você poderá criar um perfil de crítico, fazendo com que outras pessoas com interesses semelhantes prestem atenção a você. Apenas certifique-se de que os seus comentários sejam ponderados e contribuam para a conversa. Você quer ser visto como um recurso, não como um excêntrico obstinado.

Postar comentários também é uma maneira de começar a escrever para blogs e revistas de outras pessoas — uma excelente maneira de ser visto como um especialista na sua área. Identifique alguns sites pequenos para os quais você gostaria de escrever e comece a colocar posts. Depois de algumas semanas, entre em contato com os donos do site e pergunte se você pode escrever um artigo ou post de blog como convidado. Depois de os seus textos serem publicados algumas vezes, procure os donos de sites maiores e inclua links para os seus posts publicados. Pouco a pouco, vá galgando os degraus em direção a plataformas de mídia cada vez maiores. Se você ainda estiver inseguro com relação ao que deve postar, pense no que é *atual*. O mundo está em constante transformação, e os gerentes querem funcionários capazes de deixá-los em dia com relação às últimas tendências, eventos e opiniões. Existem ferramentas on-line que podem ajudá-lo a permanecer atualizado para que você possa passar adiante as últimas informações.

- Inscreva-se em blogs e feeds de notícias do seu setor. Uma das melhores maneiras de fazer isso é com o Google Alerts, um serviço conveniente que lhe enviará e-mails ou feeds RSS sempre que um conteúdo compatível com os seus parâmetros de busca aparecerem em qualquer lugar.

- Use OneNote, ou outro software de anotações, para organizar as suas descobertas. Em seguida, use essas informações para criar e atualizar o seu conteúdo on-line.

- Gerencie o Twitter e o restante das suas redes sociais. Ferramentas como TweetBeep e HootSuite tornam essa tarefa muito fácil colocando toda a sua mídia social em um único lugar.

- SocialMention.com possibilita que você veja o que outras pessoas estão dizendo a seu respeito, bem como assuntos que lhe interessam em tempo real.

O objetivo de produzir todo esse conteúdo é obter mais visibilidade nos mecanismos de busca. Quanto mais conteúdo você postar, mais alto você ficará nos *rankings* dos mecanismos de busca e mais rápido você aparecerá quando as pessoas fizerem uma busca com o seu nome ou com os assuntos que você estiver comentando. Mas você não pode simplesmente criar conteúdo e largá-lo ao léu. Precisa conduzir as pessoas para ele, porque cliques também o elevam no *ranking*. Quanto mais pessoas clicarem para abrir o seu conteúdo, mais rápido você aparecerá nas buscas. Portanto, todas as vezes que você postar um novo conteúdo, use todas as suas plataformas — o seu website, o seu blog, as suas contas na mídia social e assim por diante — para conduzir as pessoas a esse conteúdo.

Permaneça em dia: atualize, atualize, atualize!

Até agora, nós falamos a respeito de *criar* conteúdo. Mas criar conteúdo é apenas o começo. *Gerenciá-lo* é igualmente importante, porque o seu conteúdo só tem valor se for atual. E no mundo on-line, onde as notícias se espalham rapidamente, atual significa *uma hora atrás, hoje, ontem* ou pelo menos na semana passada. Se você estiver postando informações a respeito do que fez há quatro anos, se não tiver atualizado o seu blog e os seus perfis *esta semana*, você é um dinossauro e perderá visitantes. E os mecanismos de busca refletirão isso. Quando você renova as suas páginas e inclui as mais recentes informações, os robôs de busca reparam nisso e os seus sites subirão nos *rankings*. Os resultados dos mecanismos de busca tipicamente incluem a data em que o post foi escrito. Algumas pessoas têm um limite; elas passam por cima de qualquer coisa que tenha sido produzida há mais de uma semana, um mês ou um ano. Outras não se importam. Por conseguinte, está ficando mais ou menos na moda não colocar a data nos posts. O motivo principal é que isso dá a impressão de que o que você está escrevendo é mais recente do que realmente é. Isso é algo a ser levado em conta se o seu conteúdo realmente for perene e você não for capaz de atualizar o seu site com um novo conteúdo com muita frequência. Mas tome cuidado, porque ter um post que dá a impressão de conter notícias recentes narradas no presente do indicativo mas que dizem respeito a eventos passados pode efetivamente reduzir a sua credibilidade.

Todas as manhãs, quando me levanto, examino feeds on-line. Passo de uma a duas horas esquadrinhando mil novos feeds em busca de informações a respeito do meu mundo. O tempo que eu gasto me é consideravelmente ressarcido. Todos os dias tenho muitas informações para oferecer às pessoas que me seguem on-line — e elas dão valor às minhas dicas diárias. Atualizo as minhas apresentações minutos antes de fazê-las, caso contrário elas seriam obsoletas. Novas informações certamente terão surgido depois da última vez que dei uma palestra. Participo de reuniões e posso falar com confiabilidade a respeito das últimas tendências do meu setor. Os meus colegas sabem que podem contar comigo para ter informações atualizadas. E como organizo os dados tão logo os encontro, consigo encontrá-los novamente com rapidez — o que me poupa tempo quando preciso deles para criar um novo conteúdo.

Portanto, recomendo que você faça algo semelhante. Levante-se uma hora mais cedo e esquadrinhe os novos feeds no seu setor. Você não dispõe de uma hora? Passe então meia hora fazendo isso. O que quer que funcione para você. Mas quanto mais tempo você investir, mais informações encontrará que o ajudarão a permanecer atualizado. Eis mais algumas recomendações que ajudarão a manter você e o seu conteúdo atuais e relevantes:

- Certifique-se de que todas as informações postadas a seu respeito estejam atualizadas. Elas devem refletir o seu mais recente projeto e as suas últimas ideias, e não o que você estava fazendo e pensando seis meses atrás.

Por exemplo, à medida que você progride na sua carreira, providencie para que o seu perfil no LinkedIn e a sua biografia no blog permaneçam atualizadas e compatíveis com o seu novo cargo e realizações.

- Certifique-se de que as suas palavras-chave e marcações sejam atuais. As tendências mudam, as ideias se tornam incrementadas e depois desaparecem. Certifique-se de que o seu conteúdo e as suas palavras-chave reflitam as últimas ideias da sua área para que as pessoas possam encontrá-lo quando fizerem buscas.

- Crie uma programação com lembretes de atualização mensal. Use um calendário de papel, um calendário no celular, o calendário do Google ou qualquer outro recurso que funcione para você. A coisa mais importante a fazer é efetivamente criá-lo.

A Net é para fazer netwoking

O local de trabalho pode não ser mais o dos seus pais, mas algumas coisas não mudaram. E uma delas é a seguinte: *não é o que você sabe, é quem você conhece.* Hoje em dia, como sempre foi, são as pessoas — mais do que os currículos — que abrem as portas.

O que mudou foi o número de pessoas a quem você tem acesso. Graças à internet, você agora pode fazer networking com um número cada vez maior de pessoas que podem ajudá-lo a localizar oportunidades, colocá-lo em contato com as pessoas que estão contratando, escrever referências e falar bem de você. É realmente uma aldeia global quando se trata do progresso na carreira. As empresas estão procurando o talento no mundo inteiro e estão usando a Web para fazer isso, o que significa que até mesmo para progredir dentro da sua empresa, você está competindo com o talento internacional. Você precisa usar a Net para fazer isso.

O seu conteúdo on-line ajudará a mostrar que você é a melhor pessoa para o cargo. O seu networking on-line fará esse conteúdo ir parar diante das pessoas que têm influência.

CRIE UM CURRÍCULO ON-LINE. Os funcionários com um potencial elevado estão sempre em busca da oportunidade seguinte — o desafio seguinte na empresa que é perfeitamente compatível com o seu conjunto de habilidades e experiência. Isso significa que você precisa ter um currículo pronto o tempo todo — um currículo que seja dinâmico, repleto de links que mostrem o seu *know-how* e que esteja completamente atualizado. Diga adeus àquele documento do Microsoft Word que você usava no passado. Hoje, os currículos convincentes estão on-line. Na realidade, o seu perfil no LinkedIn com os links para o seu conteúdo multimídia é exatamente o currículo de que você precisa.

Portanto, reveja o seu perfil no LinkedIn e não deixe de:

- Se qualificar como um especialista, e não meramente um funcionário. Não poste apenas a descrição do seu cargo; descreva a sua experiência e *know-how*. Em que você é realmente muito competente? O que você realizou? Que benefícios você oferece ao seu empregador?

- Pedir depoimentos aos seus atuais e ex-gerentes, membros da equipe e clientes, junto com a autorização para postá-los on-line. Seja transparente com eles a respeito do post. Se o seu gerente atual e colegas de trabalho acharem que você está se promovendo para um novo emprego, eles talvez não queiram fazer a sua propaganda para os concorrentes. Diga a eles quais são as suas metas e como o seu perfil irá ajudá-lo a alcançá-las, e por que ter os comentários deles será uma vantagem. Se você notar que eles estão constrangidos, esqueça o assunto.

- Ter links para o seu website, vídeos no YouTube e outros conteúdos profissionais para criar uma imagem tridimensional dinâmica.

COM QUEM VOCÊ DEVE FAZER NETWORKING? COMECE DENTRO DA SUA EMPRESA. Os gerentes estão sempre pensando em recrutar, mesmo quando não há vagas abertas. Portanto, use redes on-line e a intranet da sua empresa para entrar em contato com pessoas em outros departamentos (dois terços das grandes empresas usam hoje ferramentas internas Web 2.0 como blogs e redes sociais). Essas conexões podem ajudá-lo a tomar conhecimento de vagas antes de elas estarem abertas e mantê-lo em primeiro plano quando os gerentes estiverem contratando. Pergunte a si mesmo: "Quem na minha empresa pode me ajudar a progredir?" Em seguida, procure links para essas pessoas. Você ouviu falar a respeito de um projeto no qual você gostaria de trabalhar? Use a sua rede de contatos para entrar em contato com o gerente responsável. Você tem esperança de trabalhar em outro departamento? Peça a um contato mútuo para apresentá-lo no LinkedIn e inclua links para um conteúdo relevante que você tenha criado.

Antes de tentar se comunicar dessa maneira, contudo, converse com o seu gerente. A última coisa em que você deve pensar é fazer alguma coisa pelas costas dele. Isso equivale a um carma ruim instantâneo! Em vez disso, converse com ele a respeito das suas metas. Se você ainda não discutiu com ele o seu plano de desenvolvimento pessoal, faça isso agora. Diga a ele o que você espera alcançar na empresa e peça conselhos a respeito de como fazer isso. Na verdade, ele poderá ajudá-lo a traçar uma trajetória através da organização definindo projetos e departamentos que lhe proporcionarão a experiência e as credenciais de que você necessita. Ele também poderá ajudá-lo com o networking. Uma vez que ele conheça os seus objetivos, poderá colocá-lo em contato com pessoas relevantes e lhe dar conselhos sobre as melhores maneiras de abordá-las. Por que o seu gerente o apoiaria — especialmente se você for um funcionário de valor? Se ele for um bom gerente, apoiará a sua causa porque ela apoia as metas dele. Para que ele próprio possa progredir, ele precisa desenvolver o talento e fazer a empresa crescer, de modo que quando você brilhar, ele brilhará também. É por esse motivo — se você tiver um bom gerente — que ele pode ser o seu melhor aliado no seu progresso. No entanto, como discutimos no Capítulo 1, é claro que nem todos os gerentes têm a mente tão aberta. Alguns se sentem ameaçados pelo crescimento dos seus funcionários, ou têm medo de perder os mais talentosos. Eles não facilitarão o seu plano de desenvolvimento e não oferecerão o apoio de networking. Se você tiver esse tipo de gerente, terá que limitar o que você compartilha. Fale apenas sobre as suas metas dentro do departamento. Faça muito pouco networking para que o seu gerente não pense que você está procurando outro emprego. Nesse meio-tempo, procure outro gerente ou departamento para o qual você gostaria de trabalhar. Você não pode progredir se tiver um gerente que o esteja refreando.

NETWORKING EXTERNO: CONSTRUINDO O SEU *KNOW-HOW*. Mesmo que a sua meta seja subir ao topo da sua empresa atual, você deve fazer networking fora da organização. Em primeiro lugar, você nunca sabe de onde pode surgir uma pista. Alguém de fora da organização pode ouvir falar em um projeto ou oportunidade em outro departamento da sua empresa antes de você. O mais importante é que o networking não diz respeito apenas a sair em busca de oportunidades. Diz respeito a desenvolver as suas habilidades e conhecimento. O mundo está repleto de pessoas que sabem mais a respeito da sua área do que você, que podem ser professores ou mentores, e ajudá-lo a crescer. Portanto, você deve procurá-las. Quando encontrar blogs ou artigos dos quais goste, verifique se você e os autores têm contatos em comum na rede; veja se você consegue arranjar uma apresentação. Depois, faça perguntas a respeito dos artigos que eles publicaram. Pergunte se eles publicariam uma ideia sua ou se estariam dispostos a fazer uma análise crítica de um artigo seu antes de você publicá-lo. Pode parecer intimidante abordar um especialista dessa maneira, mas o fato é que a maioria das pessoas gosta de orientar outras que demonstram um interesse genuíno. Se você for cortês, grato e respeitar o tempo deles, os especialistas com quem você entrar em contato poderão ficar satisfeitos por você ter tomado a iniciativa, e você poderá estar a caminho de encontrar um mentor profissional.

LinkedIn: o seu principal construtor de uma rede de contatos

Uma vez que você importou os seus próprios contatos para o aplicativo, verifique as Estatísticas da Rede* na aba Contatos na

---

* Em uma nota do dia 8/10/2013, na central de ajuda do LinkedIn (em português) o LinkedIn deu a seguinte resposta à pergunta de um usuário que estava querendo saber onde estavam as Estatísticas da Rede: "No LinkedIn, queremos oferecer uma experiência simples e proveitosa para todos. Por isso, periodicamente, nós analisamos a utilização dos nossos recursos pelos usuários. Às vezes, nesse processo, nós optamos por eliminar um recurso para que possamos investir mais no desenvolvimento de produtos melhores no LinkedIn. Por isso, decidimos suspender o suporte régua de ferramentas superior. Você provavelmente verá que terá acesso a mais de 1 milhão de outras pessoas por meio dos contatos dos seus contatos! Se você quiser que esse número cresça ainda mais, pode procurar colegas, colegas da faculdade e qualquer outra pessoa com a qual você ache que gostaria de se conectar. E dê uma olhada nas sugestões de Pessoas que Você Talvez Conheça geradas pelo LinkedIn. Cada pessoa que você acrescenta à sua rede tem uma rede de pessoas que poderão ser úteis à medida que você for progredindo na sua carreira.

Contribua também para o seu banco de dados no LinkedIn pedindo recomendações e apresentações aos seus gerentes anteriores e atuais, e ingressando em grupos do seu setor relacionados na aba Grupos. Se tiver um iPhone, faça o download do aplicativo CardMunch do LinkedIn. Ele automaticamente transforma uma foto em um cartão de visitas em um contato do LinkedIn. Use-o sempre que você comparecer a um evento ou receber o cartão de uma pessoa nova.

SAIBA QUANDO TER UM CONTATO PESSOAL. As conexões on-line são excelentes, mas existem ocasiões em que o tempo de contato pessoal é necessário e preferível. Se o seu chefe se sente mais à vontade no mundo do aperto de mão do que on-line, pergunte pessoalmente a ele se quer se conectar com você no LinkedIn. Quando você discutir o seu plano de desenvolvimento com o seu chefe, e quando pedir a ele que o apresente a outro gerente, faça-o pessoalmente para poder discutir em datalhes os seus motivos. Se alguém que você espera vir a conhecer for um pouco da velha escola, peça à pessoa que for fazer a apresentação para organizar um encontro pessoal em vez de uma apresentação no LinkedIn. A internet oferece muitas ferramentas para estabelecer conexões, mas elas nem sempre são as mais apropriadas para a situação.

à página de Estatísticas da Rede". O link é o seguinte: http://ajuda.linkedin.com/app/answers/detail/a_id/6287. (N. dos T.)

CULTIVE A SUA INFLUÊNCIA. O networking on-line não diz respeito apenas a conhecer pessoas. Diz respeito à influência, a como você afeta as pessoas que conhece e ao que acontece em decorrência disso. Sem dúvida você quer que pessoas sigam os seus *tweets* e posts nos blogs, mas você deseja ainda mais que elas encaminhem esses posts para outras pessoas. Sem dúvida você quer que as pessoas leiam os seus comentários e artigos, porém mais do que isso você deseja que elas citem o seu nome nas conversas delas. Você quer que elas pensem em você como uma fonte valiosa de ideias e informações, como um especialista. A aquisição desse tipo de influência leva anos, não dias. Significa se empenhar em produzir e monitorar conteúdo com frequência e a longo prazo. Mas o benefício é enorme. Quanto mais pessoas valorizam o que você produz, maior fica a sua rede e mais oportunidades surgirão. E você assumirá o controle da sua carreira cada vez mais.

Use o vídeo para promover o seu **know-how**

Mesmo que a ideia de se colocar na frente de uma câmera o deixe extremamente estressado, não descarte o YouTube como uma maneira de construir a sua marca. Você pode conferir proeminência às suas *ideias* e dar vida a elas. Você terminou um projeto bem-sucedido no trabalho? Você é um prodígio em CRM?* Você frequentemente recebe elogios pelos seus PowerPoints? Use fotos suas ou da empresa, *slides* do PowerPoint, clip-art e imagens da Web (peça permissão para usar qualquer coisa que não seja sua), e edite-os em conjunto usando um dos programas gratuitos de edição de vídeo disponíveis. Acrescente um texto de dois a três minutos de duração (que é o máximo que a maioria das pessoas assistirá) e você terá um vídeo promocional pronto para o YouTube sem a sua presença enrubescida.

Tenha em mente que você não precisa estar diante da câmera para usar o vídeo para construir a sua marca. Brian Halligan, CEO da HubSpot, me contou uma excelente história a respeito

---

* Sigla de *customer relationship management* (gerenciamento do relacionamento com o cliente). (N. dos T.)

de uma mulher que usou o vídeo para transformar um estágio de verão em um emprego de horário integral. "Contratamos Rebecca como estagiária depois que ela concluiu o terceiro ano na Boston University. A tarefa dela era criar o nosso primeiro vídeo viral. Ela escolheu uma abordagem muito fora do comum pegando uma música de Alanis Morissette e transformando-a em uma música de *inbound* marketing* que acabou sendo muito assistida no YouTube. Na verdade, o vídeo fez tanto sucesso que nós a contratamos depois que ela se formou."

Fazer e não fazer

Independentemente da plataforma de mídia social que você estiver usando, deve observar certas normas sobre o que fazer e o que não fazer. Algumas são bastante óbvias, mas você ficaria surpreso se soubesse quantas pessoas que normalmente se comportam de uma maneira inteligente cometem erros idiotas e prejudiciais. Assim sendo, quando fizer a sua incursão no mundo da mídia social, eis algumas coisas que você deve fazer e outras que não deve fazer:

- **Não fale mal da sua empresa, do seu chefe ou dos seus colegas.** Isso é puro bom senso, certo? Se você deixar um comentário no blog de alguém chamando a política de bonificação anual da sua empresa de uma "operação patética", alguém da empresa vai vê-lo. Eu garanto. Um estagiário da firma de moda Marc Jacobs International esperou até o seu último dia no emprego para enviar um tweet a respeito do chefe: "Boa sorte! Estou rezando por todos vocês... Estou fora. Robert é um tirano!" O chefe dele ficou sabendo? Claro que sim. Morreu aí a possibilidade de uma referência desse empregador. Mas isso não é tudo. O tweet do estagiário foi amplamente reenviado, o que tornou mais difícil para ele conseguir o emprego seguinte.

---

* A expressão é usada em inglês (pelo menos por enquanto) e quer dizer "fazer a propaganda de uma empresa por meio de blogs, podcasts, vídeos, livros eletrônicos, boletins informativos eletrônicos, documentos de marketing, SEO, marketing de mídia social e outras formas de marketing de conteúdo". (N. dos T.)

- **Não revele informações sigilosas a respeito da sua empresa.**
Isso inclui:
  - vagas de emprego não divulgadas
  - salários pagos pela empresa (inclusive o seu)
  - notícias sobre aquisições ou fusões. O seu pequeno tweet pode se espalhar pela mídia social como um vírus e acabar na grande mídia — com você sendo identificado. Adivinhe quem não estará trabalhando na empresa na qual houve a fusão?
  - segredos, fofocas ou rumores do escritório
  - histórias nas quais você não tem todas as informações. Você se lembra de Ashton Kutcher e o escândalo de abuso sexual na Penn State? Kutcher enviou um tweet com o seu apoio ao *coach* Joe Paterno antes de conhecer os fatos, ou seja, que Paterno encobrira de longa data o abuso sexual do seu treinador assistente. Kutcher mudou de opinião quando seguidores explodiram de raiva, mas a cada retratação ele enterrava mais o pé na lama. "Retiro completamente o tweet anterior! Eu não sabia toda a história." "Vou parar imediatamente de enviar tweets..." "Não vai acontecer de novo." Pelo menos ele espera que não.

- **Não poste nada que você não gostaria de ver em um mural do refeitório — ou diante de um tribunal.** Tudo pode ser encaminhado — até mesmo os seus e-mails *pessoais*; por conseguinte, não se arrisque. Aquele e-mail que você está prestes a enviar para o seu melhor amigo ridicularizando um colega de trabalho? Deixe para contar pessoalmente para ele na hora do jantar o que você escreveu, porque depois as suas palavras se desvanecerão. Outra coisa. Você pode ficar lindo em traje de banho e sexy com uma bebida na mão, mas não se esqueça de que essa é a sua imagem profissional.

Os cinco tabus:
política, classe, raça, gênero e religião

Evite-os como se fossem uma praga. Eles o colocarão em apuros. Pode acreditar em mim. Aprendi essa lição da maneira mais difícil. Há vários anos, li qualquer coisa de que gostei a respeito de Ron Paul, o candidato à presidência, e revelei a minha opinião no meu perfil da Fan Page. Em poucos minutos comecei a receber comentários. "Por que você está dizendo isso?!" "Desde quando você é um guru político?" "Considero Ron Paul e o seu apoio a ele insultantes." Eu involuntariamente dera às pessoas um motivo para que não gostassem de mim! Os leitores esperavam que eu escrevesse a respeito do meu *branding* pessoal, não sobre política — e eles estavam certos. O meu *know-how* oferece conselhos para o local de trabalho, não para a cabine eleitoral. Assim sendo, aprendi rapidamente a manter as minhas opiniões na minha página privativa do Facebook — ou a guardá-las para mim mesmo.

- *Contribua de uma maneira interessante para a conversa.* Não blogue e faça comentários apenas para ler o que você mesmo escreveu. As pessoas deixarão de prestar atenção a você. E não escreva pequenos comentários sem conteúdo que nada mais são do que pretextos para introduzir uma referência ao seu nome e o seu website. Isso repele as pessoas. Todos estamos investindo preciosos minutos de um dia ocupado para ficar on-line; portanto, faça o tempo que dedicamos a você valer a pena.

- *Ofereça conselhos importantes e ideias gratuitas.* Quanto mais você revelar, mais as pessoas lhe pedirão conselhos. E quanto maior o número de pessoas que vierem a se valer dos seus conselhos, mais valioso você se tornará para o seu empregador (atual ou futuro).

- *Reveja tudo o que você escrever para garantir que o texto o representa da melhor maneira possível.* Isso significa (sim, Sra. Richardson) usar corretamente a grafia, a pontuação e a gramática. Se esses não forem os seus pontos fortes, antes de postar peça a um amigo para dar uma olhada no que você escreveu.

- *Promova a sua empresa.* A sua empresa tem uma excelente política de promoções? Você acaba de distribuir excelentes notícias? Poste essas informações no seu website e espalhe-as nas suas redes sociais. Mas primeiro, verifique com o seu gerente e certifique-se de que essa divulgação é apropriada.

- *Promova outras pessoas.* Ninguém alcança o sucesso sozinho no local de trabalho. A maioria das pessoas faz parte de uma equipe para a qual várias contribuem, e até mesmo os empreendedores isolados contam com outras pessoas, como os pesquisadores que fornecem ou analisam informações, assistentes que oferecem apoio administrativo e gerentes que eliminam obstáculos do caminho. Faça questão de agradecer a esses protagonistas que o apoiaram quando você promover o seu trabalho. Não seja falso — e nem dê a impressão de estar proferindo um discurso de premiação do Oscar ("Gostaria de agradecer à minha tia-avó Bertha, ao meu primo em segundo grau Neville e à minha professora do terceiro ano primário..."). Isso é tão ruim quanto se apropriar de todas as glórias. Mas compartilhar genuinamente o mérito quando isso for apropriado fará com que você pareça tão competente quanto as pessoas a quem você está agradecendo.

- *Peça ajuda.* Graças à mídia social, você não precisa mais saber tudo, e nem interromper o seu chefe para fazer perguntas absurdas. Quando você encontrar um obstáculo, use a internet. Aprendi isso nos dias em que trabalhei na EMC, quando fiquei atrapalhado com um projeto. Em vez de interromper o meu chefe, enviei um tweet com a minha pergunta (eu a formulei de uma maneira bem genérica para não revelar informações confidenciais) e em uma hora recebi centenas de respostas. Isso fez com que eu economizasse muito tempo e favoreceu a minha reputação. Não perdi tempo adivinhando, pesquisando e tendo um desempenho baixo, e o meu chefe apreciou a minha "criatividade". Mas vou lhe dar um conselho: não use essa tática em excesso. Afinal de contas, é a *sua* função e as pessoas esperam que você a desempenhe.

- **Compartilhe a sua história com a mídia.** Não seja tímido: uma das melhores maneiras de ser notado e subir nos *rankings* dos mecanismos de busca é receber cobertura na mídia. Portanto, *depois que você obtiver a aprovação e o apoio do seu gerente e do departamento de RP* (veja a seguir), descubra quais os veículos de mídia que são mais compatíveis com o seu *know-how* e o público que você pretende atingir, e promova-se para eles. Que revistas ou publicações os membros do seu público leem? Que blogs eles seguem? O que *você* lê, e onde gostaria de ver impressas coisas a seu respeito? Depois de ter mirado veículos específicos, leia atentamente números atrasados para ter uma ideia do conteúdo que mais aparece. As publicações contêm muitas histórias sobre tecnologia? Procure escrever o seu artigo seguindo essa tendência. O tom delas é casual ou formal? Procure ajustar o seu texto ao estilo delas. Muitas revistas (tanto impressas quanto on-line) têm no próprio website Orientações para Autores que dizem como você deve preparar e apresentar artigos. Siga essas orientações. Se as suas publicações-alvo não fornecerem essas informações, localize as informações de contato no website delas e telefone ou envie um e-mail para saber como você pode apresentar o seu artigo. As publicações podem preferir um texto em forma de perguntas e respostas em vez de um artigo completo. Se for esse o caso, prepare um breve resumo do seu artigo junto com uma lista dos pontos principais e um título que chame atenção. Aborde primeiro publicações de menor porte para praticar. Depois, quando você já tiver publicado artigos, inclua links deles quando você procurar empresas maiores.

Guarde aquele post...

Setenta e três por cento das pessoas acham que os funcionários compartilham coisas demais na mídia social. E elas estão certas! Eis uma história de advertência para você. Quando eu trabalhava na EMC, um colega de trabalho começou a fazer vídeos de RH fora do trabalho, que ele postou no YouTube. Os vídeos eram genéricos — não eram a respeito da EMC —, mas um deles mencionou uma coisa que a empresa considerava como propriedade exclusiva dela. Um colega assistiu ao vídeo e o enviou para o Departamento RH — que, por sua vez, o enviou para o Departamento Jurídico. O funcionário conseguiu permanecer no emprego, mas a situação ficou tensa. Ele e eu aprendemos a lição. Antes de blogar, fazer um comentário, escrever, fazer o upload de um vídeo ou criar qualquer tipo de conteúdo público, certifique-se de que você sabe o que é aceitável para a sua empresa — porque o que você *pensa* que é perfeitamente seguro pode não parecer dessa maneira para os gerentes e advogados da empresa.

Eis como você pode evitar a exposição excessiva:

EXAMINE AS POLÍTICAS DA SUA EMPRESA. Muitas empresas têm políticas de mídia e/ou da mídia social. A política pode ser extremamente simples, exigindo apenas que você coloque uma ressalva em todo o conteúdo que diga algo como: "Os pontos de vista e opiniões aqui expressos são meus e não da minha empresa". Ou ela pode ter longos parágrafos em um linguajar jurídico que explicitem restrições detalhadas. Saiba o que é e o que não é permitido antes de abrir a boca ou clicar em Enviar.

CONVERSE COM O SEU CHEFE... EM PESSOA. Descreva o que você gostaria de fazer e obtenha a aprovação dele. Além de ser uma atitude educada, é uma prática inteligente. Escrever artigos? Postar vídeos? O meu conteúdo deve ser examinado antes de ser postado? O que na empresa não pode ser de modo nenhum criticado? O que a empresa considera seguro? É melhor conhecer os limites de antemão do que pedir perdão mais tarde.

MANTENHA O CONTEÚDO GENÉRICO. Depois que você obtiver autorização para escrever, mantenha o seu conteúdo genérico. Os seus posts podem ser relevantes e úteis sem que você revele informações confidenciais. Discuta tendências na sua área, ofereça opiniões sobre assuntos relacionados, faça comentários sobre notícias do setor, ofereça conselhos para outros profissionais. Mas não discuta o que você faz no dia a dia. Lembre-se de que você não é um jornalista investigativo; é um observador fazendo comentários. Sinta-se livre para analisar o furo jornalístico de outra pessoa — apenas não dê o seu.

DIGA NÃO SE FOR PRECISO. A última coisa que você deseja fazer é rejeitar uma solicitação de entrevista da revista *Time*, mas se a sua empresa disser: "Sentimos muito, mas um executivo sênior vai dar a entrevista", você precisa desistir.

Quando a vida pessoal e a profissional estão em conflito

Um dos meus amigos é modelo. Ele não faz nada indecente. Trabalha vestido. Aparece em revistas de moda. Não obstante, não é algo que ele particularmente quisesse que o seu chefe e colegas soubessem. Ao mesmo tempo, ele tinha vontade de ter um website onde possíveis clientes pudessem encontrá-lo. O que fazer? Como criar uma plataforma pública sem que os seus colegas de trabalho descobrissem? A resposta que dei a ele foi apenas parcialmente satisfatória: que ele usasse apenas o primeiro nome ou um apelido para qualquer conteúdo relacionado com a profissão de modelo. Qualquer outra coisa a empresa dele certamente descobriria. Finalmente, ele decidiu não criar o website porque o risco parecia elevado demais — e eu acho que ele tomou a decisão certa. Infelizmente, não existe nenhuma maneira segura de evitar que as pessoas nos encontrem on-line.

Tendo em vista os possíveis riscos, como você lida com os conflitos entre a sua vida profissional e a sua vida pessoal?

DECIDA QUAIS SÃO OS SEUS LIMITES. Antes de postar qualquer coisa — seja na sua rede social, na sua Fan Page no Facebook ou na sua conta pessoal no Facebook — pergunte a si mesmo se você se sentiria à vontade se os seus contatos profissionais a vissem. Faça essa pergunta porque, por mais cuidadoso que você seja, é bastante provável que isso aconteça. Se estiver em dúvida, não coloque o post.

CRIE PERFIS ALTERNATIVOS. Se você decidir postar um conteúdo que poderia mostrá-lo em uma luz não muito profissional, use apenas o seu primeiro nome, um apelido ou um pseudônimo. Sempre que possível omita informações (e fotos!) que o identifiquem para limitar a sua visibilidade a conteúdos profissionais.

SEJA FRANCO COM O SEU GERENTE. Se o seu conteúdo não profissional já estiver on-line, confesse o fato para o seu chefe. É melhor que ele ouça o fato por você do que descobrir ele próprio ou ouvi-lo por outra pessoa. Se você fizer isso, as repercussões tenderão a ser menos severas.

Como corrigir uma má reputação

Durante a faculdade, Ryan Miner criou um grupo no Facebook que se opunha à formação de uma Coalizão Gay-Heterossexual no campus; ele fez publicamente comentários insultantes a respeito dos homossexuais. Depois que se formou, contudo, suas opiniões amadureceram. "Eu não poderia ter estado mais errado", afirma. "As minhas palavras foram descaradamente desprezíveis... eu não estava em posição de fazer aquele tipo de julgamento, e rezo para que eu possa ser perdoado e aprenda com essa horrível experiência." Infelizmente, a tempestade na mídia que acompanhou as suas ações na faculdade tornaram o perdão esquivo. Por causa da atenção que recebeu, Ryan está agora para sempre "associado ao meu erro nos anais do Google... Empregos me foram negados e perdi uma grande oportunidade em decorrência do incidente... Cada vez que apresento um novo currículo, uma sensação de medo sombrio toma conta de mim, e eu me pergunto se a empresa não irá fazer uma busca no Google com o meu nome e depois jogar o meu currículo no lixo... Se ao menos eu pudesse transmitir para um empregador em potencial que as minhas convicções mudaram e que eu jamais adotaria esse tipo de comportamento no futuro. Mas colhemos o que plantamos, e continuarei a lidar com as consequências do meu erro".[7]

Nossa! Isso faz com que nos perguntemos se Ryan um dia conseguirá recuperar a sua reputação. Porém, mais especificamente, o que *você* pode fazer se alguma coisa incriminadora aparecer a seu respeito on-line? Eis algumas estratégias que poderão ajudá-lo a minimizar o dano:

PRESTE ATENÇÃO! Você não pode simplesmente enviar uma coisa para o ciberespaço e esperar que o melhor aconteça. Seja um artigo, um comentário no blog ou um post no Facebook, você precisa monitorar tudo o que você posta — e a reação de todas as pessoas ao que você publicou. Verifique diariamente para ver qual foi a reação e certifique-se de que ela foi aceitável. Se não foi, tome rapidamente medidas corretivas.

Falo com base na minha experiência. Quando comecei a atuar na minha função da mídia social na EMC, eu também estava enviando tweets pessoais a respeito do sucesso no local de trabalho. Eu sabia que não poderia enviar tweets durante o trabalho, mas eu queria que os meus tweets fossem frequentes e recentes. Desse modo, eu os redigi com antecedência e programei para que eles aparecessem a cada três horas. No entanto, eu não contava com a impressão que aqueles tweets frequentes criaram. Colegas de trabalho meus na EMC enviaram tweets de volta dizendo que eu ficava enviando tweets o tempo todo durante o expediente! Por sorte, como eu monitorava o meu fluxo no Twitter, percebi o problema e expliquei rapidamente que eu tinha automatizado os posts. Em poucos dias, o tumulto arrefeceu. Fui capaz de corrigir o meu erro com bastante facilidade. Se o seu erro ao postar alguma coisa for mais substancial, a correção poderá ser mais difícil. No entanto, independentemente da gafe, a melhor política é lidar com ela de frente. Admita o seu erro. Divulgue uma correção ou pedido de desculpas. Descreva o que você aprendeu com a situação. Uma correção bem administrada pode efetivamente lhe conquistar apoio.

PEÇA QUE SEJAM FEITAS CORREÇÕES. Às vezes, o erro não é seu; foi uma informação errada postada por outra pessoa. Não deixe por isso mesmo! Faça periodicamente uma busca no seu nome e aja de imediato para fazer com as informações erradas sejam corrigidas ou removidas. Evitar a situação não as farão ir embora; apenas aumentará o potencial para o dano. Você poderá ficar surpreso com como é fácil conseguir que as coisas sejam corrigidas ou removidas. A maioria dos sites não espera que as pessoas sobre quem eles falam digam alguma coisa; uma simples surpresa poderá impeli-los a remover o post ofensivo. Se isso não acontecer, envie a sua própria correção. Não seja agressivo e nem demonstre estar irritado; apenas corrija os erros usando o maior número possível de fatos e fontes e deixe que a verdade fale por si mesma. Você não apenas corrigirá a impressão equivocada; você se tornará moralmente superior.

CRIE UMA BARREIRA. Se você não conseguir corrigir os posts negativos a seu respeito, ou se o número deles for tão grande a ponto de você não conseguir acompanhá-los, o melhor que você tem a fazer é inundar a internet de referências positivas para que as negativas afundem para a parte inferior de qualquer busca. É aqui que todo o conteúdo que você postou é realmente bastante útil. Quanto mais coisas você postar, mais as histórias com más notícias cairão no *ranking*.

CONTE A VERDADE PARA O SEU CHEFE. Como eu já disse antes, se houver histórias ruins a seu respeito on-line, existe uma forte possibilidade de que o seu chefe as leia. De fato, é constrangedor; de fato, parece perigoso. Mas sem sombra de dúvida é melhor do que deixar que ele tome conhecimento das histórias por intermédio de outra pessoa.

OBTENHA PROTEÇÃO. Existem hoje vários sites destinados a ajudá-lo a se proteger dos danos causados na internet. Reputation.com, Secure.me e outros pesquisam a internet, o avisam sobre posts prejudiciais e oferecem possíveis paliativos.

Você se lembra de Anthony Weiner, o congressista de Nova York que enviou (ahã) uma foto imprópria para um seguidor em um site da mídia social... e as consequências adversas que tiveram lugar quando ele tentou negar que enviara a foto? Alguém acreditou que ele não a enviara? E por acaso isso tinha importância? O cara vai ser perseguido por esse escândalo pelo resto da vida. Para nossa sorte, Weiner cometeu esse erro para que não precisemos cometê-lo. Nós sabemos das coisas. Sabemos quanto a Web pode ser poderosa para criar e promover a nossa marca pessoal — e como ela pode ser desastrosa quando a usamos de uma maneira inadequada. Portanto, abrace o poder da Web. Explore o número cada vez maior de ferramentas que ela oferece para polir a sua imagem profissional. Mas lembre-se da rapidez com que um clique imprudente pode causar resultados indesejados. Ame a internet — e use-a com sabedoria.

A *mídia social* e o *conflito de gerações*

É bem provável que as suas habilidades na mídia social sejam bem mais desenvolvidas do que as das pessoas da geração anterior à sua. E bastante provável também que você esteja agora, ou em breve vá estar, trabalhando para algumas dessas pessoas mais velhas. E embora haja muita conversa a respeito da defasagem de tecnologia entre as gerações mais jovens e as mais velhas, creio que a mídia social seja a maneira perfeita de preencher essa lacuna. Tive a oportunidade de conversar com Scott Simkin e Carlos Dominguez da Cisco. Scott é um jovem gerente de Soluções de Mobilidade e Carlos é um vice-presidente sênior no departamento do *chairman* e CEO. Scott me descreveu como usara a mídia social para se relacionar com clientes. "De 50% a 75% do meu dia a dia no emprego envolve o marketing da mídia social, e criei uma comunidade de 100 mil pessoas com o Twitter, o Facebook, o Google+, o SlideShare, todas as comunidades típicas. Falo com os nossos clientes, falo com os nossos sócios, entro em uma sala com dez blogueiros e sou capaz de mostrar o nosso produto ou colocá-los em contato com os nossos especialistas técnicos. Posso agradecer aos caras do Twitter e do Facebook pelo meu aumento e as minhas promoções!"

O único obstáculo que Scott precisou superar foi alguma resistência à mídia social da parte das pessoas mais velhas do que ele. Por sorte, ele conseguiu que Carlos ficasse do seu lado. "A maioria das pessoas da minha idade, na casa dos 50 anos, que ocupa funções de liderança e, em muitos casos, cargos da alta liderança nas organizações não usa realmente essas tecnologias ou diz que isso é uma coisa que os seus filhos usam", comenta Carlos. "Os números do último relatório que eu li ainda revelam que cerca de um terço das empresas da lista da Fortune 500 bloqueiam os sites de mídia social na internet corporativa. Desse modo, por um lado, você tem esse grande exemplo do que Scott foi capaz de fazer com a mídia social, mas por outro, as pessoas da geração Liquid Paper, como eu, têm muito medo e podem estar opondo resistência."

Portanto, embora Scott tivesse que convencer o seu vice-presidente e os seus diretores, "apenas conseguir essa aceitação de cima para baixo é simplesmente incrível para alguém na minha posição". Ele concedeu a última palavra para Carlos: "O mundo e as regras mudaram radicalmente. E mesmo que apenas pessoas da Geração Y, como Scott, alavanquem a mídia social para ajudá-las a subir na hierarquia competitiva, os executivos seniores que não abraçarem a mídia social, ou pelo menos a apoiarem, se tornarão obsoletos muito rapidamente".

Use a mídia social para progredir – e gerencie a sua presença on-line antes que outra pessoa o faça

A internet se tornou o *pool* global de talentos, o que significa que muitas das oportunidades que surgirão na sua carreira terão lugar dentro de redes sociais em vez de na "vida real". A mídia social lhe dá acesso a pessoas às quais você não conseguiria contatar no passado, e você pode alavancar esse acesso para se conectar com ainda outras pessoas que podem promover mais a sua carreira. Além de tornar possível que você desenvolva relacionamentos com os seus colegas de trabalho e expanda a sua rede de contatos fora do escritório, a internet e a mídia social possibilitam que você assimile ideias e aprenda habilidades com os principais especialistas nas diferentes áreas. Onde mais você pode seguir Richard Branson, Steve Case e outros, e interagir com eles? Você não precisa percorrer uma organização inteira tentando entrar em contato com eles; eles já estão presentes.

A internet também torna muito mais fácil resolver problemas e permanecer atualizado a respeito das notícias e do desenvolvimento do seu setor. Você tem uma pergunta? Faça-a por intermédio das suas redes sociais e utilize o *crowdsourcing* para obter algumas respostas. Você quer fazer parte de importantes conversas que afetam a vida das pessoas? Tudo o que você tem a fazer é seguir os líderes de pensamento nessas áreas e as informações virão diretamente para o seu smartphone.

A internet está em toda parte. Mesmo que você seja uma das raras pessoas que não tem algum tipo de presença na mídia social, aposto que você conseguirá encontrar os mais diferentes tipos de coisas a seu respeito (algumas das quais poderão efetivamente estar corretas) se você fizer uma busca no Google com o seu nome. Quer você goste, quer não, os seus gerentes e colegas de trabalho vão investigá-lo on-line. E o mesmo posso afirmar com relação às pessoas com quem você está tendo uma reunião de negócios e qualquer pessoa com quem você estiver saindo. Existe tanta busca no Google antes que as pessoas tenham um encontro pessoal que o Google se tornou o novo aperto de mão — é como a maioria das pessoas começa a descobrir coisas a respeito das outras.

Um dos grandes desafios em torno da mídia social é evitar que a sua vida pessoal se sobreponha à sua vida profissional. Não existe nenhuma dúvida de que uma coisa que possa parecer perfeitamente inócua na sua vida pessoal poderia sabotar a sua carreira. Por essa razão, você precisa monitorar mensalmente a sua marca on-line, ou até mesmo mais frequentemente. Se você não estiver controlando a sua história, outra pessoa estará.

Muitas pessoas com quem eu trabalho se sentem constrangidas em fazer muitas das coisas para desenvolver a rede de contatos e a identidade que estou sugerindo neste capítulo, porque acham que estariam promovendo excessivamente a si mesmas. Não tenho realmente argumentos contra isso: não há dúvida de que construir uma marca é autopromocional. Mas isso não significa que você tenha que parecer um narcisista ao fazer isso. Você pode se promover de uma maneira humilde que não seja autocongratulatória, uma maneira que torne a sua experiência e o seu *know-how* visíveis sem que você grite: "Olhem para mim!" Portanto, não deixe que a ideia de fazer o seu próprio marketing o detenha. E não deixe de ler o próximo capítulo para descobrir como você pode adquirir visibilidade sem ser um idiota que vive se autopromovendo; o capítulo o ajudará a encontrar maneiras de promover as suas habilidades sem indispô-lo com os seus colegas ou fazer você parecer completamente egocêntrico.

5

Adquira visibilidade sem ficar conhecido como um idiota que se promove o tempo todo

Não se preocupe se você não for reconhecido, mas se esforce para merecer o reconhecimento.

— ABRAHAM LINCOLN

Nos quatro capítulos anteriores, falei a respeito de como é importante destacar-se nos dias de hoje no local de trabalho em constante transformação criando e gerenciando a própria carreira, e como obter as habilidades técnicas, interpessoais e on-line das quais você precisará para realmente sobressair no local de trabalho. Neste capítulo, vamos lidar com uma pergunta que os jovens trabalhadores me fazem com frequência: o que posso fazer para que todos saibam quanto sou competente sem que pensem que sou um idiota que vive se autopromovendo?

Antes de começar, precisamos definir dois termos que vou usar muito neste capítulo. O primeiro é *autopromoção*, que significa fazer estrategicamente com que as pessoas saibam o que você pode fazer, quais são as suas habilidades e o que você já realizou — de uma maneira que mantenha o foco no modo como tudo isso favorece a sua equipe e a sua empresa. Se você não fizer pelo menos um pouco disso, você está "ferrado". Você deseja sobressair, e seria maravilhoso se as suas realizações pudessem falar por si mesmas, mas a maioria das pessoas com quem e para quem você trabalha não prestará atenção a tudo que você apresentar. Você acabará frustrado e zangado quando não receber o mérito que merece e ficar observando enquanto colegas de trabalho com menos talento e competência do que você são promovidos na sua frente. A autopromoção é positiva — desde que não vá longe demais.

O segundo termo é *fanfarronice*, quando você se vangloria, e que não raro é usado como sinônimo de autopromoção. Embora haja certa coincidência entre os dois termos, eles são na verdade muito diferentes. Repetindo, a autopromoção é mais a respeito do que é externo: as suas habilidades e realizações no contexto de como elas beneficiam outras pessoas, a sua equipe e a sua empresa. A fanfarronice, contudo, diz respeito ao que é *interno*: você, você, você — como você é magnífico e como você é melhor do que todo mundo. Às vezes, é difícil ver onde termina a autopromoção e começa a fanfarronice, ou quando a autopromoção deixa de ser aceitável e se torna antipática. No entanto, já no final deste capítulo, você entenderá com clareza essa diferença e, o que é mais importante, saberá exatamente como ficar do lado certo da linha limítrofe.

Você não pode promover uma coisa que ninguém quer

Embora ninguém goste de um fanfarrão, a maioria das pessoas aceita a autopromoção — desde que ela não passe dos limites. Mas repito: a autopromoção diz respeito às suas realizações. Você pode ou não ser fã de Justin Bieber, mas milhões de pré-adolescentes e adolescentes o adoram. E ele chegou onde está fazendo muita autopromoção. No caso dele, foi colocando vídeos no YouTube nos quais ele cantava. Se ninguém tivesse visto aqueles vídeos, Bieber seria apenas um cara qualquer. Mas ele conseguiu ser descoberto. Embora a sua aparência tenha contribuído para o seu sucesso, o fato é que ele tem talento. O talento é o único caminho para uma carreira próspera e sustentável, e Bieber continua a fazer sucesso, de modo que ele certamente tem talento. As pessoas foram capazes de esquecer a campanha um tanto agressiva no YouTube porque gostaram do jeito como ele cantava.

Lady Gaga é quase tão conhecida pelos trajes escandalosos que usa no palco quanto pela sua música. Mas a música — as suas realizações — veio primeiro. Se ela não estivesse compondo e cantando músicas nas quais as pessoas estivessem interessadas, poderia vestir o que quisesse, até mesmo um vestido feito de carne crua e se vangloriar da excelente voz que tem, que ninguém se importaria. O mesmo é verdadeiro com relação aos atletas, atores e qualquer outro tipo de celebridade. Tudo diz respeito às realizações. Michael Phelps não precisa dizer às pessoas que ele é um grande nadador. Tudo o que ele precisa fazer é mergulhar na piscina e nadar. Algo semelhante acontece com você. (A diferença é que Michael Phelps faz a sua autopromoção nas Olimpíadas, de modo que o mundo inteiro sabe exatamente quais são as suas realizações. Você, por outro lado, muito provavelmente terá que *dizer* às pessoas o que você fez.) Se possuir uma marca pessoal fraca e não tiver realizado muitas coisas, pode se promover o dia inteiro e ninguém perceberá. O segredo é aquilo que discutimos nos capítulos anteriores: adquirir habilidades e usá-las para se posicionar como um especialista.

Promovendo a si mesmo on-line

O Google fez recentemente um estudo a respeito de como as ferramentas da mídia social são usadas nas empresas. A pesquisa descobriu que as pessoas que adotam essas ferramentas no trabalho têm mais probabilidade de ser promovidas do que as que não adotam. O grande problema da mídia social, contudo, é que, com frequência, ela se torna um veículo para a autopromoção. Jean Twenge, professora da San Diego State University, fez um estudo da Geração Y e da mídia social.[1] Ela descobriu que 57% dos jovens acreditam que a sua geração usa as redes sociais com objetivos de autopromoção e narcisistas, e para conseguir atenção. No mesmo estudo, quase 40% dos jovens concordaram que promover a si mesmos ou ser narcisistas os ajudaria a ter sucesso neste mundo altamente competitivo. O percentual de 57% sem dúvida é verdadeiro. Mas o de 40% está completamente errado. Ser narcisista e promover excessivamente a si mesmo *não* o ajudará a ter sucesso. Na realidade, o oposto é verdadeiro.

A regra número um do networking – quer on-line, quer pessoalmente – é a seguinte: dê antes de receber. Se você tiver um feed do Twitter e estiver enviado tweets com conselhos duas vezes por dia, as pessoas deixarão passar uma autopromoção ocasional desde que estejam obtendo valor. Se eu tivesse que quantificar o que acabo de declarar, eu diria que se de 80% a 90% dos seis tweets tiverem um conteúdo de peso, as pessoas acharão aceitável que os outros 10% a 20% sejam autopromocionais porque você deu a elas muito mais valor. Isso também é válido para todas as outras mídias sociais que existem por aí.

O mundo on-line possibilita que as pessoas facilmente optem e deixem de optar por receber informações, fazer parte de listas etc. Se o que você enviar tiver valor e ajudar os outros, as pessoas optarão por participar de qualquer coisa que você esteja fazendo. Se transformar cada tweet, atualização de status ou post no mural em uma propaganda, correrá o risco de ser desconsiderado ou colocado na lista negra.

Por conseguinte, pense na impressão que a sua presença na mídia social está transmitindo. Você está postando vinte atualizações de status por dia ou enviando centenas de tweets, descrevendo minuciosamente para as pessoas tudo o que você está fazendo em tempo real? Você está fazendo o upload de dezenas de fotos todas as semanas ou mudando a foto do seu perfil mais do que uma vez a cada dois ou três meses? Caso a sua resposta seja afirmativa, pare. Você talvez não encare o que está fazendo dessa maneira, mas o fato é que você está a caminho de ser visto como um idiota que se promove o tempo todo. Portanto, diminua o ritmo e lembre-se de que você precisa oferecer coisas de valor antes de promover a si mesmo.

Seis regras para a autopromoção

1. **Faça com que as pessoas achem que vale a pena falar a seu respeito.** Se você tiver uma forte marca pessoal, se for especialista em alguma coisa e executar um trabalho de alta qualidade, se você se der bem com os outros e se trabalhar bem em equipe, as pessoas naturalmente falarão a seu respeito e das coisas que você fez.

2. **Seja bastante conhecido por uma coisa específica.** Novamente, isso remete às habilidades técnicas. Quando você é a pessoa sem a qual os seus colegas de trabalho não podem passar quando precisam que algo seja feito, você terá mais divulgadores do que conseguirá contar.

3. **Assuma a responsabilidade**. Mesmo que o seu desempenho seja excepcional, você nem sempre pode contar com as outras pessoas para cantar louvores a você. Vanessa Schneider, uma jovem gerente de RP da Eventbrite, disse isso de uma maneira bastante hábil: "Seja o seu próprio agente publicitário", me disse ela. "Isso não significa que você deva ser um fanfarrão ou um idiota. Mas significa que quando você tiver um grande sucesso deve convidar outras pessoas para compartilhar do seu entusiasmo. É claro que a maneira de fazer isso é fazer com que elas fiquem entusiasmadas com os resultados, e não adicionando mais pontos ao seu marcador de desempenho pessoal."

4. **Descubra maneiras de expandir a sua função**. Quando você assumir mais responsabilidades, você será notado. E se você lidar bem com essas responsabilidades, será notado ainda mais. Em um mundo ideal, você estaria dando às pessoas uma demonstração viva de como os seus talentos e habilidades podem beneficiá-las e favorecer a empresa em vez de você precisar dizer isso a elas. No entanto, de qualquer modo, fique preparado para fornecer essas informações; você não pode simplesmente acreditar que as pessoas irão ver o que você quer que elas vejam.

5. **Faça com que os outros tenham uma boa imagem, especialmente o seu gerente.** Se você falar com empolgação dos outros, eles geralmente buscarão maneiras de fazer o mesmo por você. Se você ajudar o seu gerente a ser bem-sucedido, ele o incluirá em mais projetos, o que aumentará a sua visibilidade. Quando esse gerente for promovido e começar a montar sua nova equipe, ele naturalmente irá escolher pessoas que se revelaram leais e com quem ele pode contar para continuar a promover sua boa imagem. Por conseguinte, à medida que ele for galgando os degraus corporativos — quer com o empregador atual, quer com um novo empregador — ele o promoverá junto com ele. Já vi isso acontecer repetidamente.

6. **Consiga alguns divulgadores.** O que os outros dizem a seu respeito causa mais impacto do que o que você diz a respeito de si mesmo. No

local de trabalho, um elogio do seu supervisor ou de um colega de trabalho que se destaque tem um peso muito maior do que se você dissesse a mesma coisa.

A *autopromoção em ação:*
como formar a sua imagem no trabalho

Além das minhas seis regras, você pode tomar várias outras medidas para se tornar mais conhecido no trabalho, manter a sua autopromoção eficaz e evitar que você se torne antipático.

Sempre que tiver uma chance, aproveite a oportunidade para demonstrar que você está entusiasmado com o trabalho que está realizando e o progresso que está fazendo no seu mais recente projeto. É claro que você só vai dizer essas coisas se elas se adequarem à conversa. Se você estiver em uma reunião e todo mundo estiver falando a respeito de problemas com a cadeia de abastecimento na China, não traga à baila o fato de que o seu mais recente projeto de vendas ainda está nos primórdios. Na melhor das hipóteses, você parecerá inoportuno. Na pior das hipóteses, você dará a impressão de ser um idiota. Mas se o projeto for mencionado, sem dúvida você deve falar a respeito dele — mas tente manter o foco afastado de você. Falar com entusiasmo para as pessoas sobre um projeto bem-sucedido no qual você está trabalhando possibilita que você se autopromova *e* goze de um pouco da glória conquistada pelo projeto.

Tome as medidas necessárias para receber o devido mérito pelo que você faz, mas elogie bastante aqueles que estão fazendo coisas excelentes. Se você estiver fazendo uma apresentação com outras três pessoas, certifique-se de que todas estejam com o nome incluído na apresentação e tenham a oportunidade de compartilhar do sucesso — mesmo que você seja o líder. Reconhecer dessa maneira a contribuição dos outros favorece a sua imagem sem que você precise proferir uma única palavra. Também faz com que os outros queiram aclamá-lo quando você for bem-sucedido. "Você não terá que chamar atenção para si mesmo porque outras pessoas farão isso por você", afirma Dean Lawyer, um diretor de B2B da T-Mobile. "Descubra como o seu trabalho pode ajudar os outros a alcançar as metas deles e certifique-se de que você está causando um impacto positivo neles por meio do seu trabalho." No entanto, adverte Dean: "Não deixe que outras pessoas recebam o mérito por suas realizações".

Aproveite todas as oportunidades de se tornar visível. Você pode fazer isso se inscrevendo em aulas, participando de atividades e assumindo responsabilidades adicionais. Quanto mais o seu nome for divulgado, mais ele será reconhecido. "Aumento a minha visibilidade na minha organização esmerando-me na minha carga de trabalho normal e associando o meu nome a várias atividades extracurriculares", disse-me Jeffrey Strassman, um jovem gerente de auditoria da Grand Thornton, uma importante firma de contabilidade. "No meu escritório, sou um dos líderes da comissão de treinamento, sou o 'campeão' em certas iniciativas do escritório, eu me envolvo com as nossas organizações sociais patrocinadas e assim por diante." E já que você está se tornando mais visível, não se esqueça das reuniões. Manifeste-se. Se você não se manifestar, nunca será notado.

E se você não estiver andando pela empresa para conhecer melhor os seus colegas, membros da equipe e pessoas de outros departamentos, está perdendo uma grande oportunidade de fazer com que as pessoas saibam o que você está fazendo e de construir relacionamentos com pessoas que possivelmente poderão ajudá-lo a progredir na sua carreira. Quanto mais você tiver a oportunidade de conhecer pessoalmente outras pessoas (e de fazer com que elas o conheçam), maior será a probabilidade de que você irá impressioná-las e que elas irão promovê-lo. Se você trabalhar remotamente e as reuniões presenciais forem impossíveis, envie regularmente e-mails com atualizações. Você precisa permanecer em primeiro plano e lembrar continuamente às pessoas que você existe e que está fazendo um excelente trabalho.

Antes de abrir a boca para dizer qualquer coisa que possa, mesmo que remotamente, ser considerada como autopromoção, você precisa saber quem está escutando. Algumas pessoas adorarão ouvir novidades a respeito das suas realizações (desde que você o faça sutilmente). Outras, no entanto, poderão encarar os seus sucessos como uma ameaça ao emprego ou à segurança delas. É importante que você adapte a sua mensagem para evitar ofender alguém. Isso é especialmente verdadeiro quando se trata do seu chefe. Preste bastante atenção à maneira como ele se conduz, obtém *feedback*, dirige reuniões e fala a respeito das realizações dele. Isso deverá lhe dar uma ideia a respeito de como você deve se promover para ele.

Também é muito importante que você tenha uma ideia precisa do quanto você é valioso no local de trabalho. Isso às vezes é difícil de fazer. Uma das maneiras de avaliar isso é ficando de olho no número de pessoas que pedem a sua ajuda ou favores. Se o número for bem pequeno, você precisa se esforçar mais para fazer com que as pessoas saibam do que você é capaz, ou você precisa adquirir algumas habilidades técnicas ou interpessoais das quais o seu local de trabalho precisa.

A época das avaliações de desempenho é a ocasião perfeita para se autopromover — afinal de contas, você foi chamado para falar a respeito de si mesmo. Mas permaneça concentrado no que é externo. Se você estiver sendo considerado para uma promoção, as pessoas que estão tomando a decisão querem saber o que você realizou, que desafios você superou, como você trabalha com os seus colegas de equipe e como você está adicionando valor à empresa.

Finalmente, tenha pronto um bom discurso para o elevador. Ele se destina àquela situação hipotética na qual você, inesperadamente, entra em um elevador expresso com o seu chefe e só tem entre o saguão e o trigésimo segundo andar para impressioná-lo. Fale sobre um único assunto. Tentar introduzir um milhão de ideias em um passeio de elevador de 45 segundos fará você parecer desesperado e pretensioso. Mantenha o seu discurso conciso e concentre-se em como você pode ser útil para a empresa.

Quando alguém recebe
o mérito pelas suas ideias

Infelizmente, nem todas as pessoas com quem você trabalha terão lido este livro, e elas não saberão quanto o reconhecimento é importante quando é devido. Além disso, acredite em mim: não é fácil lidar com uma situação na qual outra pessoa recebeu o mérito pelas suas ideias. No mínimo, isso vai ser muito frustrante. Depois, a sua frustração se transformará em raiva. Quando isso acontece, você corre o risco de fazer ou dizer alguma coisa da qual poderá se arrepender mais tarde. Assim sendo, o que você deve fazer se alguém roubar a sua cena?

O primeiro passo é organizar uma reunião e conversar em particular com o ladrão. Mencione que você ficou desapontado por não ter recebido agradecimentos publicamente e pergunte qual era a intenção dele. O seu objetivo aqui é conseguir que a pessoa voluntariamente corrija o erro dela e conte qual foi o seu papel a todos os que precisam saber disso. Não parta para o ataque e nem faça acusações. É possível que a omissão do seu nome tenha sido apenas um descuido. Nesse caso, a pessoa provavelmente se mostrará arrependida, pedirá desculpas e fará o que precisa ser feito para corrigir as coisas.

Mas e se a pessoa que roubou a sua ideia não lhe der atenção e se recusar a corrigir o erro? Nesse caso, você deve pedir uma reunião com o seu gerente. Sem deixar transparecer hostilidade, raiva ou desejo de vingança, exponha os fatos. "Sei que o meu nome não foi mencionado na reunião, mas quero que você saiba que eu também estava na equipe que fez XYZ e tenho certeza de que a minha contribuição para o projeto foi significativa. Quero apenas me certificar de que você já tinha essa informação." O mais importante é você não dar a impressão de que está se lamuriando ou se queixando — mesmo que você esteja certo. Deixe que o seu chefe saiba que você está feliz com a maneira como as coisas correram no projeto, que você gostou de trabalhar nele e que você deseja trabalhar em outros.

Como encontrar um ponto de equilíbrio: a maneira certa de responder à pergunta: "O que você faz?"

Nos Estados Unidos, quando somos apresentados a alguém, é comum que o primeiro assunto a ser discutido comece com uma simples pergunta: O que você faz? (Isso é realmente característico dos Estados Unidos. Em muitos outros países, fazer essa pergunta pode até mesmo ser considerado rude.) Responder a essa pergunta lhe confere uma excelente oportunidade para se autopromover.

Se você não der informações suficientes em reposta a essa pergunta, a pessoa com quem você estiver conversando poderá achar que você não é muito interessante e tampouco terá interesse em continuar a conversa. Se você der informações demais, você será notado, mas as pessoas acharão que você é arrogante e antipático. Desse modo, você precisa encontrar um nível de autopromoção na medida certa.

Esta é uma lição que aprendi da maneira mais difícil. Todo mundo sabe que eu me promovo bastante. Certa vez, eu estava em um bar com alguns amigos e chamei a atenção de uma atraente garçonete. Depois de trazer as nossas bebidas, ela me perguntou o que eu fazia. Comecei então a descrever longamente todas as minhas realizações profissionais. Quando terminei, ela olhou para mim e disse: "Isso foi muito pouco interessante".

Esse, senhoras e senhores, é um excelente exemplo de uma autopromoção que fugiu ao controle. O que eu deveria ter feito — e o que recomendo que você faça sempre que alguém perguntar o que você faz — é realçado alguns pontos fortes e em seguida deslocado o foco de atenção para a garçonete que fez a pergunta.

Sem dúvida, no local de trabalho, as coisas são um pouco diferentes. Para começar, as pessoas em geral não vão fazer essa pergunta — elas partirão do princípio que já que você trabalha na mesma empresa que elas, você está fazendo alguma coisa produtiva. Mas elas perguntarão o que você já realizou. Para responder adequadamente a essa pergunta, você precisará adotar o que eu chamo de "mentalidade de autopromoção adequada", o que significa lembrar continuamente três coisas a si mesmo:

a. Faço parte de uma equipe e sou um dos seus membros.
b. O meu trabalho é importante e beneficia a empresa.
c. O meu trabalho não diz respeito a mim e sim aos outros.

Se você conservar essa mentalidade, é pouco provável que algum dia venha a ser considerado presunçoso ou idiota. Imagine que você e a sua equipe conseguiram fazer uma apresentação para um cliente importante. No entanto, o seu chefe não estava presente para ver o que aconteceu. Quando ele voltar das férias ou de onde quer que tenha ido, ele vai querer saber como correram as coisas (é claro que ele já estará informado porque o cliente terá ligado para contar para ele). A sua conversa como o seu chefe poderia ser mais ou menos assim:

"Oi Mike, que pena que você não estava lá – foi uma reunião incrível! Bill expôs os fatos com muita competência. O PowerPoint de Muriel manteve os clientes atentos o tempo todo, Randy os deixou empolgados com uma demonstração do novo produto e eu respondi às perguntas deles e encerrei a reunião. Eles estarão aqui na terça-feira para assinar o contrato!"

Os perigos do excesso de autopromoção

Exagerar a autopromoção pode criar alguns efeitos colaterais muito negativos. No mínimo, você corre o risco de se isolar ou de afastar os outros de você. Se as pessoas não quiserem trabalhar com você, estará prejudicando a sua equipe, os projetos nos quais estiver trabalhando e a empresa como um todo. E o seu chefe poderá pensar que você está recebendo o mérito pelas realizações de outras pessoas. Se alguma dessas coisas acontecer, você poderá acabar causando um dano irreparável à sua carreira. Terá dificuldade em progredir. Quando a gerência decide fazer promoções, ela procura alguém que tenha uma presença no local de trabalho, alguém que os outros respeitem e admirem.

À medida que você for subindo na hierarquia competitiva, acabará precisando supervisionar outras pessoas. E para fazer isso com eficácia, você tem que pensar menos em você e mais nas pessoas que você supervisiona e que fazem coisas do seu interesse.

O questionário sarcástico "Como Dizer se Eu Sou Antipático por me Promover em Excesso"

LEIA AS SEGUINTES AFIRMAÇÕES:

1. Uso a palavra "Eu" nas conversas mais do que qualquer outra palavra.
2. Em vez de perguntar o que os outros fazem, começo imediatamente a dissertar sobre o que eu faço.
3. Frequentemente falo a meu respeito na terceira pessoa.

4. Publico coisas no Facebook ou envio tweets a respeito de coisas inúteis mais de cinco vezes por dia quando estou no trabalho.
5. Quando falo, eu me certifico de que a minha voz seja mais alta do que a de todas as outras pessoas na sala.
6. Quando completo com êxito alguma coisa no trabalho, tomo medidas para que todos os meus colegas de trabalho, bem como a mãe deles, tomem conhecimento do fato.
7. Quando faço uma autoavaliação, nunca critico nada que eu tenha feito ou deixado de fazer.
8. Eu "pego emprestadas" ideias criativas dos meus colegas de trabalho e recebo o mérito por elas.
9. Quando assumo uma posição de liderança na equipe, eu o faço para me fortalecer, não para beneficiar a equipe.
10. Estou ocupado demais jogando Angry Birds no meu iPhone para prestar atenção ao que outra pessoa possa estar dizendo.
11. Menciono constantemente o nome de celebridades como se fossem íntimas e falo a respeito de pessoas que eu não conheço como se fossem os meus melhores amigos.
12. Acho que eu sou o gerente do meu chefe, e não ao contrário.

Agora eu quero que você responda verdadeiro ou falso ao questionário. Se você teve menos de três verdadeiros, você não é terrivelmente antipático. Se teve entre três e cinco, você é moderadamente antipático, e se teve mais de seis, você tem sérios problemas de antipatia e talvez queira corrigi-los.

A visibilidade cria oportunidades

Você pode chamar de visibilidade, se destacar ou ser notado, mas tudo isso cria oportunidades de você progredir na sua carreira. Se as pessoas não tiverem conhecimento de você e do que você fez, como um dia poderá ser indicado para uma promoção ou receber uma bonificação pelo seu desempenho? Muitas pessoas não gostam de falar a respeito das suas realizações — mas ficam incrivelmente ressentidas quando passam por cima delas em alguma coisa que elas sabem que merecem. A única solução é abrir a boca. Se você não fizer isso, há uma boa chance de que ninguém jamais irá descobrir alguma coisa. E se as pessoas não souberem o que você pode fazer, nunca pensarão em recorrer a você quando precisarem de ajuda e nunca o convidarão para fazer parte de uma equipe que realmente precise de alguém com os seus talentos e habilidades. O truque é fazer isso de maneira estratégica, de modo que adicione valor à sua equipe e respalde as pessoas à sua volta. É bastante raro que alguém tenha grandes realizações sem nenhuma ajuda externa. E você nunca será capaz de ter um desempenho à altura do seu pleno potencial se não tiver o apoio da sua equipe.

6

O que os gerentes procuram quando decidem quem vão promover

> Para alcançar a excelência nas coisas importantes, você precisa desenvolver o hábito em pequenas questões. A excelência não é uma exceção, é uma atitude habitual.
>
> — GENERAL COLIN POWELL

Você se lembra da época da faculdade, quando você estava se preparando para as provas finais? Alguns professores eram razoáveis e informavam quais eram os temas mais importantes. Isso o ajudava a concentrar os seus estudos nos assuntos que realmente interessavam. Mas se você é como a maioria das pessoas, certamente teve alguns professores que diziam que *tudo* o que você estudou durante o semestre inteiro — cada página de cada livro — iria cair na prova. Era quase impossível se preparar para esses exames; como você poderia dominar *tudo*?

Quando você está sendo considerado para uma promoção, a situação é semelhante. Não seria bom descobrir as qualidades/habilidades/capacidades/características que os gerentes consideram mais importantes quando estão pensando nos futuros líderes que irão promover?

Também achei que isso seria ótimo. Assim sendo, a minha empresa entrevistou mil gerentes para descobrir o que é mais — e menos — importante para eles quando tomam decisões de contratação. Além disso, por achar que poderia haver uma discrepância entre o que é importante e o que os jovens trabalhadores *pensam* que é importante, também entrevistamos mil jovens trabalhadores (com idade entre 22 e 29 anos) para saber o que eles pensavam. Entender os dois lados da equação será inestimável para o planejamento da sua carreira. No mínimo, isso o ajudará a avaliar as suas habilidades atuais e poderá evidenciar algumas áreas que você precisa desenvolver ou aperfeiçoar. Quando você sabe o que os membros do seu público (os gerentes) desejam de você, é muito mais fácil ficar em sincronia com eles e oferecer exatamente o que eles querem — e mais ainda — concentrando-se nas características que você precisará ter para subir e ser promovido mais rápido. Isso também o ajudará a mirar oportunidades específicas dentro da sua empresa para construir a sua marca. Por outro lado, se você não sabe o que o seu público está procurando, como poderia satisfazer às expectativas dele? Por conseguinte, passará tempo demais concentrando-se nas habilidades que não são tão importantes para os gerentes, e os seus pontos fracos o impedirão de progredir.

Eis o que descobrimos:

Regra das habilidades interpessoais

Como discutimos no Capítulo 3, as habilidades interpessoais são as mais importantes a ser adquiridas. As habilidades técnicas são valiosas, mas não tanto quanto as interpessoais. Por esse motivo, não ficamos terrivelmente surpresos quando os gerentes colocaram três habilidades interpessoais no topo da lista de coisas que estão procurando na próxima geração de líderes. Elas são as seguintes, em ordem de importância:

1. Ser capaz de priorizar o trabalho
2. Uma atitude positiva
3. Saber trabalhar em equipe

É claro que os números em uma planilha nem sempre podem transmitir sutilezas e tampouco conseguem captar diferenças entre organizações. Para Mike Flores, vice-presidente de Alinhamento de Estratégia Global do McDonald's, as habilidades relacionadas com o pensamento crítico e o trabalho em equipe estão no topo da sua lista. "Estamos procurando alguém que saiba ouvir e absorver informações, além de ser capaz de processá-las, que faça as perguntas certas e que seja capaz de trabalhar bem com outras pessoas em um ambiente de equipe", diz ele. "No todo, se você tiver uma curiosidade neutra, certo instinto para trabalhar em conjunto e a capacidade de resolver problemas, conseguirá brilhar bastante rápido por aqui."

No entanto, alguns gerentes, entre eles Jason Hoch da WWE, se concentram no resultado final: "É importante que a geração mais jovem pense em termos de 'Como posso acionar os negócios? O que faço para impulsionar a receita? Como posso ter uma visão em torno do que vem a seguir?' As pessoas que fazem isso são aquelas que podem ter sucesso". E Allan McKisson, vice-presidente de RH do Manpower Group, resume isso da seguinte maneira: "Você torna as coisas melhores e ajuda as pessoas à sua volta?" Em última análise, os gerentes querem pessoas capazes de estabelecer prioridades e alcançar metas, que sejam simpáticas e trabalhem bem em equipe.

Quando os funcionários entendem o que os gerentes estão procurando, eles podem progredir mais rápido. Quando entrevistamos gerentes e funcionários, encontramos algumas discrepâncias interessantes entre as características que os gerentes dizem que mais valorizam e que são exigidas para que uma pessoa possa ser promovida, e aquelas que os jovens trabalhadores *acham* que são as mais importantes.

A seguir, você encontrará uma lista das vinte coisas mais importantes, avaliadas tanto pelos gerentes quanto pelos funcionários. Veja as semelhanças e as diferenças entre as duas colunas.

Mas não concentre demais a atenção na coluna do Funcionário. Por mais duro que isso possa parecer, quando se trata do progresso na carreira, não importa realmente o que *você* acha que é importante; é o que o seu *gerente* pensa que tem peso. Se você não estiver se concentrando nas habilidades que os gerentes mais valorizam, você não está gastando o seu tempo da maneira certa. Use o quadro a seguir como diretriz; nem todos os gerentes têm exatamente as mesmas prioridades, de modo que é uma boa ideia perguntar ao seu quais os dez ou vinte itens mais importantes da lista dele. Essa informação poderá ajudá-lo depois a decidir onde você deve aplicar mais os seus esforços. Por exemplo,

	GERENTES	FUNCIONÁRIOS
1	São capazes de priorizar o trabalho	Habilidades de comunicação
2	Atitude positiva	Capacidade de liderança
3	Trabalho em equipe	Capazes de priorizar o trabalho
4	Habilidades organizacionais	Atitude positiva
5	Habilidades de comunicação	Trabalho em equipe
6	Capazes de se adaptar à mudança	Voltados para metas
7	Pensamento estratégico e habilidades analíticas	Conhecimento do setor
8	Capacidade de liderança	Capazes de se adaptar à mudança
9	Voltados para metas	Habilidades organizacionais
10	Conhecimento do setor	Pensamento estratégico e habilidades analíticas
11	Habilidades de construção de relacionamentos	Habilidades de construção de relacionamentos
12	Presença profissional	Presença profissional
13	Capacidade técnica	Simpáticos
14	Simpáticos	Capacidade técnica
15	Trabalham virtualmente	Trabalham virtualmente
16	*Know-how* digital	Anos de experiência
17	Inteligência cultural	Inteligência cultural
18	Anos de experiência	*Know-how* digital
19	Perspectiva global	Perspectiva global
20	Atividades extracurriculares	Atividades extracurriculares

tomemos as habilidades organizacionais. Os gerentes as colocaram em quarto lugar, enquanto os funcionais as colocaram em nono lugar.

As habilidades mais difíceis de encontrar

Produzir uma lista de habilidades e qualidades ideais é uma coisa. Identificar pessoas que tenham essas habilidades e qualidades é outra completamente diferente. Desse modo, pedimos ao nosso grupo de gerentes que examinassem essa mesma lista de vinte habilidades e nos dissessem quanto eles acham fácil efetivamente *encontrar* pessoas com essas habilidades. Eis o que eles disseram (o número na terceira coluna é o percentual de gerentes que disseram que era "difícil" ou "quase impossível" encontrar pessoas com essa habilidade particular).

Como você está se saindo com relação ao que os gerentes dizem que é importante? Se você tem passado o seu tempo desenvolvendo o seu *know-how* digital, expandindo a sua perspectiva global ou se dedicando a atividades extracurriculares (habilidades que os empregadores sentem que está a preço de banana), talvez seja interessante você pensar, em vez disso, em se concentrar em desenvolver o seu pensamento estratégico, as habilidades analíticas e de comunicação, e em incrementar o seu conhecimento a respeito do seu setor (as habilidades que os empregadores têm mais dificuldade em encontrar). A não ser, é claro, que você esteja satisfeito onde está e não tenha nenhum interesse em progredir na sua carreira. Se você está lendo este livro, tenho a impressão de que esse não é o caso.

Apenas um comentário rápido sobre o motivo pelo qual as cinco primeiras características são tão importantes. Em primeiro lugar, a liderança. Os bons gerentes estão sempre em busca de pessoas que são dotadas de uma liderança natural ou que têm a capacidade de aprender. Mas como você sabe muito bem, isso nem sempre é fácil. Estou certo de que você já encontrou a sua parcela de líderes que realmente não têm nenhuma capacidade de liderança.

Em seguida, temos o pensamento estratégico e as habilidades analíticas. No mundo dos negócios de hoje, as palavras não são suficientes — você precisa respaldar praticamente tudo o que diz com dados reais e concretos. Se você entende de indicadores, é capaz de trabalhar com números e usá-los para promover o seu ponto de vista, você é uma mercadoria de primeira necessidade.

GERENTES		
1	Capacidade de liderança	34%
2	Pensamento estratégico e habilidades analíticas	32%
3	Habilidades de comunicação	28%
4	Conhecimento do setor	28%
5	Habilidades de construção de relacionamento	27%
6	Presença profissional	27%
7	Capazes de estabelecer prioridades no trabalho	26%
8	Habilidades organizacionais	26%
9	Capazes de se adaptar à mudança	26%
10	Anos de experiência	26%
11	Inteligência cultural	25%
12	Atitude positiva	24%
13	Capacidade técnica	23%
14	Trabalho em equipe	22%
15	Voltados para metas	22%
16	Simpáticas	19%
17	Trabalham virtualmente	19%
18	*Know-how* digital	19%
19	Perspectiva global	19%
20	Atividades extracurriculares	15%

As habilidades de comunicação são tão importantes que passamos a maior parte do Capítulo 3 falando a respeito delas, de modo que você deve consultar esse capítulo se achar que essa é uma área que você precisa trabalhar.

Mais duas habilidades fundamentais

Além das habilidades da nossa lista, existem mais duas que muitos empregadores sentem que são escassas: acompanhamento e preparação.

"As pessoas pensam que enviam um e-mail, e pronto, está tudo resolvido", se queixa Andrew Goldman, vice-presidente de Planejamento e Programação de Prazos de Programas da HBO/Cinemax. "Francamente, esse é apenas o primeiro passo. Você precisa acompanhar o processo, se certificar de que o e--mail foi recebido e compreendido." Goldman acrescenta que os jovens funcionários frequentemente não estão adequadamente preparados nas reuniões, especialmente quando estão sendo entrevistados para uma promoção no seu departamento. "Entrevistei um grande número de pessoas para meus grupos e consigo determinar de imediato se a pessoa veio ou não preparada para a reunião. Isso para mim é muito importante. Com a internet, você pode se preparar usando o seu smartphone enquanto aguarda na sala de espera. Não é o que eu recomendo, mas é importante que você se apresente preparado para fazer perguntas inteligentes. Comparecer despreparado é a pior coisa que você pode fazer."

O conhecimento do setor é importante porque as empresas precisam saber como estão se saindo com relação ao setor como um todo, o que os seus concorrentes estão fazendo, o que os seus clientes querem mas não estão obtendo, tendências que poderão afetá-las a curto e a longo prazos, e assim por diante. Isso corrobora o meu argumento a respeito de por que é mais importante ser um especialista do que um generalista: quanto mais você conhecer o seu setor e os seus clientes, melhor você será capaz de atendê-los.

Finalmente, temos as habilidades de construção de relacionamentos. Em um mundo no qual as informações estão apenas a poucos cliques de distância, ser capaz de obter respostas não é, nem de longe, tão importante quanto ser capaz de trabalhar com outras pessoas — frequentemente através de múltiplas fronteiras internacionais, fusos horários e idiomas — para criar soluções.

Você não está sozinho: as empresas têm a responsabilidade de desenvolver o talento

Além das habilidades interpessoais e das habilidades técnicas que os gerentes procuram nos seus funcionários, existem alguns fatores-chave que as próprias empresas precisam fornecer para ser capazes de desenvolver o talento a partir de dentro delas. Um dos melhores — e mais baratos — são os mentores. É mais difícil ter sucesso se você não souber como evoluir dentro do sistema corporativo. Isso o torna menos eficiente, o que, em última análise, custa dinheiro à empresa. Toda organização tem pessoas que já estão com ela há algum tempo e que acumularam uma sabedoria da qual as pessoas mais jovens podem se beneficiar. Mesmo que a sua empresa não ofereça um programa de aconselhamento organizado, procure alguém que possa ser o seu mentor. E não pense que o aconselhamento é uma via de mão única. Por ser uma pessoa jovem, você tem muito conhecimento que provavelmente poderá ajudar a tornar mais eficientes alguns dos funcionários mais velhos (a mídia social, por exemplo).

As empresas inteligentes organizam programas de treinamento para ajudar os funcionários a desenvolver as suas habilidades interpessoais, o que, com o tempo, os ajudará a se tornarem melhores gerentes e líderes. Para que os funcionários aprendam habilidades interpessoais, eles precisam enfrentar desafios e ser colocados em funções nas quais precisem trabalhar em equipe para alcançar objetivos profissionais. Se a sua empresa não oferecer esse tipo de treinamento interno, consulte os segmentos dos Capítulos 2 e 3 deste livro sobre como adquirir habilidades interpessoais e técnicas. Existem muitas maneiras baratas e de baixo custo de você aprender qualquer coisa de que você precise saber.

Liam Brown, COO* da Marriott International, resumiu isso habilmente: "Eles precisam saber exatamente o que devem fazer, precisam ter as ferramentas para fazer o trabalho e precisam saber que alguém se importa com eles", me disse Brown. "Se tivermos funcionários iniciantes que demonstrarem possuir esses recursos, eles poderão ascender rapidamente aos níveis mais elevados de liderança." O sistema de promoção e desenvolvimento a partir de dentro da Marriott produz alguns excelentes resultados. "Há 23 anos eu era um dos gerentes gerais da Courtyard by Marriott e hoje supervisiono todos os hotéis de serviço seleto e de permanência estendida da rede Marriott nos Estados Unidos", afirma Brown. "E temos muitas histórias desse tipo. Um diretor regional que começou como encarregado de serviços gerais ganhando 3,75 dólares por hora em um Residence Inn e hoje supervisiona vinte hotéis e tem uma função sênior na empresa, e temos vários vice-presidentes que começaram ganhando por hora como garçons, *concierges*, porteiros e assim por diante."

Jeff Shuey, diretor de Soluções Globais da Eastman Kodak, vai um pouco mais longe, colocando grande parte da responsabilidade pelo sucesso dos funcionários nos ombros dos seus gerentes. "Para mim, o fator mais importante quando avalio o desempenho está diretamente associado a definir e alinhar metas com uma cronologia realista e um conjunto de habilidades. Estas são definidas em conjunto com os funcionários. É um diálogo e, em certo sentido, um contrato", disse-me ele. "O meu papel como gerente é ajudar as pessoas da minha equipe a ter êxito. O que significa derrubar barreiras, abrir portas e ajudar todos os nossos empreendimentos a chegar à realidade mais ampla."

As empresas que têm em vigor programas de alto potencial, como a GE, a Marriott, a Raytheon e a EMC, apresentam uma probabilidade maior de reter as pessoas mais talentosas por um tempo suficiente para que elas se desenvolvam e se tornem a próxima geração de líderes.

Torne-se "promovível"

Os gerentes levam em consideração uma série de fatores quando tomam decisões relacionadas com as promoções. É claro que o processo de tomada de

---

* Sigla de *Chief Operating Officer*. (N. dos T.)

decisões de cada gerente é exclusivo, mas praticamente todos incluem as seguintes características nos cinco itens principais: ser capaz de priorizar o trabalho e cumprir prazos finais, ter uma atitude positiva, trabalhar bem com a equipe e colocar os interesses da equipe na frente dos seus (não se preocupe: se a equipe for beneficiada, você também será).

Ter um sólido entendimento do que o seu gerente está procurando o ajudará a se concentrar em adquirir — e promover — as habilidades que aumentarão a sua visibilidade, desenvolverão a sua marca e abrirão planos de carreira que estarão fechados para os seus colegas que não têm o discernimento que você tem. E não se esqueça da persistência e da preparação. Você nunca progredirá sem elas.

7

Desenvolva relacionamentos entre as gerações

O ingrediente mais importante na fórmula do sucesso é saber como lidar com as pessoas.

— THEODORE ROOSEVELT

No local de trabalho atual, não é raro encontrar pessoas de quatro diferentes gerações, cada uma com o seu estilo cultural e de comunicação, valores, necessidades e exigências próprios. Quando surgem conflitos entre as gerações — o que sempre acontece — a produtividade e a lucratividade sofrem. Cada geração tem as suas preferências de comunicação específicas e ideias exclusivas a respeito de como o trabalho deveria ser feito. Se você entender essas ideias e preferências, será capaz de construir relacionamentos com pessoas que poderão promover a sua carreira. Digamos que você tenha o hábito de chegar atrasado ao trabalho. Os *Baby Boomers* terão realmente um problema com isso porque para eles as regras são muito importantes, e eles acham que todo mundo deve ser sempre pontual. (Não estou dizendo que você adquiriu o hábito de chegar atrasado ao escritório, mas se você estiver fazendo o seu trabalho em casa, provavelmente vai se perguntar por que chegar alguns minutos atrasados de vez em quando causa um problema tão grande.) Tenha em mente que nem todo mundo em uma geração particular vai reagir da mesma maneira na mesma situação. Há muitas diferenças individuais. Como você pode imaginar, gerenciar uma força de trabalho com tantas variáveis pode ser desafiador, motivo pelo qual existem tantos recursos voltados para gerentes e executivos. No capítulo anterior, falamos a respeito da importância de desenvolver habilidades que o seu público deseja. Quando se trata de lidar com gerações mais velhas (*Baby Boomers* ou membros da Geração X), a situação é semelhante. Em ambas as situações (e em quase todas as outras circunstâncias da vida), você não pode dar às pessoas o que elas querem se você não souber o que é. Quando você entender como as diferentes gerações atuam, bem como o que elas sentem e o que motiva o comportamento delas, você terá muito mais facilidade em construir relacionamentos com elas. Deixar de entender outras gerações poderia gerar conflitos desnecessários no trabalho que poderiam prejudicar a sua carreira. Neste capítulo, vamos nos concentrar em compreender o que motiva cada geração e como usar esse entendimento para evitar as armadilhas nas quais a maioria das pessoas cai, para promover a si mesmo e progredir na sua carreira.

As quatro gerações: afinal de contas, quem são essas pessoas?

Na página 170, há um quadro que resume as principais diferenças entre as quatro gerações. No entanto, vou passar alguns minutos examinando cada uma delas um pouco mais detalhadamente.

Geração Y (nascidos entre 1982 e 1993)

Com cerca de 80 milhões de pessoas (nos Estados Unidos), essa é a maior geração. Os seus membros cresceram com pais que estavam envolvidos ativamente em suas vidas, ajudando-os a tomar decisões e, de muitas maneiras, atuando como os seus principais mentores (o fato de esses pais estarem constantemente pairando sobre os seus filhos fez com que eles ganhassem o apelido de "pais helicópteros"). Talvez seja por esse motivo que os membros da Geração Y tendem a sempre querer estar conectados com os amigos, a família e outros ao seu redor. Eles têm um grande *know-how* tecnológico, o qual utilizam intensamente todos os dias conectando-se no Facebook e no Twitter. E eles são uma crescente força econômica. Como consumidores, os membros da Geração Y terão mais poder de compra do que os *Baby Boomers* já em 2017.[1] A maioria dos jovens trabalhadores dessa geração saiu da faculdade e está trabalhando no seu primeiro emprego, embora alguns já estejam no segundo ou terceiro emprego, e alguns podem estar ocupando cargos de gerência de baixo escalão. Os membros da Geração Y serão responsáveis por 75% da força de trabalho em 2025, de acordo com a Business and Professional Women's Foundation. (Algumas empresas já começaram a reforçar a contratação da Geração Y; na Ernst & Young, por exemplo, 60% da força de trabalho já é composta pela Geração Y.)

Algumas das maiores diferenças entre a Geração Y e as outras gerações se encontram no local de trabalho. A Geração Y rejeitou em grande medida as atitudes da Geração X e dos *Baby Boomers* (falarei mais sobre as duas daqui a pouco). No geral, essa geração é um pouco impaciente. Os seus membros não pensam em termos de lealdade (a ideia de ter um único emprego a vida inteira não faz o menor sentido para eles). Eles não querem esperar cinco anos para causar uma impressão. Eles querem lidar com as suas paixões e fazer alguma coisa significativa agora. Quando não encontram significado no seu trabalho do dia a dia, eles logo arranjam um projeto paralelo fora do trabalho que lhes confira significado. Setenta e cinco por cento dos membros da Geração Y dizem que é importante ter uma "atividade paralela" que poderá se transformar em uma carreira, informa a MTV.[2] A flexibilidade no local de trabalho é uma necessidade. Eles não entendem a necessidade de um horário fixo de trabalho; desejam ter a liberdade de trabalhar quando quiserem e onde quiserem, usando as ferramentas que quiserem (e ficam ressentidos quando as empresas bloqueiam a mídia social). A flexibilidade é tão importante que eles estão dispostos a abrir mão de uma parte do salário para obtê-la. Os membros da Geração Y querem mentores bem como um fácil acesso à administração e aos executivos. Eles também desejam um *feedback* informal entre as avaliações formais e querem ser constantemente reconhecidos pelas pessoas à sua volta (essa é a geração de crianças que cresceram em um mundo no qual todo mundo recebia um troféu, ganhando ou perdendo), o que talvez explique por que eles vicejam na presença da colaboração e do trabalho em equipe.

Como muitos *Baby Boomers* não podem se aposentar por causa das finanças, a impaciência dos membros da Geração Y pode, às vezes, se transformar em frustração quando eles se veem incapazes de progredir com a rapidez que gostariam. Um dos maiores problemas que eu vejo nos trabalhadores da Geração Y é que eles às vezes têm uma espécie de TDAH (transtorno do déficit de atenção e hiperatividade) no local de trabalho — se as suas necessidades não são satisfeitas *neste exato momento*, eles estão prontos para desertar. Se você estiver se sentindo inquieto porque a sua ascensão está sendo bloqueada por um funcionário mais velho que adiou a aposentadoria por alguns anos, faça um favor a si mesmo e relaxe. Tenha paciência, e demonstre alguma lealdade. A sua hora vai chegar. Acredite em mim.

Geração X (nascidos entre 1965 e 1981)

Os 47 milhões de pessoas nesse grupo etário são independentes, engenhosas e autossuficientes. Elas também atribuem um valor elevado à liberdade pessoal e foram a primeira geração a colocar a si mesmas e a sua vida pessoal antes do emprego e da carreira. Além disso, na minha pesquisa, descobri que a Geração X é a geração mais estressada a respeito da economia. Hoje em dia, os seus membros são gerentes de nível médio a elevado. Eles dão mais valor à flexibilidade do que à estabilidade, mas não tanto quanto a Geração Y. Eles valorizam mais a família e os relacionamentos pessoais do que os *Baby Boomers*, mas não estão tão dispostos quanto a Geração Y a trocar um salário mais alto por mais flexibilidade. Eles assumem mais riscos do que os *Baby Boomers*, mas não são tão empreendedores quando os membros da Geração Y. E, como os *Baby Boomers*, trabalham bem de uma maneira independente, ao contrário da Geração Y, que prefere as equipes. Isso cria um problema interessante porque os membros da Geração X, na sua maior parte, ocupam cargos de gerência de nível médio, e as pessoas que eles estão gerenciando são da Geração Y. Infelizmente, muitos deles estão tendo dificuldade em lidar com uma geração (Y) que parece precisar de constante atenção. Ao mesmo tempo, a Geração X está ávida para seguir adiante, esperando que os *Baby Boomers* se aposentem para que possam subir nas suas organizações. Eles investiram muitos anos no planejamento do sucesso, e sentem que merecem as salas do prédio que têm a melhor vista.

Baby Boomers (nascidos de 1945 a 1954)

Embora essa geração possa parecer um pouco enfadonha e antiquada para você, é importante se lembrar de que ela ficou conhecida por rejeitar e redefinir valores tradicionais. Os *Baby Boomers* são, de longe, a geração mais rica do local de trabalho e ocupam tipicamente uma posição elevada na hierarquia competitiva. Como eles conseguem se lembrar da vida antes dos computadores pessoais e das telas de toque, tendem a não ser tão adeptos da tecnologia quanto a Geração X e a Geração Y, preferindo a interação pessoal à maioria das outras formas de comunicação.

No geral, os *Baby Boomers* são muito centrados no trabalho. Eles acreditam que o trabalho árduo compensa e são motivados por privilégios, prestígio e posição. Eles frequentemente se definem em função do que realizaram, não se opõem a ir ao escritório sete dias por semana e acreditam intensamente que as gerações mais jovens precisam trabalhar arduamente para conseguir as coisas. Eles são competitivos, autoconfiantes e autossuficientes, mas devido à atual situação econômica, muitos estão adiando a aposentadoria.

No lado negativo, os *Baby Boomers* tendem a se sentir pouco à vontade com o conflito e podem ficar excessivamente melindrados com o *feedback*. À medida que vão se aproximando da aposentadoria, os *Baby Boomers* ocupam a maior parte dos cargos da alta direção, e eles gostam de estar no comando. Seja simpático com eles: eles controlam a maior parte da riqueza e, neste exato momento, estão escolhendo os seus sucessores. A maioria virá da Geração X, mas alguns poderão vir da Geração Y.

Geração Z (nascidos de 1994 a 2010)

Deixei a Geração Z por último, porque só agora os membros dessa geração estão chegando ao local de trabalho, e quando estão trabalhando, são provavelmente estagiários ou ocupam funções iniciantes. Mas fique atento. Daqui a alguns anos, você poderá estar competindo com os membros da Geração Z. Nascidos em um mundo global altamente competitivo, eles compreendem que estão vivendo em uma era na qual as faculdades são caras e é difícil conseguir um emprego. Em consequência disso, a Geração Z tende a ser muito empreendedora.

A Geração Z é basicamente a Geração Y intensificada. Eles são tipicamente filhos da Geração X e não sabem o que é a vida sem a internet. Eles totalizam 23 milhões e o seu número está crescendo. Às vezes chamados de *nativos digitais*, são completamente dependentes da tecnologia e se sentem totalmente à vontade com ela. Eles a usam para tudo, desde pedir uma pizza e checar a previsão do tempo a se candidatar a empregos, se conectar com os amigos e namorar. Os membros da Geração Z também têm um ego e tanto — pelo menos aos olhos das outras gerações — e estão acostumados a colocar toda a sua vida on-line, contando tudo para os amigos e para qualquer outra pessoa que queira prestar atenção ao que eles estão fazendo, como escovar os dentes, ficar presos no trânsito e conseguir uma promoção no trabalho (você não acredita em mim? Verifique o tipo de informação contida na maioria dos tweets enviados). Por mais que toda essa tecnologia seja incrível, a Geração Z está tão conectada que a comunicação pessoal às vezes representa um desafio. A Geração Z é decididamente a que deve ser observada. Antes que você se dê conta, os seus membros estarão na força de trabalho avançando agressivamente para o seu cargo.

Trabalhando com as gerações mais velhas e aprendendo com elas

É sempre mais fácil trabalhar com quem você compartilha uma cultura e mentalidades comuns. No entanto, no local de trabalho, isso nem sempre é possível. E embora tenhamos conhecimento de que há diferenças culturais entre, digamos, asiáticos e europeus, a linha divisória entre as gerações mais velhas e as mais novas é igualmente larga. E exatamente como acontece com qualquer conflito que possa surgir entre culturas, vários problemas estão radicados em estereótipos e ideias preconcebidas.

No nosso estudo, por exemplo, descobrimos que enquanto os jovens trabalhadores geralmente têm uma visão bastante positiva dos seus gerentes e do que eles oferecem, os gerentes frequentemente têm uma visão negativa dos seus funcionários. Por exemplo, descobrimos que os funcionários acham que os seus gerentes têm experiência (59%), sabedoria (41%) e estão dispostos a atuar como seus mentores (33%).

COMPARAÇÃO DA GERACAO Y COM AS OUTRAS GERAÇÕES

	Gen Z	Gen Y	Gen X	Baby Boomers
Nascidos	1994 – 2010	1982 – 1993	1965 – 1981	1945 – 1964
Tamanho	23 milhões	80 milhões	45 milhões	76 milhões
Valores essenciais e atributos	Know-how técnico, conectados globalmente, flexíveis, tolerantes com relação a culturas diferentes	Realismo, segurança, diversidade, moralidade, espírito competitivo, buscam atenção	Ceticismo, diversão, informalidade, equilíbrio, educação, pragmatismo, adaptáveis, lealdade ao gerente, independentes	Otimismo, envolvimento, contrários à guerra, direitos iguais, ética profissional
Educação	Não vale a pena	Um gasto	Uma maneira de subir	Um direito nato
Comunicação	Mídia social, smartphones, mensagens de texto, completa transparência	Mídia social, smartphones, mensagens de texto	Telefones celulares	Telefones fixos
Estilo de gestão	Colaboração	Colaboração	Autonomia	Comando e controle
Treinamento	Treinarão a si mesmos	Aprendizado contínuo	O treinamento gera lealdade	Se os treinarmos, eles irão embora
Mudança de emprego	Natural e nenhuma lealdade	Mudar de emprego é uma rotina habitual	Mudar e emprego é necessário	Mudar de emprego faz com que você fique para trás
Metas da carreira	Trabalhe para si mesmo	Construa múltiplas carreiras	Construa uma carreira portátil	Construa uma única carreira
Equilíbrio trabalho/vida	Não é esperado	Tudo diz respeito à flexibilidade no local de trabalho	O equilíbrio é necessário agora	Precisam de ajuda com o equilíbrio
Ética no trabalho	Executam múltiplas tarefas ao mesmo tempo, independentes, trabalham a uma velocidade enorme	Voltados para metas, procuram um trabalho significativo, colaboração	Voltados para resultados, se importam menos com o progresso e mais com o dinheiro	Lealdade, voltados para o processo, valorizam a ambição e o trabalho em equipe
Merecimento	Realização	Contribuição	Mérito	Experiência
Tempo médio de permanência no emprego antes de mudar	Informações não disponíveis	Dois anos	Cinco anos	Sete anos

As informações para este quadro foram compiladas pela minha empresa e também por outras fontes.[3]

Por outro lado, os gerentes dizem que os funcionários da Geração Y têm expectativas irrealistas com relação a salário/remuneração (51%), uma ética de trabalho insatisfatória (47%) e se distraem com facilidade (46%). A opinião mais negativa que os funcionários da Geração Y têm a respeito dos seus gerentes é que ele estes não lhes atribuem o mérito que eles merecem (26%). Os gerentes encaram os funcionários da Geração Y como tendo novas perspectivas e ideias (30%), criatividade (27%) e a mente aberta (23%).

Obviamente, há algumas grandes diferenças entre as gerações mais jovens e as mais velhas. A boa notícia é que é possível contorná-las. A outra notícia (que não é necessariamente ruim, apenas diferente) é que como há uma boa chance de que a maioria das pessoas com quem você trabalha seja mais velha do que você, cabe a você dar os passos necessários para preencher a lacuna. Eis como fazer isso:

Os *Baby Boomers* às vezes dão mais valor ao trabalho do que aos relacionamentos pessoais. Portanto, certifique-se de que está fazendo bem o seu trabalho, porque, em última análise, é isso que eles procuram em primeiro lugar. A ética no trabalho também é muito importante para eles, de modo que você deve sempre estar em dia com os seus projetos e tomar medidas para que os seus chefes vejam o que você está fazendo. A presença no escritório também é importante, porque fica mais fácil para eles observarem o que as pessoas estão fazendo. Se você respeitar os valores deles, eles o notarão mais e o verão como um líder, o que o ajudará a progredir.

Como você talvez tenha visto no quadro, os *Baby Boomers* passam em média sete anos na empresa antes de mudar de emprego, e muitos trabalham há décadas para a mesma companhia. De um modo geral, esse tipo de lealdade não existe hoje em dia, e embora dez anos possam parecer uma eternidade para você, seja respeitoso e não traga à baila o fato de que você só pretende ficar na empresa poucos anos (a média para a Geração Y). No entanto, repetindo, quanto mais você se esforçar e quanto mais leal você for, mais você será recompensado com o reconhecimento e maiores responsabilidades.

Sessenta e seis por cento dos gerentes afirmam preferir as reuniões presenciais a qualquer outro tipo de comunicação. Por sorte, 62% dos funcionários sabem que esse é o método preferido dos seus gerentes e procuram usá-lo. Mas a tecnologia dificilmente está extinta. A segunda maneira mais popular de comunicação entre gerentes e funcionários é o e-mail (26% dos gerentes e 25% dos funcionários dizem que é o seu método preferido). Se você ainda não ouviu falar ou se não foi informado a respeito de como o seu gerente prefere se comunicar, dê um pulo na sala dele e pergunte. No entanto, tenha em mente que é possível mudar as coisas. Você pode ser capaz de mostrar ao seu gerente que, para uma rápida comunicação, as mensagens de texto e as mensagens instantâneas são, com frequência, mais eficientes do que um telefonema ou uma reunião. Sempre que você conseguir melhorar a eficiência, será visto como alguém que está adicionando um valor real à organização.

Compartilhar interesses, atividades ou até mesmo histórias é uma excelente maneira de desenvolver relacionamentos com pessoas de outras gerações. Aprenda o máximo que puder com elas. "Sinto que os trabalhadores mais velhos têm muita sabedoria. Ouço o que eles têm a dizer, e embora possa haver uma defasagem entre as gerações, o conselho deles é inestimável e ainda é válido hoje", declara Laura Petti, *booker** do programa *Your World with Neil Cavuto* da Fox News. Mallory McMorrow, *designer* sênior da Mattel, concorda: "Eles viram projetos fracassar e sabem o motivo. Espero poder fazer uso da experiência deles para evitar cometer erros de principiante e ajudar o grupo como um todo a progredir".

No entanto, nem todo mundo encara os funcionários mais velhos dessa maneira. "Às vezes tenho a impressão de que os funcionários mais velhos só ocupam cargos de grande autoridade devido ao número de anos no seu currículo", me disse Ryan Brown, um jovem funcionário de Soluções de Vendas no Twitter. "Apenas porque uma pessoa é mais jovem não significa que ela não possa competir em um nível mais elevado." Embora Ryan esteja certo ao afirmar que o fato de você ser jovem não significa que não possa competir, a primeira parte do comentário representa exatamente o tipo de atitude da qual os *Baby Boomers* se ressentem. E é o tipo de atitude que poderia lhe custar o seu emprego. Portanto, se ideias como as de Ryan estão passando pela sua cabeça, pare agora. Você é o funcionário novo que está ingressando em uma empresa estabelecida com maneiras estabelecidas de fazer as coisas. Sem dúvida, talvez você consiga mudar as coisas, mas isso levará algum tempo. Nesse meio-tempo,

---

* Responsável por procurar convidados interessantes para o programa. (N. dos T.)

abandone essa atitude e comece a prestar mais atenção ao seu desempenho e a fazer as coisas acontecerem para a sua empresa e para si mesmo.

Quando você identificar uma pessoa que tem habilidades ou uma determinada experiência que você deseja adquirir, peça a ela formal ou informalmente para ser o seu mentor. A melhor abordagem é a direta, algo como: "Eu gostaria de aprender a abordagem financeira dos negócios. Você pode me ajudar?". Ou então, "Você pode me envolver nos aspectos do gerenciamento de *branding* da empresa?" ou, "Você pode me envolver mais no conteúdo digital da empresa?" Acredite em mim, esta é uma abordagem que funciona. E se você não acredita em mim, ouça o que Matthew Nordby, vice-presidente executivo, CRO* da Playboy Enterprises, Inc., tem a dizer: "Quando as pessoas me procuram com um pedido muito específico e admitem que têm uma deficiência em uma área sobre a qual gostariam de aprender mais, sinto-me mais inclinado a colocá-las em uma função na qual elas possam aprender o assunto e também estar pessoalmente envolvidas para poder obter as habilidades de que necessitam". Pedir que alguém seja o seu mentor ou o oriente envia várias mensagens poderosas. A primeira é que você respeita a sabedoria e o conhecimento da outra pessoa. A segunda é que você está empenhado em aprender o que é necessário para tornar a empresa (e você) bem-sucedida. Como consequência, você obterá mais visibilidade e mais responsabilidade, e progredirá mais rápido.

Esteja preparado para demonstrar o seu valor. "Quando comecei, só havia um punhado de outros jovens", disse Amanda Healy, analista sênior de Marketing de Canal da CA Technologies. "Frequentemente me perguntavam se eu era uma estagiária, ou pior, seu estava visitando a minha mãe ou o meu pai no local de trabalho. Embora isso fosse inicialmente frustrante, aos poucos comecei a encarar a minha pouca idade como uma vantagem. Ao elaborar cuidadosamente os meus comentários, perguntas e sugestões de maneira a que refletissem o meu conhecimento da área e a minha maturidade como um todo, fui capaz de alterar as impressões iniciais dos outros. Além disso, como eu me vestia de uma maneira extremamente profissional, consegui demonstrar que, embora jovem, o meu comprometimento com o trabalho e o meu nível de habilidade eram maduros. Depois de algum tempo, comecei a notar que, nas grandes reuniões, quando eu levantava a mão para falar ou fazer uma pergunta, as pessoas pare-

---

* Sigla de *Chief Revenue Officer*. (N. dos T.)

ciam demonstrar interesse. Acho que todo mundo estava interessado no que a 'garota nova' tinha para dizer." Nada, como dizem, obtém mais sucesso do que o sucesso. Mostre o que você pode fazer e terá mais pessoas interessadas em investir mais tempo e dinheiro em você.

Quase todas as empresas reconhecem que nem todo mundo tem as mesmas habilidades técnicas. "De um modo geral, a maior diferença que eu vi é o *know--how* técnico das pessoas que estão ingressando hoje na força de trabalho, que não raro é superior ao dos nossos funcionários atuais", afirma Marc Chini, vice--presidente de Recursos Humanos da GE. Se você conseguir se transformar em um recurso e ajudar outras pessoas a aprimorar as habilidades técnicas delas, elas ficarão em uma posição melhor para alcançar as metas delas. E depois que você as ajuda, elas quase sempre encontram uma maneira de ajudá-lo também. Se você não puder fazer alguma coisa acontecer ou se não tiver uma resposta, mesmo assim ainda poderá ser um recurso valioso se conseguir encontrar a pessoa certa. A pessoa que você encontrar ficará em dívida com você, e a pessoa cuja necessidade você satisfez verá que você sabe trabalhar em equipe. E tudo isso aumenta a sua visibilidade.

Identificando pessoas que podem apoiar a sua carreira

O seu primeiro passo na construção de relacionamentos estratégicos é identificar um ou mais mentores — pessoas que você acha que poderão ajudá-lo a chegar aonde você quer ir. Em algumas empresas, há um processo formal em que um mentor é atribuído aos jovens funcionários quando estes ingressam na firma. Eis como Paul Marchand, vice-presidente sênior de Aquisição de Talento Global da PepsiCo, descreve para mim o método de aconselhamento da sua companhia: "Temos um grupo de recursos chamado Conn3ct que se concentra em construir uma rede global de jovens profissionais dentro da PepsiCo e criar um ambiente animado e inspirador para a próxima geração de líderes da PepsiCo. É um veículo por meio do qual a voz dos membros da Geração Y é ouvida, a energia é canalizada e ideias são implementadas, possibilitando que os membros recebam uma exposição executiva crítica e aconselhamento já no início da carreira". O aconselhamento é uma maneira de você descobrir o que deveria estar fazendo agora, o torna mais ligado a executivos que tomam decisões e faz com que você aprenda bastante com pessoas que têm muita experiência anterior.

Lamentavelmente, nem todo local de trabalho é tão progressista. Steve Cadigan, por exemplo, vice-presidente de Talento na LinkedIn, mencionou a empresa de um ex-empregador, "onde há uma 'Fileira Executiva' — e você só vai até lá se tiver permissão". E isso é realmente lamentável, porque o aconselhamento paga alguns dividendos realmente significativos. Cinquenta e três por cento dos jovens trabalhadores no nosso estudo disseram que ter um sólido relacionamento de aconselhamento faria com que eles contribuíssem de uma maneira melhor e mais produtiva para a empresa, e 32% disseram que isso faria com que eles permanecessem mais tempo na companhia. Os gerentes foram ainda mais otimistas, com 62% declarando que isso reduziria a rotatividade de pessoal.

Se você tiver a sorte de trabalhar em um lugar que tenha um programa formal de aconselhamento, meus parabéns. Parabéns também são adequados se o seu empregador tiver uma estrutura mais *informal* que incentive os jovens funcionários e os gerentes a se relacionarem. No LinkedIn, por exemplo, há sessões regulares de "sente-se e aprenda", nas quais funcionários têm a oportunidade de conhecer executivos de todos os níveis. Mas quando você pensar em um mentor, precisa começar com uma sincera avaliação das habilidades ou da experiência das quais você carece. Se você não souber isso, não poderá de jeito nenhum identificar a pessoa certa.

Falando de um modo geral, os mentores são pessoas mais velhas na sua organização. Eles sabem para onde a empresa está indo, conhecem o sistema, e podem recorrer à própria experiência e sabedoria para lhe mostrar o que você deveria estar fazendo e quando. "Ele está realmente concentrado em me ajudar a construir a minha carreira, apontando para onde devo ir, imaginando o que eu gosto de fazer, para que eu possa participar desses projetos", comenta Kristin Gonzáles, uma jovem consultora de impostos e taxas da Deloitte. "Posso falar com ele a respeito de praticamente qualquer coisa. Se estou tendo problemas ao trabalhar com quaisquer gerentes, sócios, seniores ou outros funcionários, ou se há alguma coisa na qual eu realmente quero trabalhar e não estou trabalhando eu o procuro e posso dizer: 'Eu realmente quero participar desse projeto, você pode fazer alguma coisa para que isso aconteça?' Essa é a função dele, ele é mentor de carreiras."

Os mentores podem ter várias origens. Na verdade, o seu gerente será o seu mentor, no mínimo lhe fornecendo um *feedback* de boa qualidade sobre o que você está fazendo bem, não tão bem, e como você pode melhorar. O seu gerente também é a pessoa perfeita para apresentá-lo ao gerente dele, que também poderá vir a ser seu mentor. Se o seu gerente *não* o estiver aconselhando, ou parecer pouco interessado em você e no progresso da sua carreira, você precisa conseguir ser transferido para outro departamento ou equipe, ou começar a pensar em arranjar logo outro emprego.

Você também pode procurar um gerente ou executivo de outros departamentos dentro da sua empresa — por exemplo, de um departamento para o qual você tenha interesse em ser transferido. Nesse caso, o seu mentor poderia ajudá-lo a obter as habilidades de que você precisa para fazer a transição.

Finalmente, identifique pessoas fora da sua empresa que você admire e em quem você confie. Esses mentores poderão lhe fornecer uma visão mais abrangente e menos tendenciosa do setor do que a que você provavelmente receberá de dentro da empresa. Os mentores dessa categoria podem ser blogueiros proeminentes do setor, executivos sobre os quais você ouviu falar em uma conferência, e assim por diante. Falaremos mais adiante a respeito de como você pode tentar se comunicar com essas pessoas.

O aconselhamento não é uma via de mão única

Quando a maioria das pessoas fala a respeito de aconselhamento, elas geralmente estão pensando em uma pessoa mais velha tomando uma mais nova sob a sua proteção. E embora isso seja importante, muitas pessoas negligenciam o valor do aconselhamento inverso — no qual você, a pessoa mais jovem, ajuda uma mais velha. Uma situação clássica de aconselhamento inverso ocorre quando a pessoa mais jovem ajuda a mais velha com a mídia social ou novas tecnologias. Por que você desejaria ser um mentor reverso? Porque é bom para a sua carreira.

O aconselhamento diz respeito a construir relacionamentos com pessoas que podem ajudá-lo. O tempo que você passa ensinando a um executivo mais velho como postar no blog da empresa e ao mesmo tempo enviar um tweet decididamente está ajudando esse executivo a adquirir novas habilidades. Ao mesmo tempo, você provavelmente estará aprendendo mais a respeito da visão e direção da empresa, e de como você poderia se encaixar em vários níveis. Você também estará aumentando a sua visibilidade e obtendo acesso a alguém que ocupa um cargo mais elevado na sua organização, alguém que talvez seja capaz de guiá-lo na sua carreira e ajudá-lo a fazer boas escolhas enquanto você sobe, alguém que irá ajudá-lo diretamente ou usará os contatos dele para abrir portas em outras áreas.

Há mais uma peça importante no enigma do aconselhamento que a maioria das pessoas esquece. O aconselhamento é um relacionamento contínuo, e é essencial que você mantenha o seu mentor em dia com o que está fazendo. O seu mentor poderá ter uma posição bastante elevada na organização, mas é bem provável que ele ainda tenha um chefe. E tudo o que você fizer — os resultados que você alcançar, as promoções que você receber — se refletirão no seu mentor. Se você fizer com que o seu mentor cause uma boa impressão, ele continuará a ajudá-lo. Se você desapontá-lo, poderá dar consigo desprovido de um poderoso defensor.

Embora você possa decididamente aprender muito com os funcionários mais velhos, o fluxo de informação não corre em uma única direção. Embora muitos dos *Baby Boomers* e dos membros da Geração X sejam tão versados em tecnologia quanto você, muitos outros não são. Assim sendo, ajude-os a aprender a permanecer atualizados com a mídia social tradicional e as plataformas tecnológicas (Facebook, LinkedIn, Twitter etc.) e a usar as novas ferramentas da mídia social que afloraram nos últimos vinte minutos. A sua ênfase deverá ser em usar a tecnologia para os negócios e a carreira, mas se alguém lhe pedir para ajudar a configurar contas pessoais, vá em frente (desde que você faça isso no seu tempo livre). "Digamos que você esteja trabalhando com um chefe que, no mínimo, não seja tão versado quanto você. Que maneira e oportunidade excelentes de mostrar a ele uma habilidade que você tem e expô-lo a uma coisa da qual você realmente gosta e ensiná-lo alguma coisa ao mesmo tempo", diz Eden Pontz, um produtor executivo da CNN. É claro que nem todo mundo simplesmente o abordará e pedirá a sua ajuda, o que significa que você talvez tenha que dar o primeiro passo. Pontz sugere uma abordagem desse tipo: "Depois de identificar algumas pessoas no escritório que você percebeu que não estão usando plenamente a mídia social, você oferece os seus serviços, dizendo: 'Eu realmente gosto de fazer isso, de modo que não deixe de me avisar se você tiver qualquer dúvida; terei prazer em ajudá-lo no que for possível'". Em outras palavras, conheça o seu valor, o que você pode fazer e em que você é competente. Encontre situações nas quais poderá oferecer às pessoas o que elas precisam, e você será visto como um recurso proveitoso e valioso. Esse é o tipo de coisa que faz com que as pessoas sejam promovidas.

Como discutimos, as antigas gerações não raro encaram a mudança de emprego como algo negativo ou desleal. No entanto, no mercado de hoje, as pessoas mais bem-sucedidas são aquelas que têm múltiplas experiências de empregos em várias companhias.

Embora não haja nenhuma dúvida de que os *Baby Boomers* e os membros da Geração X inovaram muito e assumiram muitos riscos, as gerações mais jovens são, em média, ainda mais inovadoras e empreendedoras. No seu caso, você está menos interessado em hierarquias corporativas e mais empenhado em fazer coisas que são novas ou interessantes. Lembre-se de que empreendedorismo nem sempre significa criar uma nova empresa. Frequentemente, há muitas oportunidades para você inovar e ser criativo dentro da empresa em que você trabalha.

Finalmente, como muitos *Baby Boomers* colocaram o trabalho em primeiro lugar durante a maior parte da carreira, ou até mesmo durante toda ela, eles podem precisar de alguma ajuda para equilibrar o trabalho, a família, os amigos e a comunidade. Desse modo, leve alguns deles para tomar um drinque depois do trabalho. Você poderá se beneficiar das histórias que eles lhe contarem, e eles poderão ser favorecidos ao ser sutilmente lembrados de que todo mundo precisa ter uma vida.

Teste rápido: você sabe que se encaixa no estereótipo da Geração Y quando...

- Fica mais tempo na sala do seu gerente do que no seu cubículo.
- Abandonou recentemente a cadeia de comando para promover uma ideia para um executivo em vez de se dirigir ao seu chefe.
- Na hora do almoço, você divaga pensando em se sentar na cadeira do CEO.
- Usa fones de ouvido e ouve música altíssima, torcendo e rezando para que ninguém o incomode.
- Arranja desculpas para trabalhar em casa e frequentemente acaba tirando o dia de folga.
- Espera que os gerentes entoem louvores aos seus méritos.
- Usa o seu computador no trabalho para enviar mensagens instantâneas para os seus amigos a respeito dos planos para a noite.
- Começa a pensar em abrir a sua própria empresa porque a sua "simplesmente não entende das coisas".
- Pergunta a si mesmo por que ainda não foi promovido.

Como entender as necessidades das gerações a fim de ser notado

Construir relacionamentos com pessoas das gerações mais velhas é fundamental para o seu progresso, e a melhor maneira de fazer isso é compreendendo-as. Dominar a arte de trabalhar e construir relacionamentos com pessoas de outras gerações (e com isso eu estou efetivamente querendo dizer "pessoas das gerações mais velhas") é crucial para que você desenvolva a sua carreira e progrida no trabalho, no mínimo porque são elas que decidem quem recebe os aumentos e os cargos. Tudo se reduz ao que eu chamo de mentalidade do local de trabalho.

Isso significa que, independentemente da sua idade ou função, você e as pessoas com quem você trabalha, e para quem você trabalha, podem aprender umas com as outras." As gerações mais jovens não têm todas as respostas, e as gerações mais velhas tampouco as têm", afirma Kathy Mandato, vice-presidente sênior de RH da NBC Entertainment. "Todos podemos aprender uns com os outros — e precisamos apenas estar realmente abertos para isso."

Valorize a sabedoria e a experiência que os membros das gerações mais velhas oferecem. Mas não deixe de mostrar a eles o que você tem a oferecer e o valor que você adiciona à sua empresa. Dessa maneira, vocês podem se unir com base em valores e interesses compartilhados. Um número excessivo de jovens profissionais não se dá ao trabalho de tentar entender as diferenças entre as gerações e caem em armadilhas, como escolher a forma de comunicação (você deveria usar o telefone em vez de enviar uma mensagem de texto, por exemplo). Se você quer progredir e construir uma carreira de sucesso, precisa prestar atenção a essas diferenças e tê-las em mente ao se deparar com as diferentes gerações no trabalho.

Ao mesmo tempo, independentemente da geração, a função de todo mundo é tornar a empresa mais bem-sucedida. Ao entender como as gerações mais velhas atuam no local de trabalho, você poderá satisfazer melhor as necessidades delas e formar relacionamentos mais sólidos. Cabe a você descobrir quais são as metas da corporação e descobrir como você vai adicionar valor. Também cabe a você manter razoáveis as suas expectativas. Por exemplo, independentemente do que qualquer pessoa lhe diga, não existe essa coisa chamada emprego ideal — sempre haverá aspectos da sua função que não lhe agradarão ou dos quais você nem mesmo gostará. Haverá responsabilidades que você terá que dominar antes de poder subir na empresa. E não comece a trabalhar achando que irá ganhar um elevado salário inicial. Você terá que merecê-lo. O mesmo se aplica às promoções. Outra coisa: se você quiser ser respeitado, também terá que merecer isso — demonstrando respeito pelos outros.

8

Construa a sua rede de contatos no trabalho e fora dele

A moeda corrente do verdadeiro networking não é a ganância e sim a generosidade.

— KEITH FERRAZZI,
autor de *Never Eat Alone.*

No setor imobiliário, dizem que o segredo do sucesso é "localização, localização, localização". Nos negócios, são os "relacionamentos, relacionamentos, relacionamentos". As pessoas que você conhece e a maneira como elas o percebem determinará o seu trajeto em direção ao topo. Isso significa que você terá que começar a olhar para os relacionamentos profissionais de uma maneira completamente nova. Por melhores que sejam as suas habilidades interpessoais, não basta interagir apenas com pessoas no seu departamento. Você precisa buscar estrategicamente relacionamentos que possam ajudá-lo a progredir.

O networking é a forma mais fácil de autopromoção, porque envolve formar relacionamentos com base em valores, metas e interesses compartilhados — o tipo de relacionamentos com os quais você poderá contar ao longo de toda a sua carreira. Em decorrência disso, outras pessoas tomarão conhecimento dos seus talentos de uma maneira que não dará a impressão de que você está se autopromovendo.

Onde quer que você esteja, há oportunidades para o networking. De muitas maneiras, fazer networking é simplesmente conhecer pessoas novas e permutar valores. No início, tudo diz respeito à generosidade: quanto mais você dá, mais pessoas desejarão se relacionar com você. Se você ajudar os outros a alcançar as metas deles, eles (geralmente) o ajudarão a alcançar as suas. Não se preocupe se a outra pessoa com quem você estiver fazendo networking não estiver em posição de ajudá-lo. As pessoas mudam tanto de emprego hoje em dia que nunca se sabe de onde poderá vir a ajuda. No trabalho, o networking em geral acontece por meio de projetos. O fato de você trabalhar em vários projetos diferentes — especialmente aqueles que chamam atenção e são interfuncionais — expandirá a sua rede de contatos de uma maneira natural. Mas não pare aí. Faça networking fora do trabalho também. Quanto maior o número de pessoas com quem você se relacionar, mais visível você ficará e mais fácil será conhecer novas pessoas. As pessoas o apresentarão a outras e a sua rede de contatos crescerá naturalmente, o que abrirá mais portas e possibilitará que você se promova mais rápido do que pode imaginar.

As cinco regras da construção de relacionamentos

Construir relacionamentos de negócios é, de certa maneira, mais ou menos como namorar. Apresento a seguir cinco regras que você precisa seguir à risca se quiser que o seu relacionamento seja bem-sucedido (e sim, você pode usar essas regras também na sua vida amorosa):

1. **Mirar.** Você pode ter 2 mil fãs no Facebook, quinhentos contatos no LinkedIn e trezentos seguidores no Twitter, mas quantas dessas pessoas podem efetivamente ajudá-lo a progredir na sua carreira? Você precisa ser específico com relação às pessoas com quem você constrói relacionamentos. No mínimo, vocês devem ter alguma coisa em comum, compartilhar alguns interesses ou, pelo menos, você deve respeitar e admirar as realizações profissionais do seu "alvo".

   Pense a respeito da regra 80/20 nos negócios. Estes extraem 80% das suas receitas de 20% dos seus clientes. Isso é semelhante a construir relacionamentos. Nem todo mundo se encontra em situação de poder apoiar a sua carreira, e haverá algumas pessoas que simplesmente não gostam de você ou com as quais você não tem nada em comum. Você obviamente não é capaz de investir a mesma quantidade de tempo e energia em cada relacionamento, de modo que deve procurar se concentrar nas pessoas com quem pode entrar em sintonia de imediato e cuja companhia você aprecia. Caso contrário, você estará se dispersando.

2. **Mutualismo.** As pessoas que você quiser conhecer precisam extrair do relacionamento pelo menos tanto quanto você. Se elas receberem menos, sentirão que estão sendo enganadas e ficarão muito menos propensas a lhe oferecer ajuda no futuro. Se você criar uma situação de ganho mútuo, terá lugar um relacionamento em vez de um contato casual.

3. **Doe.** O truque do networking é se estender — com sinceridade — para ajudar outras pessoas sem pedir nada em troca. Quando você faz isso, as pessoas naturalmente têm vontade de ajudá-lo. Esta é uma estratégia que muitas das pessoas de maior sucesso on-line usaram para formar o seu grupo de adeptos: elas dão às pessoas conteúdo e recursos gratuitos *antes* de pedirem alguma coisa. Anos atrás, entrei em contato com uma jornalista do *New York Times*. Ao vir ao telefone, ela estava preparada para que eu lhe pedisse que me citasse em um artigo. Os jornalistas se sentem constantemente usados pelas pessoas que estão atrás de divulgação gratuita. No entanto, em vez de pedir apoio promocional, perguntei como eu poderia ajudá-la em um artigo que eu sabia que ela estava escrevendo. A jornalista ficou atordoada com a minha atitude. Hoje, temos um bom relacionamento, e ela está sempre mais do que disposta a me apoiar.

4. **Seja autêntico.** Não diga alguma coisa se você não estiver sendo sincero. Você pode achar que está enganando uma pessoa, mas com o tempo ela descobrirá a verdade.

5. **Restabelecendo a relação.** Construir um relacionamento é uma coisa. Mantê-lo é outra. Não raro recebo um e-mail ou convites do LinkedIn de pessoas que conheci quando cursava o ensino médio mas de quem eu não tenho notícias há quinze anos. Às vezes, o e-mail ou convite tem apenas a intenção de restabelecer o contato. Outras vezes é para pedir um favor. Quinze anos depois? Sem essa! Permanecer em contato significa tirar proveito da política de porta aberta do seu chefe para entrar na sala dele e dizer olá, almoçar com colegas mais ou menos uma vez por mês, e no mínimo, enviar e-mails, telefonar ou enviar mensagens de texto. A sua meta é se manter em primeiro plano ou perto disso. Outra maneira de permanecer em contato com pessoas com quem você trabalha ou costumava trabalhar é pedir a elas recomendações no LinkedIn. Mas só faça isso *depois* de ter mudado de emprego. Se você pedir uma recomendação enquanto estiver empregado, elas poderão achar que você a pediu porque está se preparando para seguir em frente. Não faz sentido fornecer esse tipo de informação enquanto você não estiver completamente pronto.

Amigos no local de trabalho

Tipicamente, você não pensa nos seus amigos como mentores. No entanto, ter amigos no trabalho pode ser incrivelmente valioso para a sua carreira — e para outras coisas. Uma das razões é que além de apoiar uns aos outros, você e os seus amigos podem ser mais abertos (e, em muitos casos, mais sinceros) uns com os outros do que em um relacionamento entre mentor e tutelado. Além disso, um estudo do Gallup constatou que as pessoas que têm bons amigos no trabalho estão sete vezes mais propensas a se sentirem comprometidas com o trabalho do que aquelas que não têm amigos. O estudo também descobriu que as pessoas que têm três amigos apresentam uma probabilidade 96% mais elevada de se sentir satisfeitas com a vida do que aquelas que têm menos amigos no trabalho.

Há outro motivo pelo qual você deve manter relacionamentos no local de trabalho: o mundo está se tornando menor a cada minuto — os especialistas dizem que, com o networking social, há agora apenas quatro graus de separação entre você e praticamente qualquer outra pessoa no planeta. Você poderia acabar sendo gerente de um amigo ou sendo dirigido por ele, ou um amigo virtual poderia se tornar um colega de trabalho em carne e osso.

Dicas para o networking

Por mais fácil que pareça — apenas saia por aí e conheça algumas pessoas — descobri que fazer networking na verdade não é tão intuitivo assim. Portanto, eis algumas dicas que reuni e que devem tornar um pouco mais fácil o que pode, às vezes, ser uma tarefa bastante intimidante:

- **Escute com atenção.** Isso pode parecer dolorosamente óbvio, mas é o passo mais importante.

- **Interesse-se genuinamente pelos outros.** Perguntas que você deve fazer em qualquer ocasião que estiver fazendo um bom contato de negócios: em que projetos você está trabalhando atualmente? Onde você cursou a faculdade? Há quanto tempo você está aqui? Este é o seu primeiro emprego depois da faculdade? O que você mais gosta a respeito da organização? Como você ingressou na área? Coisas que você deve guardar na memória quando conhecer alguém (faça anotações, se precisar): nome (você ficaria surpreso se soubesse quantas pessoas se esquecem dessa recomendação), cargo na empresa, local de trabalho, projeto em que a pessoa está trabalhando e alguma coisa pessoal (mas não pessoal demais). Lembrar-se do aniversário de um gerente ou do nome dos filhos dele envia a poderosa mensagem de que você se importa e que está prestando atenção.

- **Faça networking em toda parte, não apenas no trabalho.** Para a maioria das pessoas, os lugares mais fáceis para fazer networking são também os mais relaxantes e menos estruturados: reuniões informais, encontros casuais e até mesmo eventos informais de networking. Para Natalie Nauman, assistente de produção da ESPN, as oportunidades para fazer networking estão em toda parte. "Procuro fazer networking diariamente, na academia, na lanchonete, no barzinho, porque você nunca se sabe quando vai conhecer uma pessoa que poderá um dia ajudá-lo a progredir na sua carreira. Faço networking simplesmente dizendo olá, iniciando um bate-papo descontraído e, em geral, com o tempo, você acaba conhecendo a pessoa certa. Depois, quanto mais você vir essa pessoa, mais coisas você passa a saber sobre ela, e é assim que se forma uma relação."

- **Seja proativo.** Se você ficar esperando que pessoas interessantes (e que potencialmente poderão ser úteis) tomem a iniciativa e se apresentem a você, poderá ficar esperando um longo tempo. Por conseguinte, seja um pouco agressivo: "Todos sabemos que o networking é crucial para o desenvolvimento da carreira, mas, para a Geração Y, a coisa mais importante a ser lembrada é que embora os membros da alta direção possam parecer intimidantes, eles também são pessoas", diz Alison Kubinski, na ocasião auditora sênior da Ernst & Young. "Eles querem ajudar as gerações mais jovens a crescer e ser bem-sucedidas — mas você precisa estar disposto a pedir o que você quer."

- **Concentre-se primeiro na sua rede de contatos atual.** A maioria do pessoal de marketing e de vendas lhe dirá que custa muito menos desenvolver novos negócios a partir de clientes já existentes do que encontrar novos clientes. O mesmo se aplica ao networking. Será muito mais fácil fortalecer e aprofundar a rede de contatos que você tem agora do que construir uma nova a partir do zero.

- **Use os seus contatos atuais para ajudá-lo a expandir o seu networking.** Adicione novos contatos às suas redes sociais. Mas seja conservador. Adicionar alguém ao LinkedIn é bastante seguro. Mas pense com bastante cuidado antes de ficar amigo de alguém no Facebook ou seguir essa pessoa no Twitter.

- **Use interesses ou ambientes comuns para iniciar conversas.** É bem mais fácil formar um elo com pessoas quando vocês têm alguma coisa em comum, seja trabalhar no mesmo departamento, ter frequentado a mesma faculdade ou até mesmo costumar comer no mesmo restaurante ou torcer pelos mesmos times esportivos.

- **Não seja esnobe.** Sem dúvida seria ótimo ter relações amigáveis com todos os principais executivos, mas isso nem sempre é possível. "Você nunca sabe quem conhece quem. E aquele administrador ou analista que você conheceu pode ter a atenção de alguém bem mais acima na hierarquia competitiva que poderá ajudá-lo", disse-me Dan Guyton, gerente de análise corporativa da TJX. "Os administradores são fundamentais, especialmente nas grandes empresas. Eles são os guardiães das pessoas com quem você quer falar."

- **Torne-se um elo de ligação.** Se você não é capaz de ajudar alguém mas conhece uma terceira pessoa que pode fazer isso, faça a apresentação. Se elas acabarem se beneficiando mutuamente, você parecerá um herói.

Como NÃO *fazer networking*

Ao longo dos anos em que venho dando consultoria sobre problemas no local de trabalho, ouvi centenas de histórias de tentativas bem-intencionadas de fazer networking darem muito, muito errado. Eis algumas das valiosas lições que os meus clientes aprenderam da maneira mais difícil.

Para começar, não seja dissimulado com relação às suas intenções. Se você der a impressão de estar sendo falso ou insincero, as pessoas o excluirão. Não peça muito sem dar nada em troca. Não faça com que um encontro de networking pareça uma transação comercial (farei isso para você se você fizer isso para mim...), e por favor não distribua cartões de visita para todos os que estiverem presentes na sala. Tentar conhecer todo mundo garantirá que você não é capaz de passar tempo suficiente com alguém para efetivamente chegar a conhecer quem é a pessoa. Desse modo, concentre-se em uma ou duas que pareçam mais promissoras.

Uma vez que você começar a formar vínculos, tome cuidado para não avançar demais com excessiva rapidez (isto está novamente parecendo aconselhamento de namoro?). Isso significa que você nunca deve falar mal do seu empregador ou espalhar fofocas do escritório. O mundo hoje em dia é um lugar pequeno, e existe uma boa chance de que qualquer coisa negativa que você diga rume diretamente para as pessoas que você mais desejaria que não tivessem ouvido nada. Também é importante esperar desenvolver uma amizade genuína com alguém antes de começar a se abrir e revelar os seus segredos mais profundos e sombrios. Um excesso de informações pessoais cedo demais pode deixar as pessoas pouco à vontade — especialmente se elas não se sentirem próximas de você o bastante para fazer a mesma coisa.

Finalmente, deixe o celular no bolso. Nada de enviar mensagens de texto, nada de checar o e-mail. Nem mesmo atenda o telefone, a não ser que a sua mulher esteja em trabalho de parto.

Como lidar com adversários

Muito poucas pessoas pensam a respeito de como lidariam com um colega de trabalho que estivesse tão concentrado na própria carreira que não achasse nada de mais sabotar os seus colegas de equipe se isso significasse que ele iria obter uma promoção ou mais reconhecimento. Espero que isso nunca aconteça a você, mas, por via das dúvidas, é bom estar preparado.

Siga sempre o caminho mais ético e nunca ceda à tentação de retaliar. Se possível, pergunte à outra pessoa qual é o problema e se por acaso você fez alguma coisa que a tenha ofendido. Se você tiver feito, peça desculpas. Se o problema continuar, diga à outra pessoa que você percebe o que está acontecendo e que você quer encontrar uma maneira de vocês trabalharem juntos de uma forma menos antagônica.

Também é importante — na medida do possível — não dar atenção à negatividade. Em vez disso, cerque-se de amigos e aliados, e faça o possível para trazer mais pessoas para o seu lado. Se tudo isso falhar, você terá que conversar com o seu chefe a respeito do que está acontecendo e pedir a ajuda dele para resolver a questão.

Usando projetos para desenvolver relacionamentos em toda a empresa

Como já discutimos, trabalhar em projetos é uma excelente maneira de fortalecer relacionamentos com os seus colegas de equipe. Além disso, como os projetos frequentemente envolvem mais de uma equipe, eles são uma ótima maneira de conhecer pessoas novas, aprender novas habilidades e obter uma valiosa visibilidade fora da sua equipe. Desse modo, fique de olhos abertos para as oportunidade de trabalhar em projetos — especialmente os que forem interfuncionais, ou seja, que envolvam dois ou mais departamentos. Por exemplo, Operações e Marketing, ou RH e Contabilidade.

Use as redes sociais internas ou a intranet da sua empresa para encontrar projetos. O ideal é que você participe daqueles que tenham um sólido respaldo executivo, porque eles lhe darão muita visibilidade. No entanto, por você ser uma pessoa sem muita experiência, isso nem sempre será possível. Portanto, fique também de olho em projetos dos quais outras pessoas não desejem participar ou nos quais tenham fracassado.

Antes de mergulhar de cabeça em um projeto que esteja fora das suas responsabilidades regulares no trabalho, não deixe de pedir o consentimento do seu gerente. Se você não estiver fazendo aquilo que está sendo pago para fazer, ele não o apoiará na sua tentativa de se aventurar em outras áreas.

Em cada passo que você der ao longo do caminho, certifique-se de que sabe trabalhar em equipe e que o seu desempenho é excepcional. Se você fizer com que outras pessoas tenham uma boa imagem ao ajudá-las a alcançar as metas delas, há uma boa probabilidade de que elas o convidem para trabalhar em projetos mais importantes. É sempre mais fácil se comunicar com pessoas com quem você trabalhou antes, de modo que quanto maior o número de projetos nos quais você trabalhar, maior as possibilidades de networking.

Envolva-se com atividades fora do escritório

Você se lembra do velho local de trabalho com horário determinado? Se você se lembra, desfrute essa lembrança, porque não existe mais algo como um emprego com horário fixo. Sem dúvida, você pode estar fisicamente no escritório apenas durante um período de tempo por dia, mas a linha divisória entre a sua vida pessoal e a sua vida profissional praticamente desapareceu. Isso significa que não basta brilhar apenas no escritório. Se você quiser progredir na sua carreira, terá que usar também o seu tempo fora do escritório.

A má notícia a respeito da linha indistinta entre a sua vida privada e a sua vida profissional é que você está debaixo do microscópio 24/7. Você não tem onde se esconder, de modo que precisa estar constantemente consciente da sua imagem e de como está sendo percebido pelos outros. Um comentário maldoso a respeito do seu chefe, beber um pouco demais quando você sair com amigos, ser rude com o barista do Starbucks ou o rompimento desagradável de um relacionamento romântico com um colega de trabalho poderá vir a atormentá-lo no trabalho. Mas também há uma boa notícia. Você agora tem centenas de oportunidades para construir a sua marca, expandir a sua rede de contatos e desenvolver relacionamentos com pessoas que podem ajudá-lo a progredir na sua carreira.

Tenha em mente que nem toda atividade que você pratica fora do trabalho precisa ser significativa. Às vezes, existem pessoas com as quais você não parece estar em sintonia no trabalho mas com quem poderia estar em um nível mais pessoal. As atividades fora do trabalho podem reduzir a distância entre o profissional e o pessoal. Por exemplo, jogar no time de futebol da empresa ou servir comida em um abrigo para os sem-teto ao lado de pessoas de outros departamentos poderia possibilitar que você enxergasse o outro lado delas — e lhe mostrar que vocês têm mais em comum do que você imaginava.

Eu sei que isso pode parecer muito trabalhoso, mas é bastante provável que você já esteja fazendo coisas desse tipo. Pense sobre a época em que você se candidatou a uma vaga na faculdade. De fato, você precisava ter tido boas notas no ensino médio e nas provas de seleção, bem como algumas recomendações entusiásticas de professores. No entanto, para ser um candidato especialmente interessante, você precisou mencionar os clubes que frequentava, o trabalho que fazia na sua comunidade e muitas outras coisas que você fazia fora das aulas do ensino médio. Aconteceu a mesma coisa quando você preparou o currículo para conseguir o emprego que tem agora. Você descreveu as suas realizações acadêmicas e qualquer experiência profissional que pudesse ter. Entretanto, é extremamente provável que você também tenha incluído algumas linhas a respeito dos grupos sociais ou profissionais dos quais você fazia parte e, talvez, até mesmo sobre os seus *hobbies* e interesses.

Muitos jovens têm um interesse especial na justiça social ou em projetos beneficentes. O que é importante para você? A economia? A educação? O aquecimento global? Os direitos dos animais? Não importa o que seja, é decididamente possível salvar o mundo e progredir. Em outras palavras, fazer coisas que causem um impacto positivo no mundo e ao mesmo tempo favoreçam a sua imagem. Quando se interessa por outras coisas além do trabalho, você se torna uma pessoa mais interessante.

Por que fazer isso?

Existe uma série de razões realmente boas para você se envolver em atividades extracurriculares:

- **Você se torna uma pessoa equilibrada.** E isso nunca é ruim.

- **Você se torna uma pessoa mais feliz.** Quem não desejaria um pouco mais de felicidade na vida?

- **Ajuda-o a construir a sua rede de contatos.** Estar envolvido em atividades extracurriculares o ajuda a conhecer mais pessoas. "Faço parte do Full Circle Fund, um grupo que ajuda os empreendedores sociais. Eu já estava envolvido com elas havia dois anos, esforçando-me para melhorar o sistema educacional e fazendo contatos", diz Aaron McDaniel, diretor sênior de Estratégia Global e Desenvolvimento de Negócios da AT&T. "E no trabalho eu fazia parte de uma equipe que estava encarregada de desenvolver a estratégia de mercado de educação da nossa firma. Os relacionamentos e as informações me ajudaram imensamente."

- **Pode aumentar a sua visibilidade no trabalho.** "Comecei me oferecendo como voluntário para a Worldwide Employee Benefits Network (WEB) enquanto procurava emprego", me disse Carrie Hirst, coordenadora de Marketing Regional da Allstate. "Agora estou no comitê de gestão daquela organização. O meu envolvimento com a WEB me ajudou a sobressair no emprego. Ele também me confere alguma credibilidade quando entro em contato com profissionais mais experientes no meu setor." Um recente levantamento da CNNMoney confirma a experiência de Carrie quando constatou que os trabalhadores que ajudam outros a organizar atividades sociais e que se esforçam para fazer amizade com os seus colegas de trabalho têm uma chance 40% maior de ser promovidos.

- **Poderá ajudá-lo quando você estiver querendo mudar de emprego.** (Ou ajudá-lo a conseguir um se algum dia você estiver desempregado.) Foi exatamente isso que aconteceu com Shane Dunn, diretor assistente de Empenho dos Alunos, Relações com Ex-alunos e Doações Anuais da Escola de Administração Sloan do MIT. "Atuei no Comitê de Operações do Conselho para a Promoção e o Apoio da Educação [Case] — a organização profissional que apoia e promove o trabalho de arrecadadores de recursos educacionais e relações profissionais com os ex-alunos. Durante os três dias da conferência, gastei um tempo considerável travando conhecimento com os outros membros voluntários do comitê — afinal de contas, as relações com os ex-alunos e a arrecadação de recursos estão no 'negócio de relacionamento', de modo que é natural fazer isso. Seis meses depois, uma mulher que atuou no Comitê de Operações comigo, e que se tornara diretora de Empenho dos Alunos, Relações com Ex-alunos e Doações Anuais da Escola de Administração Sloan do MIT, me telefonou. Ela me disse que havia criado recentemente uma nova função no escritório e gostaria que eu aceitasse o cargo. Ela pediu que eu fizesse uma entrevista com a equipe dela, o que eu acabei fazendo. Sem ter à mão uma proposta formal, ela me ofereceu o emprego de imediato."

- **Irá ajudá-lo a desenvolver novas habilidades que poderão auxiliá-lo a fazer melhor o seu trabalho.** Susan Gambardella, vice-presidente da Equipe de Contas Globais da Coca-Cola, me contou a seguinte história. "Eu tinha uma jovem funcionária que passava os seus dias de férias fazendo trabalho voluntário em uma prisão de alta segurança aconselhando os reclusos sobre como desenvolver planos de carreira e planos de negócios para quando fossem soltos. Em decorrência dessas experiências com vários criminosos, essa jovem não tem medo de nenhum cliente e é eficiente em muitas negociações difíceis."

- **Faz com que você pense a respeito das coisas de uma maneira diferente.** Não raro eu me dou conta de que tenho as minhas melhores ideias profissionais no meio das férias (ou até mesmo quando estou tomando banho), quando a minha mente está o mais longe possível do trabalho. Estou certo de que você já teve essa experiência. Dar um descanso do trabalho ao cérebro poderá muito bem ajudá-lo a inventar novas ideias a respeito de como você pode ser notado e progredir quando finalmente voltar para o escritório.

- **Pode possibilitar que você perceba outras maneiras de usar os seus pontos fortes no trabalho.** Eis como Rachel Handler, uma jovem editora do Groupon, me descreveu isso. "De vez em quando eu trabalho como voluntária para a 826CHI,* ajudando crianças e adolescentes da cidade a melhorar as suas habilidades de redação. Trabalhar com crianças e tentar explicar os princípios da redação para elas possibilita que eu olhe para as palavras com olhos diferentes — depois que eu passo algum tempo com elas, eu me sinto um pouco mais criativa e mais em sintonia com a maneira como escrevo."

- **É simplesmente revigorante.** Dar a si mesmo oportunidades de brilhar (ou de fazer alguma coisa significativa) fora do escritório fará com que você se sinta melhor a respeito de si mesmo. E essa sensação de confiança quase sempre o acompanha ao trabalho.

---

* A 826 National é uma organização sem fins lucrativos que se dedica a ajudar estudantes, com idade entre 6 e 18 anos, oferecendo aulas de redação descritiva e criativa em oito cidades americanas. 826CHI é o escritório de Chicago. (N. dos T.)

Como encontrar atividades fora do escritório

Os melhores funcionários (e com "melhores" estou me referindo aos que têm uma probabilidade maior de serem promovidos e avançar na carreira) são muito estratégicos nas maneiras como usam o seu tempo fora do escritório. Vamos falar a respeito de como isso funciona.

O lugar mais fácil de começar é com atividades profissionais, relacionadas com a empresa ou com o setor, que tenham lugar fora do escritório. Você poderia ter aulas e desenvolver as habilidades interpessoais e técnicas do modo que discutimos nos capítulos anteriores. Estar com pessoas com interesses semelhantes é uma excelente maneira de construir a sua rede de contatos. O mesmo é válido com relação a frequentar conferências. O período depois dos discursos programáticos ou entre as sessões temáticas pode ser inestimável. Todas as pessoas presentes têm algo em comum com você, e esse é um excelente ponto de partida. Pense na possibilidade de se tornar membro do grupo que tenha organizado a conferência (se você estiver na área de marketing, por exemplo, poderia ser a American Marketing Association). Depois, com o tempo, aumente aos poucos o seu nível de envolvimento. Ofereça-se como voluntário para trabalhar em um subcomitê, ingresse no grupo de planejamento e talvez até mesmo concorra a um cargo no conselho. Converso com muitos gerentes e executivos e garanto a você que eles reparam nos funcionários que demonstram esse tipo de interesse pela profissão. "Os grupos profissionais de networking que estão diretamente relacionados com a nossa profissão representam uma excelente maneira de os funcionários expandirem o seu conhecimento e habilidades e obterem uma vantagem no local de trabalho", declara Travis Kessel, vice-presidente de Recrutamento da Edelman Digital.

Há outras atividades relacionadas com o trabalho às quais você pode se dedicar no seu tempo livre. Você poderia, por exemplo, começar um blog relacionado com o seu setor, colocar alguns posts excelentes em outros blogs ou se tornar um membro ativo de fóruns do setor. Você também poderia escrever artigos para o jornal da sua cidade ou para revistas relevantes da sua área de atividade. E você poderia ainda buscar oportunidades para dar palestras. Você poderia começar falando na universidade onde se formou a respeito da sua empresa ou do seu emprego. Quando você se sentir mais à vontade, pode se inscrever para falar em conferências do setor ou até mesmo conduzir seminários. Desde que o que você esteja fazendo complemente o que faz no trabalho, o resultado final de tudo isso é que você estará construindo a sua marca e impulsionando a sua visibilidade dentro e fora da sua empresa.

Outra maneira fácil de construir o seu perfil fora do escritório é por intermédio de atividades sociais não relacionadas com o trabalho a que você se dedica com os seus colegas de trabalho. Poderia ser ingressando no time de futebol da empresa, reunindo um grupo para ingressar em uma meia-maratona para arrecadar fundos para o tratamento da diabetes. Poderia também ser algo mais informal, como frequentar festas de aposentadoria ou de aniversário. Como as atividades desse tipo não raro atraem muitos gerentes, essa é uma excelente maneira de você ser notado.

Você também pode se dedicar a atividades filantrópicas por conta própria, tornando-se um Big Brother ou uma Big Sister,* oferecendo-se como voluntário para servir sopa aos pobres ou passando um fim de semana com o Habitat para a Humanidade construindo casas para os sem-teto da sua comunidade. Dedicar--se sozinho a atividades encerra uma pequena desvantagem: todo o excelente trabalho que você estiver fazendo poderá passar desapercebido. Isso significa que você talvez tenha que fazer um pouco de propaganda no escritório. Quando as pessoas estiverem no refeitório falando a respeito do que fizeram no fim de semana, você pode inserir alguma coisa sobre o que você fez. Mas tenha cuidado. É fundamental que, o que quer você faça, faça com sinceridade. Se as pessoas (especialmente os gerentes) tiverem a impressão de que você está se dedicando a alguma obra beneficente apenas porque quer subir na carreira, causará mais mal do que bem a si mesmo. Como diz o antigo ditado: "Integridade é o que você faz quando ninguém está olhando".

Está tendo dificuldade em encontrar a atividade certa?

Às vezes, encontrar as atividades certas pode representar um desafio. Você pode começar a busca perguntando ao seu gerente que tipos de oportunidades existem, quais são os melhores grupos, as melhores organizações nas quais você

---

* O autor está se referindo à organização americana Big Brothers Big Sisters, que ajuda a construir o futuro de crianças carentes. (N. dos T.)

pode se oferecer como voluntário e assim por diante. Não se esqueça de pedir um contato interno — é sempre mais fácil se envolver quando se conhece alguém. Você também pode conseguir muitas ideias ingressando em alguns grupos do LinkedIn e/ou em outros fóruns do setor. E quando você estiver on-line, faça uma busca:

- Para associações, visite Job-hunt.org/associations.shtml
- Para grupos filantrópicos, tente Foundationcenter.org/findfunders
- Para a oportunidade de trabalhar como voluntário, tente Volunteer-match.org
- Para eventos, tente Meetup.com, onde você pode procurar eventos praticamente em qualquer categoria imaginável. Em seguida, vá a alguns dos eventos. Outra grande fonte é o Eventbrite.com, onde você pode buscar eventos — locais, regionais ou a nível nacional — que sejam relevantes para o que você deseja fazer.

Quando um rifle é melhor do que uma escopeta

De acordo com Job-hunt.org, sete em cada dez pessoas pertencem a pelo menos uma organização. Isso é ótimo. No entanto, 25% das pessoas pertencem a quatro ou mais delas. Isso pode ser um problema. É melhor fazer bem algumas coisas do que mal uma porção delas.

A questão aqui é a percepção. As pessoas precisam ver que você se dedica completamente ao que está fazendo. E se estiver envolvido com trinta coisas diferentes, não poderá, de modo algum, fazer bem todas elas; aliás, não poderá fazer bem nenhuma delas.

Como maximizar os benefícios das atividades externas para a carreira

Mencionei anteriormente como a sinceridade é importante no envolvimento com atividades extracurriculares, especialmente as filantrópicas. Ao mesmo tempo, contudo, estamos falando a respeito de usar essas atividades para promover a sua carreira, de modo que é importante que você saiba como obter os maiores benefícios para a carreira a partir das coisas excelentes que você está fazendo.

Quando você ingressar em uma associação ou se envolver em uma causa beneficente, coloque isso no seu perfil do LinkedIn. Se for apropriado, ponha também na sua página do Facebook (sempre fico surpreso ao ver quantas pessoas negligenciam essa medida simples porém eficaz). No trabalho, compartilhe com os seus colegas de trabalho coisas que você aprendeu na sua atividade externa. Comentários do tipo: "Oh, estávamos exatamente falando a respeito disso ontem à noite na reunião da Widget Association", são uma maneira perfeitamente aceitável de você se autopromover que mostra que você está constantemente tentando aprender coisas novas a respeito da sua área e adiciona valor à sua equipe e à sua empresa.

Se você der uma palestra, grave-a e coloque-a no seu website, nas suas páginas da mídia social ou até mesmo no website da sua empresa. Faça o mesmo se tiver escrito um artigo ou um post particularmente significativo. Se possível, obtenha uma declaração da pessoa que lhe ofereceu a oportunidade de dar a palestra, de pessoas que ouviram a sua palestra ou que leram o artigo. Tudo isso mostra que você é respeitado na sua área e aumenta a sua visibilidade, a sua credibilidade e o seu valor para a empresa na qual você trabalha.

Fazendo networking para a vida

Faça sempre o seu networking antes que ele seja necessário. Se você esperar até precisar de alguns contatos de negócios, poderia levar semanas ou meses para formá-los. O networking, quer você o faça no trabalho ou fora do escritório, possibilita que você se adapte melhor, disponibiliza novas oportunidades, e o protege contra forças que você não pode controlar no trabalho. Quando você faz networking, reúne uma equipe de pessoas que poderão ajudá-lo a progredir mais rápido. Lembre-se, no entanto, de que tudo envolve o mutualismo. Se você adicionar valor, receberá em troca valor, mas nunca tome mais do que você dá. Não encare o networking como um fardo ou uma coisa que você precisa fazer temporariamente a fim de progredir. O networking é vida. Nunca pare de fazer networking, quer dentro do seu grupo básico, em outros departamentos, em eventos de networking, quando viajar e on-line por intermédio da mídia social. Seja seletivo para não desperdiçar o tempo de ninguém, e descubra como as suas habilidades ou contatos podem beneficiar outras pessoas, para que elas retribuam o favor e o ajudem a progredir na carreira.

É um mundo 24/7, e simplesmente porque as suas horas de trabalho terminaram não significa que você possa parar de aprender, de se desenvolver e de fazer novos contatos. Há centenas de oportunidades fora do local de trabalho das quais você pode tirar proveito e usar para fortalecer a sua marca. Escolha as atividades externas mais apropriadas, como ingressar em uma das associações do setor, que o ajudarão a alcançar as suas metas. Certifique-se de que as atividades a que se dedicar adicionam valor a você e ao seu empregador. Não tente se dedicar a um excesso de atividades ao mesmo tempo porque você ficará esgotado e não conseguirá se dedicar integralmente a cada uma. É melhor concentrar a sua energia em algumas que você consegue executar realmente bem do que em várias que você faz mais ou menos. Essas atividades o conscientizarão mais do que há por aí, o ajudarão a testar as suas habilidades em diferentes ambientes e lhe darão um sem-número de excelentes oportunidades de conhecer novas pessoas fora do seu trabalho do dia a dia.

O seu networking é o seu patrimônio líquido e o maior ativo da sua carreira. Ele vale mais do que o que você sabe, do que o título do seu cargo e até mesmo do que o seu salário. O que torna o networking uma ferramenta tão poderosa é a mesma coisa que torna as relações públicas mais eficazes do que a propaganda. Você pode falar o dia inteiro, mas a publicidade que você recebe quando outras pessoas falam com empolgação sobre você é inestimável. À medida que você progride na sua carreira, também deve expandir a sua rede de contatos. Uma rede de contatos sólida pode promovê-lo sem que você tenha que estar efetivamente presente na sala. Os seus contatos podem defendê-lo quando coisas negativas são ditas a seu respeito, e exaltar as suas qualidades para pessoas que podem abrir portas para você; além disso, em alguns casos, eles próprios podem até mesmo lhe abrir portas.

9

Transforme a sua paixão em um novo cargo

Escolha um trabalho que você ame e nunca terá que trabalhar um único dia em sua vida.

— Confúcio

As empresas estão sempre buscando maneiras de encontrar pessoas altamente talentosas e de manter os custos baixos. No entanto, devido à situação econômica atual, essas duas coisas não raro parecem ser mutuamente excludentes — em outras palavras, você pode ter funcionários altamente talentosos ou reduzir os custos, mas não ambos. Entretanto, um número crescente de empregadores inteligentes descobriu uma maneira de ter as duas coisas: fazer contratações dentro da empresa. Vou dar alguns exemplos rápidos.

Novelis, o maior fabricante do mundo de produtos de alumínio laminado, com 11.600 funcionários em onze países, costumava se apoiar em funcionários contratados externamente para preencher as suas necessidades de talento. No entanto, no decorrer dos dois últimos anos, 41% das suas novas contratações ocorreram dentro da empresa, a qual reduziu os seus custos de recrutamento em mais de 2 milhões de dólares durante esse período. O sistema de recrutamento interno da Booz Allen Hamilton, chamado "Inside First",* preencheu

---

* "Primeiro os de dentro." (N. dos T.)

30% das vagas da empresa com contratações internas em 2011 — um aumento de 10% com relação a 2010. A Enterprise Holdings fez aproximadamente 10 mil contratações internas no seu ano fiscal de 2012, que tinham sido de 8,7 mil no ano fiscal de 2011. Essas e muitas outras empresas estão mudando o foco de contratações externas para internas por quatro razões:

- **É mais barato.** Os custos de recrutamento caem, bem como os custos de viagem e deslocamento, os gastos com publicidade e com treinamento. As empresas gastam uma média de 8.676 dólares para contratar alguém internamente, porém despendem 15.008 dólares para fazer uma contratação externa — o que equivale quase ao dobro —, segundo o Relatório de Capital Humano do Saratoga Institute.

- **É mais rápido.** Tipicamente, preencher uma função com mão de obra externa pode levar de seis semanas a seis meses (ou mais tempo). No caso da contratação interna, o processo geralmente leva apenas algumas semanas.

- **Funciona melhor.** Os funcionários têm mais facilidade em ser bem-sucedidos em uma nova função na mesma empresa porque eles já têm contatos e conhecimento a respeito de como o trabalho é feito. De 40% a 60% das contratações externas são "malsucedidas", em comparação com apenas 25% das contratações internas, de acordo com Human Resources Executive Online (hreonline.com).

- **É bom para o moral.** "Fazer promoções internas estimula os funcionários e lhes mostra que eles têm um futuro na empresa, servindo, portanto, como uma ferramenta de retenção", afirma Allison Cohen, diretora de Comunicações Externas da Hill + Knowlton Strategies. A Cisco descobriu que o seu programa interno de carreira chamado "Talent Connection" [Conexão com o Talento] aumentou a satisfação dos seus funcionários com a carreira em 20%.

Então, o que isso significa para você? Bem, muitas pessoas têm empregos que particularmente não apreciam mas, devido à atual situação econômica, têm medo de fazer uma mudança. Desse modo, elas continuam a fazer repetidamente a mesma coisa e vão ficando cada vez mais infelizes. As coisas não deveriam ser assim — e decididamente não é como elas *têm* que ser.

Eis um dos conselhos mais importantes que eu posso lhe dar. Se você não acorda pela manhã entusiasmado com o que vai fazer no trabalho, você nunca conseguirá progredir na sua carreira e nunca terá sucesso na vida. Pense no que acabo de dizer. Você provavelmente passa mais tempo no trabalho do que em qualquer outro lugar. Se for feliz lá, você será mais feliz em tudo o que você faz.

O truque é transformar as suas paixões em um emprego. Isso nem sempre é fácil, mas é possível. Eu fiz isso, dezenas de jovens com quem trabalhei fizeram o mesmo, e você também pode fazer. Quando você se sente realmente entusiasmado com o que faz, o trabalho passa a ser um *hobby*. E essa paixão se torna um farol, atraindo uma atenção positiva do seu gerente e colegas de trabalho. Quando você sente entusiasmo pelo seu trabalho, você naturalmente trabalha com mais afinco, um número de horas maior, e faz tudo isso com um sorriso no rosto. Isso é bom para o seu gerente, bom para a sua equipe, e excelente para a sua empresa. Se na sua empresa todo mundo trabalhasse no que aprecia, os resultados comerciais demonstrariam isso. A paixão genuína quase sempre é óbvia — as pessoas conseguirão enxergá-la nos seus olhos. Quando você sente entusiasmo pelo seu emprego e pela sua carreira, essa paixão é quase palpável. A energia positiva que você produz tem um jeito de se expandir em direção às pessoas à sua volta, que ficam inspiradas e querem trabalhar com você. Os gerentes não têm como evitar encarar os funcionários entusiásticos como pessoas que farão coisas de sucesso e que devem ser colocados em funções nas quais poderão tornar esse sucesso uma realidade.

Mas você vai precisar de algumas estratégias para fazer isso acontecer. E é exatamente isso que você vai aprender neste capítulo.

Você deve mudar de emprego? Lista de verificação

Antes de irmos longe demais com isso, vamos passar alguns minutos tentando descobrir se mudar de emprego é (a) do seu interesse e (b) possível. Quero que você comece fazendo a si mesmo as seguintes perguntas:

- O que me deixa entusiasmado? Outra maneira de examinar isso é acompanhando como você passa o seu tempo livre. Se você descobrir que está lendo vinte artigos por dia sobre um assunto específico, esta é uma deixa importante.
- Estou usando todos os meus talentos no meu emprego atual?
- O que mais me agrada e o que mais me desagrada a respeito do meu emprego atual?
- Há alguma coisa que eu possa fazer no meu emprego atual para torná-lo mais agradável? (Caso haja, você deve investigar essas opções antes de mudar de emprego.)
- O que me interessa no emprego no qual estou de olho?
- O novo emprego tem aspectos que eu acho que iria odiar?
- Quais são as áreas de maior crescimento na minha empresa atual? E quais são as funções que estão sendo mais requisitadas?
- Estou de olho em um novo emprego, mas sou realmente entusiasmado por ele?
- Estou de olho em um novo cargo, mas não estou qualificado para ocupá-lo. Que habilidades preciso adquirir? Como irei adquiri-las? Preciso ter aulas ou acompanhar alguém que já ocupa um cargo semelhante?
- Avaliei realmente todas as diferentes oportunidades que há dentro da minha empresa?

Muitas pessoas têm medo de tentar realizar as suas paixões no trabalho. Elas receiam que possam ser rejeitadas, que isso complicaria as coisas no trabalho ou que poderia até acabar prejudicando a carreira delas. Tenho duas respostas para isso. Primeiro, os gerentes efetivamente gostam de pessoas que se deslocam lateralmente. Isso demonstra que elas sabem trabalhar em diferentes tipos de organização.

Segundo, se algum dia quiser ter a oportunidade de apreciar a sua vida profissional, você realmente não tem escolha.

Como alavancar os "projetos dos seus sonhos" e transformá-los em um emprego de período integral

Às vezes as suas paixões vêm de fora do trabalho — um *hobby* ou atividade à qual você se dedica mas não é pago para fazer. Outras vezes, você pode ter um grande entusiasmo por uma coisa que está sendo feita (ou poderia estar) dentro da sua empresa. Vou dar dois exemplos muito diferentes de pessoas que foram capazes de transformar suas paixões em empregos de horário integral — sem deixar os seus empregadores. A primeira é a minha história pessoal.

No dia 4 de outubro de 2006, quando eu ainda trabalhava na EMC — comecei o meu primeiro blog chamado Driven-to-Suceed [Voltado para o Sucesso], que era um guia de desenvolvimento da carreira para estudantes universitários. Foi a minha maneira de compartilhar o que eu aprendera no processo de recrutamento para que outras pessoas pudessem se preparar para o mundo real. O problema era que ninguém fazia comentários no blog e muito poucas pessoas respondiam aos meus e-mails porque ninguém tinha ouvido falar em mim. Então, no dia 14 de março de 2007, o meu mundo inteiro mudou. Foi o dia em que li o famoso artigo de Tom Peters intitulado "The Brand Called You". As palavras de Peters realmente me afetaram e compreendi de imediato que eu poderia me tornar o porta-voz da Geração Y para o *branding* pessoal porque era exatamente isso que eu vivera o tempo todo. Naquela noite, depois de uma sessão de treinamento na EMC, corri para casa e comecei o meu blog, PersonalBrandingBlog.com, e nunca olhei para trás.

Exatos dez anos depois do dia em que o artigo de Tom Peters apareceu na capa da *Fast Company* a revista escreveu a respeito da minha jornada de seis meses *branding* pessoal. Depois de ler o perfil, o Google me convidou para falar (que lição sobre o poder da publicidade!).

Até então, a EMC não tinha a menor ideia do que eu estivera fazendo fora do trabalho, e eu não achava que eles precisassem saber porque eu considerava aquilo um *hobby*. No entanto, o pessoal de relações públicas da EMC ouviu falar no artigo e o enviou diretamente para um vice-presidente que estava formando uma equipe para administrar o programa de mídia social da EMC. Recebi um e-mail do vice-presidente na manhã seguinte, e nós nos encontramos. Em virtude do que eu estivera fazendo on-line, ele viu quanto eu era entusiasmado por mídia social e por *branding* pessoal. E quando o conheci, eu estava animado com a perspectiva de fazer a mesma coisa pela empresa. Alguns encontros depois, eu já tinha criado o primeiro cargo de mídia social na EMC — uma empresa da lista da Fortune 500 — sem nunca ter precisado preencher um único formulário de inscrição. Eles vieram atrás de mim porque perceberam que algo que me entusiasmava muito poderia beneficiar a companhia. E foi assim que eu acabei ganhando dinheiro para fazer o que adorava.

Agora, para lhe dar um ideia de como as coisas são no lado do gerente, eis uma história que me foi contada por Brian Halligan, CEO da HubSpot. "Pete Caputa era um jovem funcionário que ingressara na nossa organização de vendas. Todos os meses nós lhe dávamos uma lista com cerca de duzentos nomes de clientes em potencial, e ele nunca dava atenção a ela. Acontece que a meta de Pete era começar um canal de revenda para a HubSpot. Assim sendo, em vez ele próprio atrair clientes, ele estava contratando parceiros para fazer isso. Inicialmente, ele enfrentou muita resistência à sua ideia mas, com o tempo, acabamos vendo os números e o "demitimos" da sua função em vendas diretas e tornamos o projeto de revenda o seu novo cargo. Hoje, Pete tem cerca de quarenta pessoas na sua equipe e é responsável por aproximadamente 40% da nova receita da HubSpot."

Se você tiver que aprender apenas uma coisa com a minha história e a de Pete, é que você deve continuar a fazer as coisas pelas quais sente entusiasmo e fazer com que outros vejam a sua paixão em ação. Se não souberem que ela existe e nunca a virem, como poderão apoiá-lo? O fato de você trabalhar em projetos pelos quais sente entusiasmo não é bom apenas para você; é bom também para a empresa. Você trabalhará espontaneamente um número maior de horas, fará um trabalho melhor e será um funcionário mais interessado e dedicado.

Como fazer

Infelizmente, como cada situação é única, não posso lhe ensinar uma série de medidas que o levarão com certeza de onde você está para onde quer chegar. Às vezes, o seu alvo pode ser um deslocamento lateral, ou seja, uma nova função na sua empresa atual sem que isso signifique um novo cargo ou um aumento. Não tenha medo dos deslocamentos laterais — as pessoas fazem isso o tempo todo. Você pode se deslocar lateralmente para adquirir novas habilidades e/ou conhecimento em outras áreas que são importantes para a sua carreira e para a empresa onde você trabalha. Ou você poderia fazer isso porque vê uma área da sua empresa que combina mais com os seus pontos fortes e interesses do que aquela onde você está atualmente.

Fazer um deslocamento lateral em uma pequena firma frequentemente é mais fácil do que em uma grande empresa (mas nem sempre). Às vezes, para fazer uma mudança, basta sugerir a ideia ao seu gerente. Outras vezes, você pode precisar superar uma substancial resistência. Às vezes, a transição pode levar uma semana, outras vezes, seis meses ou mais. Às vezes, o gerente de outro departamento poderá recrutá-lo; outras vezes você terá que dar o primeiro passo. Apesar da incerteza, existem alguns parâmetros que ajudarão a acelerar o processo:

1. **Descubra o que está disponível.** Mas tome cuidado; não é do seu interesse deixar transparecer que você está pensando em mudar de departamento enquanto não estiver efetivamente pronto para dar o passo. Uma maneira fácil e comedida (e que possibilita que você não seja detectado pelo "radar") de descobrir oportunidades é usar as redes sociais e os portais de empregos internos da sua empresa. Se você quiser mais informações, faça perguntas aqui e ali, mas mantenha as conversas o mais informais possíveis.

2. **Certifique-se de que você sabe em que está se metendo.** Converse com pessoas que estejam fazendo o que você deseja fazer. Faça networking com elas para saber exatamente como é a função delas antes de dar o salto. Analise realmente a oportunidade. Que problemas tem a organização na qual você deseja ingressar? Que vagas ela tem disponíveis? Como você vê os seus pontos fortes ajudando a sua organização-alvo a resolver os problemas dela? E certifique-se de ter realmente examinado como seria a vida no seu novo cargo. Em que tipo de projetos a empresa está trabalhando? O gerente é uma pessoa para quem você pode trabalhar? Os seus colegas de equipe em perspectiva são pessoas com quem você pode trabalhar? O novo emprego realmente possibilitará que você

utilize mais os seus talentos e habilidades do que você está usando no seu emprego atual? Fazer uma troca antes de ter respondido a essas perguntas poderia se revelar desastroso.

3. **Construa um nome para si mesmo.** Conversamos a respeito desse assunto nos capítulos anteriores, mas vale a pena mencioná-lo novamente. É fundamental que você demonstre continuamente que é uma pessoa que tem soluções altamente valiosas. Isso significa colocar-se em posições nas quais você possa demonstrar as suas habilidades. Se, por exemplo, você estiver interessado em fazer a transição para um cargo da Web na sua empresa, comece fazendo uma apreciação crítica do website da empresa, concentrando-se não tanto no que está errado, mas no que você faria para melhorá-lo. O mesmo se aplica a qualquer outra coisa que você perceba que poderia ser melhorada na empresa. Você vê tendências no seu setor que mais ninguém vê? Se for esse o caso, crie um blog e qualifique-se como o especialista.

Como equilibrar projetos movidos pela paixão com o seu emprego atual

Às vezes, fazer um deslocamento lateral é tão fácil quanto marcar um quadradinho em um formulário. E algumas companhias, como o Google, permitirão que você dedique certo percentual do seu dia de trabalho (no Google, são 20%) a projetos que estão fora da descrição atual do seu cargo, mas que beneficiam a companhia. Na maioria das vezes, contudo, você terá que se dedicar à sua paixão no seu tempo livre. Somando as horas que você trabalha no seu emprego regular, assiste a aulas para melhorar as suas habilidades, faz networking com pessoas com quem você espera trabalhar em breve e todas as horas que você normalmente passaria se dedicando à sua paixão, você poderia acabar investindo em número de horas o equivalente a dois empregos de horário integral. Pense nisso como um sacrifício que você está fazendo hoje para ter um amanhã melhor.

Se você tiver sorte, será capaz de fazer a maior parte desse trabalho adicional nos fins de semana, na hora do almoço, ou antes e depois do trabalho. No entanto, independentemente da sua programação, o seu objetivo é o mesmo: impressionar de tal maneira o seu gerente em perspectiva a ponto de ele querer absorvê-lo em horário integral. A coisa mais importante a ter em mente com relação a equilibrar um projeto movido pela paixão com o seu emprego atual é que este último vem em primeiro lugar. Sempre. Você foi contratado para executar uma tarefa, portanto execute-a. E execute-a bem. Se você deixar a sua carga de trabalho atual (ou a qualidade do trabalho) declinar, ninguém acreditará que você será capaz de ter um bom desempenho no seu novo cargo.

Traga o seu chefe para o seu lado

Como mencionei anteriormente, obter o apoio do seu chefe é fundamental para que você seja capaz de fazer com êxito a transição para uma função na sua empresa pela qual você sinta mais entusiasmo. No mínimo, ele talvez seja capaz de ajudá-lo a abrir portas e ter acesso a pessoas com quem você não conseguiria entrar em contato por conta própria. Deixar de incluir o seu chefe no circuito poderia fazer com que você parecesse desleal, o que abalaria a sua segurança na função atual. Além disso, ganhar a reputação de alguém que age furtivamente pelas costas dos gerentes impedirá que você consiga ser transferido para qualquer outra função. No nosso estudo, 73% dos gerentes que entrevistamos disseram que estariam dispostos ou extremamente dispostos a apoiar um funcionário que desejasse ocupar uma função diferente no trabalho. Por estranho que pareça, somente 48% dos jovens funcionários disseram estar interessados em efetivamente fazer uma mudança. Desconfio que esse percentual seria bem mais elevado se esses funcionários soubessem que teriam o apoio dos seus gerentes.

Então, o que fazer para conseguir o apoio do seu gerente? Você começa informando a ele em que está interessado; ele não poderá apoiá-lo se você guardar as suas aspirações para si mesmo. A ocasião perfeita é durante ou logo depois de uma avaliação de desempenho (estou partindo do princípio que você recebe avaliações altamente elogiosas). Você poderia simplesmente dizer alguma coisa dentro do espírito de "Eu sei que sou realmente competente em _____. Você vê alguma oportunidade de eu usar essas habilidades nessa equipe?" Esperançosamente, o seu gerente responderá que sim. No entanto, no mínimo, um bom gerente diria o seguinte: "Isso é ótimo. Na próxima vez que houver um projeto que possa aproveitar essas habilidades, pensarei em você".

Antes de procurar o seu chefe, não deixe de fazer alguma pesquisa. Se você puder mostrar a ele que examinou departamentos específicos e quais são as necessidades deles, que você está investigando quais são as vagas existentes e quais são as qualificações, e se você puder descrever de que maneiras as suas habilidades poderão beneficiar a empresa, será muito difícil para o seu chefe deixar de apoiá-lo.

Além disso, fale apenas sobre coisas positivas. Você terá muito mais sucesso se conversar com o seu gerente a respeito das coisas que você adora no seu trabalho e de como você gostaria de desenvolver as suas habilidades, em vez de falar sobre as coisas que você odeia no seu trabalho.

Ryan Benevides, um jovem analista sênior de Avaliação e Finanças da GE, me contou uma excelente história a respeito de como conseguiu o seu emprego ideal — em parte por ter conseguido que o seu chefe o apoiasse. Ryan estava trabalhando na GE havia quatro anos e decidiu que queria se transferir para o setor de concessão de crédito e análise de investimentos. Os seus gerentes o apoiaram, mas a empresa congelou as contratações, e não havia vagas disponíveis. É claro que ele ficou desanimado. No entanto, ele sentia que esse congelamento não duraria para sempre. Assim sendo, começou a entrar em contato com todos os gerentes do departamento no qual tinha esperança de trabalhar e fez a cada um deles uma única pergunta: "O que é importante para o seu trabalho e você não está conseguindo executar por causa de problemas do RH?" Depois de uma semana de conversas, ele examinou todo o *feedback* que recebeu e redigiu um plano que acabou conduzindo a sua carreira na direção que ele queria seguir — e que iria beneficiar o departamento para o qual queria se transferir.

Depois, ele organizou uma reunião com o seu gerente e apresentou o plano. Eis como ele descreve o que aconteceu em seguida: "Durante a reunião, fiz questão de enfatizar que eu continuaria a executar as minhas funções habituais e que, além disso, seria capaz de ajudar a satisfazer as necessidades de um escritório com problemas de recursos. Eu esperava que aquilo possibilitasse que eles criassem uma nova função — a qual, é claro, eu iria preencher. O meu gerente realmente me apoiou, e no final da reunião, me ajudou a encaminhar a proposta através dos canais apropriados, para que fosse aprovada. O resultado foi uma iniciativa de quatro semanas de compartilhamento de recursos durante as quais trabalhei incansavelmente para manter a produção do cargo que eu ocupava e, ao mesmo tempo, ajudar a preencher a lacuna mais importante nas atividades do departamento-alvo. Três semanas depois de essa iniciativa ter começado, me ofereceram um cargo como membro permanente do departamento-alvo — na função exata que eu desejava. Reconheço que, às vezes, portas precisem ser empurradas antes que possam ser destravadas e abertas".

Ele conseguiu criar para si mesmo um cargo novo em folha baseado nos seus interesses, paixões e qualificações desejadas. Ele viu a oportunidade, convenceu o seu gerente a apoiá-lo e expandiu temporariamente as suas funções para se reposicionar no cargo que ele realmente queria. Você pode fazer a mesma coisa.

Uma maneira de se familiarizar com isso é se envolver com alguns projetos dos quais o departamento para o qual você talvez deseje se transferir esteja participando. Isso possibilitará que você sonde o terreno e a sua possível equipe para ter uma ideia das habilidades que você tem a oferecer e o tipo de resultados que é capaz de produzir. Isso significa que você terá que trabalhar algumas horas adicionais, de seis a dez horas por semana além das quarenta que você já dedica à sua função habitual (se você não tiver problema em deixar de almoçar, talvez nem mesmo note alguma diferença). Se você investir menos de cinco horas adicionais, terá muita dificuldade em sentir como realmente seria trabalhar no novo departamento. Se adicionar muito mais de dez horas, você poderá ficar cansado demais para fazer um bom trabalho.

Se você sentir um grande entusiasmo pelo seu trabalho, terá um melhor desempenho e progredirá mais rápido

Não consigo enfatizar o bastante quanto é importante que você concentre os seus pontos fortes e paixões no local de trabalho. Se você não sentir entusiasmo pelo que está fazendo, não empenhará o esforço necessário e acabará fazendo corpo mole, ficando entediado ou não se sentindo realizado. Quando souber o que realmente deseja fazer, comece a procurar um lugar dentro da sua empresa onde você possa fazer o que quer — um lugar onde você saiba que realmente poderá adicionar valor.

Antes de se empenhar em fazer uma mudança, certifique-se de que está totalmente seguro de que o cargo para o qual você gostaria de se transferir efetivamente possibilitará que você ponha em prática as suas paixões e pontos fortes. Em seguida, consiga o apoio do seu chefe. O respaldo dele tornará mais fácil a sua transição para um novo cargo quando chegar a hora. Finalmente, comece a fazer um trabalho adicional fora das suas funções habituais, para construir visibilidade e mostrar que você é capaz de produzir resultados e ter êxito no cargo que gostaria de ocupar. As boas empresas — e os bons gerentes — que encaram os seus funcionários talentosos como o seu maior ativo terão todo o interesse em apoiá-lo, porque a sua ideia é boa tanto para você quanto para a empresa.

Uma rápida palavra de advertência. Lembre-se de que o seu cargo atual está em primeiro lugar. Não se envolva em nada disso sem antes provar o seu valor. Se você deixar o desempenho cair e se não estiver fazendo o que foi originalmente contratado para fazer, as pessoas não terão interesse em que você faça parte da equipe delas.

Tenha em mente o seguinte: você não precisa subir na empresa e ter um aumento para progredir na sua carreira. Às vezes, um deslocamento lateral é tudo de que você precisa para assumir um cargo no qual você possa adquirir novas habilidades, obter um melhor entendimento de como a companhia funciona e estabelecer novos contatos. Depois que você estiver na sua função há um tempo suficiente para dominá-la — e chegar à conclusão de que não está usando da melhor maneira os seus pontos fortes e as suas paixões, comece a olhar em volta, dentro da sua empresa, buscando maneiras de alavancá-los. Se você encontrar uma função que pareça se harmonizar melhor com o que você quer do que o que você está fazendo no momento, ou se houver um projeto que o deixe realmente entusiasmado, vá atrás deles. Ocupar esse novo cargo fará com que seja mais fácil você ser notado e se promover porque você será mais feliz (terá uma atitude melhor), trabalhará mais intensamente e terá um melhor desempenho. Quando você faz uma coisa que aprecia, deseja naturalmente ser muito competente nela e, com o tempo, passa a dominá-la. Isso o ajudará a progredir no trabalho e ser mais bem-sucedido.

10

Comece o seu próprio negócio enquanto estiver empregado

A Virgin nunca teria se tornado o grupo de mais de duzentas empresas que é hoje não fosse um fluxo constante de intraempreendedores que procuraram e desenvolveram oportunidades, não raro liderando iniciativas que caminhavam contra a corrente.

— RICHARD BRANSON

Ao longo dos últimos anos, notei duas novas tendências no mundo corporativo. A primeira é que em vez de adquirir *start-ups* a fim de obter a tecnologia das suas metas, as corporações estão começando a investir em *start-ups* em troca de uma participação acionária. A segunda é que ao constatar que precisam inovar constantemente para permanecer competitivas, as empresas estão cada vez mais se voltando para os seus próprios funcionários em busca de novas ideias — e estão financiando os projetos gerados por estes últimos. Neste capítulo, mostrarei como você pode tirar proveito dessas tendências correlatas tornando-se um *intraempreendedor* — uma pessoa que atua como um empreendedor ou empresário, mas opera dentro de uma grande empresa.

Tudo o que abordei nos capítulos anteriores — desde as habilidades técnicas e habilidades interpessoais ao networking — faz parte da base sólida que você está construindo no trabalho. No entanto, tornar-se um intraempreendedor realmente muda as coisas. Na realidade, você se veria mais pressionado a encontrar uma maneira melhor de se destacar no trabalho e se promover em vez de propor uma ideia que faça a sua empresa avançar. Quando você cria um nome para si mesmo como uma pessoa inovadora que está comprometida com o sucesso da empresa e que está ajudando a impulsionar o resultado final de uma nova maneira, você progredirá muito mais rápido do que os seus colegas. Em vez de esperar que um gerente se aposente ou seja promovido para que você possa se mudar para a sala dele, por que não criar a sua própria função na empresa? Tornar-se um intraempreendedor possibilita que você se posicione como um líder, um pensador inovador e um solucionador de problemas, bem como uma pessoa realmente influente. Se tiver êxito como um intraempreendedor, você se tornará tão valioso para a sua empresa que todo mundo irá querer trabalhar com você. Nesse ponto, não haverá limites para até onde conseguirá avançar na sua carreira.

É claro que criar uma nova atividade no trabalho e se tornar um intraempreendedor não vai ser fácil, mas não há uma verdadeira recompensa sem um risco. Na realidade, acho que é arriscado *não* correr riscos no trabalho. O inconveniente de correr um risco é que você pode se dar muito mal. No entanto, a maioria dos gerentes inteligentes respeita mais a pessoa que tentou e falhou do que aquela que nunca tentou. E o aspecto positivo é que as pessoas não poderão deixar de notar que você está indo bem além da descrição do seu cargo. Elas vão querer trabalhar com você (e possivelmente *para* você). E é assim que carreiras são formadas.

O intraempreendedorismo pode não ser novo, mas está se tornando uma coisa muito importante na América Corporativa

Embora a palavra *intraempreendedorismo* não seja usada nem de longe com a mesma frequência que o seu primo, o termo empreendedorismo, o conceito já existe há um longo tempo. Um dos primeiros exemplos foi o projeto Skunk Works da Lockheed Martin (chamado mais formalmente de Advanced Development Programs, ADP ou Programas de Desenvolvimento Avançados), que começou em 1943. É atribuído ao Skunk Works o mérito de desenvolver uma série de produtos revolucionários, entre eles o U-2, o SR 71 Blackbird e o F-22 Raptor. O projeto foi dirigido por Kelly Johnson, e de acordo com a Lockheed, "o que possibilitou que Kelly operasse o Skunk Works de uma maneira tão eficaz e eficiente foi a sua abordagem organizacional não convencional. Ele quebrou as regras, desafiando o sistema burocrático vigente na época que ainda reprimia a inovação e obstruía o progresso".

Hoje, setenta anos depois, o Skunk Works ainda existe na Lockheed, e centenas de outras empresas lançaram iniciativas semelhantes (às vezes até mesmo chamadas de projetos Skunk Works). Sabendo que precisam pensar de uma maneira empreendedora para poder sobreviver e vicejar, elas descobriram que programas de intraempreendedorismo as ajudam a atrair pessoas com um talento superior, alimentam a inovação e constroem uma vantagem competitiva. Ingrid Vanderveldt, empreendedora residente da Dell, me disse o seguinte: "Mais do que nunca, as empresas estão sendo pressionadas a ser inovadoras, e elas sabem que os empreendedores são pessoas criativas e inovadoras que fazem grandes coisas acontecerem com recursos limitados".

E as companhias estão decididamente fazendo o que dizem (em vez de apenas falar a respeito), implementando concursos corporativos de intraempreendedorismo, programas de empreendedor residente (EIR — Entrepreneur in Residence) entre outras coisas. No todo, 30% das grandes empresas fornecem hoje capital para financiar iniciativas intraempreendedoras, de acordo com o consultor de gestão Gifford Pinchot. Vou dar alguns exemplos:

- No Google, os funcionários podem gastar 20% do seu tempo em projetos que estão fora da descrição de seus cargos — desde que eles beneficiem os clientes do Google. O Google diz que a metade dos seus produtos originais foi desenvolvida em programas dentro desses 20% mencionados. Entre eles estão o Gmail, o Google News e o AdSense.

- O Facebook tem um programa de intraempreendedorismo não tradicional chamado Hackathon, o qual promove a inovação de produtos incentivando equipes de engenharia a colaborar em projetos de software. O famoso botão Like [Curtir] foi um produto do Hackathon.

- A PwC (uma grande firma de consultoria) tem o PwC PowerPitch que incentiva a inovação oferecendo 100 mil dólares à equipe que sugerir a melhor oferta de serviços. Os vencedores do PowerPitch criaram novos centros analíticos e inovações em *cloud computing*. A empresa estima que 60% da sua força de trabalho global esteja envolvida com o programa.

- Na DreamWorks, os alto executivos – inclusive o CCO* e o CEO – estão dispostos a ouvir qualquer pessoa que tenha uma ideia para um filme. A DreamWorks leva isso tão a sério que ensina os seus funcionários a fazer uma abordagem de vendas – algo de que centenas de pessoas tiraram proveito.

- Os empreendedores residentes da Dell se encontram com intraempreendedores e proporcionam aconselhamento e orientação. A empresa também subsidia um programa de MSTC – Master of Science in Technology Commercialization [Mestre de Ciências em Tecnologia e Comercialização] na University of Texas para ajudar os intraempreendedores a avaliar novas ideias e possivelmente sair da empresa e começar as suas próprias companhias. O Fundo de Crédito de Inovadores da Dell (Dell Innovators Credit Fund) disponibilizará bolsas de estudo parciais para os funcionários da Dell.

Não há dúvida de que as corporações estão levando o intraempreendedorismo a sério, apoiando-o e abraçando-o – e elas devem receber um grande mérito por isso. No entanto, é importante reconhecer que grande parte disso está sendo alimentado por jovens trabalhadores, pessoas com grandes ideias que não têm os recursos para se desenvolver sozinhos, pessoas jovens que não temem correr riscos e fazer alguma coisa fora da descrição atual dos seus cargos.

Antes de eu começar a tratar do tema de como você pode se tornar um intraempreendedor, vou gastar alguns minutos falando a respeito de *por que*, para início de conversa, você poderia desejar ser um deles e descrevendo alguns dos desafios que você poderá enfrentar. Vamos começar pelas coisas boas.

---

* *Chief Creative Officer*. (N. dos T.)

- **É uma excelente maneira de conciliar quem você é com o que você faz.** Se o seu emprego não é tudo o que você deseja que ele seja, você pode mudar isso buscando e desenvolvendo projetos favoritos que o deixem entusiasmado.

- **O intraempreendedorismo possibilita que você crie novas funções e progrida na sua carreira mais rápido do que você conseguiria progredir se seguisse a trajetória habitual.** Os contatos que você fará e as pessoas que o respaldarão possibilitarão que você potencialmente salte níveis inteiros da hierarquia corporativa.

- **O intraempreendedorismo lhe proporciona experiências exclusivas que o distinguem dos seus colegas.** Falamos bastante nos capítulos anteriores a respeito de como é importante sobressair, ser visto como um especialista ou a pessoa que todos procuram nos momentos mais difíceis dentro da empresa. Nada o destacará mais do que criar a sua própria atividade dentro dela. O intraempreendedorismo é também uma maneira divertida e desafiadora de aprender e fazer mudanças.

- **O intraempreendedorismo envolve menos riscos do que ser um empreendedor porque você terá disponíveis os recursos da corporação.** Se você fosse um empreendedor, poderia estar financiando a sua ideia com cartões de crédito ou pegando dinheiro emprestado com amigos e membros da família. Se a ideia fracassasse, você poderia perder muito dinheiro e relacionamentos poderiam ficar abalados.

- **O intraempreendedorismo pode ser uma ponte para que você se torne um completo empreendedor mais tarde.** Ao começar o seu próprio negócio no emprego — usando o tempo e o dinheiro do seu empregador — você está adquirindo as habilidades, o entendimento do processo e a segurança dos quais você precisará para administrar um negócio no futuro sem a ajuda da sua companhia.

Como você pode ver, sou bastante entusiasmado pelo intraempreendedorismo. Mas poderá haver alguns desafios porque você está tentando fazer uma coisa que não foi feita antes ou melhorar alguma coisa que *já* foi feita. A mudança é sempre acompanhada de resistência, e você precisa estar preparado para esta última. Como discutimos no capítulo anterior, a sua principal responsabilidade é executar o seu trabalho atual de uma maneira exemplar. Se você não estiver causando uma forte impressão em todos os que estão à sua volta, nunca conseguirá que eles apoiem a sua iniciativa de fazer outra coisa. Desse modo, pelo menos no início, você precisará equilibrar (de uma maneira brilhante) o seu emprego do dia a dia com as suas metas de intraempreendedorismo.

Outro desafio que você talvez possa enfrentar é o seu medo do fracasso, que é perfeitamente natural; portanto, não pense que está sozinho. Você pode ter medo de não conseguir a adesão da gerência de que precisaria para ter sucesso ou de que será demitido se falhar. Há também a possibilidade de que você se depare com uma espécie de preconceito de idade reverso: como você é jovem, muitas pessoas automaticamente acharão que você é inexperiente, que precisa demonstrar o seu valor e que talvez não seja capaz de iniciar uma atividade. A sua função é provar que elas estão erradas por meio do trabalho árduo, da persistência e de ideias criativas. Todos os empreendedores sabem como é se sentir rejeitado e têm as cicatrizes para prová-lo. Conseguir ultrapassar esses obstáculos tornará o resultado muito mais satisfatório quando o seu projeto for bem-sucedido.

O intraempreendedorismo é adequado para você?

O intraempreendedorismo não é adequado para todas as pessoas. Mas se pelo menos metade das seguintes declarações forem verdadeiras para você, decididamente deveria considerar seguir esse caminho.

1. Você tem paixão por uma coisa que a sua empresa não está fazendo no momento.
2. Você enxerga oportunidades que outros não enxergam.
3. Você pensa de uma maneira criativa e inovadora.
4. Você está disposto a correr riscos.

5. Você faz um excelente networking e é capaz de construir relacionamentos interfuncionais.

6. Você é um vendedor nato.

7. Você trabalha bem em colaboração e em equipes.

8. Você é politicamente astuto e entende como a sua companhia opera.

Vou falar a respeito de um amigo meu, Ken Pickard, consultor sênior da Ernst & Young, que decididamente poderia ter respondido sim à maioria das afirmações acima. Ken tinha — e ainda tem — um verdadeiro dom para a mídia social (1, paixão). Durante o segundo ano de Ken na empresa, uma gerente sênior na atividade de consultoria lhe perguntou se ele estaria interessado em participar da equipe dela para uma competição interna, o Desafio Inovação (4, disposto a correr riscos). O objetivo da competição era desafiar os funcionários a propor novas ofertas de serviços para os clientes da Ernst & Young. Depois de uma reunião de *brainstorming*, Ken sugeriu que a sua equipe, que consistia de vários funcionários mais graduados do que ele, explorasse o risco da mídia social. "Questionei o que, como empresa, estávamos fazendo para lidar com os riscos associados com empresas que estavam adotando a nova tecnologia", disse ele (2, enxergando oportunidades, e 3, pensamento criativo e inovador). Durante a primeira reunião, Ken convenceu os seus colegas de que "os riscos eram reais, que empresas estavam investindo na tecnologia e que a organização global Ernst & Young não tinha uma oferta anunciada para lidar com as questões" (6, vendedor nato). A equipe de Ken passou pelas primeiras rodadas da competição e conseguiu chegar às finais.

Para garantir que o produto da sua equipe fosse o melhor possível, Ken entrou em contato com uma equipe estabelecida na Suíça que estivera desenvolvendo, e efetivamente entregando, uma oferta de serviço semelhante, e encontrou maneiras de colaborar (7, trabalha bem em equipe). Ao mesmo tempo, Ken formou uma aliança com um concorrente de um dos outros finalistas, um homem que tinha certo conhecimento da mídia social que Ken não possuía (5, networking e construção de relacionamentos). Ele também me levou para almoçar algumas vezes e me bombardeou com perguntas a respeito de como poderia usar a mídia social para fortalecer a sua marca.

No final, a equipe de Ken venceu o Desafio Inovação, que realmente foi compensador do ponto de vista de construir a sua própria marca dentro da empresa como inovador, líder e especialista na sua área. "Devido à experiência e aos meus vínculos com a mídia social, as pessoas frequentemente me procuram para que eu contribua para possíveis projetos da mídia social, e sou visto como um verdadeiro líder de pensamento. Isso também me tornou um especialista residente das nossas plataformas 2.0 de empreendimento, onde já fiz várias apresentações a respeito de como os grupos podem utilizar o software para trabalhar de uma maneira mais inteligente e oferecer um serviço melhor ao cliente."

Muito bem. Você está pronto para aprender como se tornar um intraempreendedor?

Tornar-se um intraempreendedor não é algo que tipicamente acontece às pessoas. Se você quer que isso ocorra, terá que tomar medidas nesse sentido. E para fazer isso, você vai precisar de um plano.

O primeiro item da sua lista é dominar o seu trabalho, o que na verdade é dividido em duas partes. Em primeiro lugar, você tem que se tornar um especialista na sua função atual. Segundo, você precisará cumprir certas etapas se quiser levar isso a cabo. A primeira é permanecer no seu cargo tempo suficiente para aprender a sua função e sentir que é capaz de ensinar para outra pessoa tudo o que você faz. Você precisa demonstrar o seu valor e provar que é capaz de lidar com as responsabilidades que você foi contratado para assumir. Também é importante que você acumule tempo suficiente na função antes de se aventurar fora dela. Caso contrário, você vai ter muita dificuldade para conseguir que o seu gerente aceite e apoie as suas ideias (e apoie o seu desejo de expandir a sua função na empresa). De acordo com a minha experiência, normalmente são necessários seis meses para que você chegue a esse ponto. É claro que se você conseguir fazer isso em menos tempo é maravilhoso! Mas não apresse as coisas. É melhor demorar um pouco mais do que tentar dar um passo quando você não estiver realmente pronto.

Dito isso, dependendo de como você formular as coisas, *às vezes* é possível se tornar um intraempreendedor quando está apenas começando. Marie Artim, vice-presidente de Aquisição de Talentos da Enterprise Holdings Inc., conversou comigo a respeito de um jovem que, quando ainda era estagiário, tinha certa preocupação com o que estava sendo comunicado aos novos funcionários. Ele queria verificar se o que estava sendo transmitido era compatível com o que lhes havia sido prometido na contratação e durante a orientação inicial. "Ele criou e implementou uma Avaliação das Novas Contratações que enviou para os novos funcionários a fim de descobrir o que estava funcionando e o que não estava", disse Marie. "Vimos melhoras imediatas na retenção de novos funcionários e na retenção da gerência de nível inicial. Essas coisas são realmente importantes para o nosso negócio, causaram um forte impacto na nossa empresa e se tornaram efetivamente a força motriz por trás da implementação de um programa formal de aconselhamento."

A paixão, a persistência e o empenho são fundamentais para que você veja as suas ideias ganharem vida. "Todo funcionário que deseje se destacar deve procurar projetos que o estimule a se sair melhor, a contribuir mais", me disse Ingrid Vanderveldt da Dell. "Pensar como um empreendedor possibilita que os funcionários raciocirem de uma maneira criativa e determinem com eficácia o custo de soluções que têm o potencial de fazer uma grande diferença."

Ao longo de todo esse processo — e ao longo de toda a sua carreira — é importante pensar sob o aspecto de como você pode alavancar melhor os seus pontos fortes e fracos de maneira a contribuir para o sucesso da sua empresa. Quais são as coisas que ela faz realmente bem? O que ela não faz tão bem? O que ela *deveria* estar fazendo para melhorar? Como os seus pontos fortes e as suas metas de intraempreendedorismo podem conduzir a sua empresa para onde ela precisa ir? Com isso em mente, você será mais capaz de expor para o seu gerente como a sua ideia intraempreendedora beneficiará a empresa.

Você também precisará ser capaz de definir claramente os seus objetivos e indicadores. Em outras palavras, qual a aparência do sucesso e como você pode medi-lo. Esteja absolutamente certo de que o seu projeto está em harmonia com a missão e os valores da empresa.

Na maioria dos casos, o seu projeto estará diretamente ligado ao que a sua empresa já faz. No entanto, em algumas ocasiões, um projeto que, à primeira vista, não parece muito adequado acaba se revelando tão bom que o empregador decide financiá-lo mesmo assim — desde que você consiga mostrar como ele beneficiará a companhia. Jonathan Mildenhall, vice-presidente de Estratégia

Publicitária Global da Coca-Cola Company, me contou uma excelente história sobre um rapaz que trabalhava na Coca-Cola e que queria abrir uma empresa de jeans com a mulher, o que não é uma coisa que tipicamente associaríamos ao empregado de uma empresa de refrigerantes. Mas havia uma conexão. "Nós entendemos que essa é uma coisa que ele quer fazer e damos a ele a segurança financeira de que precisa, porque ele faz parte da grande corporação", afirmou Jonathan. "No entanto, ao mesmo tempo, nós efetivamente nos beneficiamos porque ele se encontra com pessoas da indústria da moda com quem potencialmente poderíamos trabalhar. Ele tem um espírito intraempreendedor que está possibilitando que a sua experiência corporativa e a sua experiência comercial coexistam."

Dan Satterthwaite, diretor do RH na DreamWorks, me contou uma história semelhante, a respeito de um funcionário que teve uma ideia para concatenar redes da mídia social de uma maneira especial. "Estamos investindo hoje milhões de dólares para desenvolver uma coisa que não tem nada a ver com a produção de filmes, mas que leva a competência central da narrativa e imagens gráficas de alta velocidade a um modelo de negócios inteiramente novo para nós", declarou Dan. "Isso é muito importante para nós porque não veio da mente do cara mais criativo e mais experiente da empresa, e sim de alguém que está no local das atividades, efetivamente engajado na produção de filmes, mas que teve uma ideia realmente muito boa."

Por melhor que fossem esses dois projetos, eles nunca teriam decolado se não tivessem tido poderosos defensores por trás deles. E se você quer que a sua empresa apoie a sua ideia, precisará fazer a mesma coisa. Comece pelo seu gerente. Sente-se com ele e fale a respeito da oportunidade potencial que você vê. Ele trabalha na empresa há mais tempo do que você e conhece os caminhos tortuosos que um projeto precisa seguir para ter sucesso, o que inclui reunir uma equipe e como fazer com que os tomadores de decisões o aceitem. Faça uma apresentação que descreva a oportunidade, como ela favorece a empresa e de que recursos você precisará para executá-la (pessoas, materiais, financiamento). Quando o seu gerente estiver lhe dando um firme apoio, peça a ele que o ajude a conseguir que um executivo sênior ou um importante tomador de decisões da empresa coloque o nome dele no projeto. Isso o ajudará a conseguir os recursos de que você irá precisar para ter as melhores chances de ser bem-sucedido.

Lembre-se de que esse é o seu projeto, e você quer ser o centro das atenções, certo? Mas não tente fazer tudo — você vai precisar de ajuda. Além disso, tentar fazer tudo sozinho demonstra que você não sabe trabalhar em equipe, que você não consegue delegar tarefas ou que você está tentando monopolizar toda a glória. Em vez disso, cerque-se de pessoas que têm habilidades que você não tem, mas que podem tornar a sua ideia ainda melhor. Procure pessoas que sintam entusiasmo pela ideia que você deseja desenvolver. Algumas virão de dentro da sua organização, mas outras poderão vir de fora.

O otimismo e a autoconfiança são excelentes qualidades tanto para os intraempreendedores quanto para os empreendedores. Mas elas podem facilmente se transformar em ingenuidade se você não tiver um plano de contingência. Ter uma excelente ideia, uma grande equipe, um forte respaldo e muitos recursos aumenta significativamente as suas chances de sucesso. No entanto, mesmo com tudo isso, às vezes as coisas não acontecem como você esperava. A vida pode ser terrivelmente imprevisível, e o excesso de confiança não compensa. Um grande número de fatores está além do seu controle, como a saúde da sua empresa, mudanças na administração e fusões corporativas. Assim sendo, é importante que você tenha um plano de contingência, pelo menos para que possa salvar o trabalho que você fez e ter alguma coisa para mostrar. Deixar de ter um plano de contingência é simplesmente insensato (e será interpretado pelas pessoas que você está tentando transformar em aliadas como uma atitude amadora e imatura).

Também é importante ter um plano de contingência porque o intraempreendedorismo, assim como o empreendedorismo — por sinal, tudo o mais na vida — é arriscado. Você poderia ser demitido amanhã. Você poderia ser atropelado por um ônibus a caminho do escritório. Do mesmo modo, não há garantias de sucesso nos negócios; a maioria das ideias fracassa.

Correr riscos é o que constrói carreiras de sucesso. Os que não se arriscam ficam empacados (na realidade, eu argumentaria que deixar de correr riscos no trabalho é mais prejudicial para a sua carreira do que o fracasso, porque a sua empresa precisa de novas ideias para crescer). Portanto, se você estiver se segurando e deixando de propor uma nova oportunidade interna de negócios, não faça isso. No nosso estudo, descobrimos que 58% dos gerentes estão "muito dispostos" ou "extremamente dispostos" a apoiar um funcionário que deseje se beneficiar de uma nova oportunidade comercial. No entanto, somente 40% dos jovens funcionários estão efetivamente dispostos a se arriscar. E tenha em mente que você poderá se beneficiar mesmo que o seu projeto não seja financiado. Matt McDonald, um dos gerentes de marketing da Aflac, participou de uma competição patrocinada pela empresa para desenvolver um aplicativo que beneficiaria funcionários, representantes ou clientes. Houve quinhentas inscrições, e a equipe de Matt ficou entre as oito finalistas. "Tivemos a oportunidade de apresentar a nossa ideia para executivos seniores no nosso escritório central em Columbus, na Geórgia", me disse ele. "Foi uma experiência realmente interessante e gratificante — embora não tenhamos vencido a competição."

Mais duas coisas antes de prosseguirmos. Durante o processo, converse sempre com a sua equipe para saber o que está funcionando e o que não está, o que você precisa melhorar. Como você poderia evitar erros no futuro e repetir o seu sucesso? O intraempreendedorismo envolve experimentar e testar ideias, avaliar os resultados e aperfeiçoá-los. Às vezes são necessárias algumas tentativas para descobrir se uma coisa é ou não adequada à sua empresa. Finalmente, tão logo o seu projeto esteja funcionando, comece a pensar no projeto seguinte e no tipo de pessoas, apoio e recursos de que você precisará para desenvolvê-lo.

Como promover a sua ideia – e obter apoio

Para tornar o seu projeto bem-sucedido, você precisa de um plano bem definido e dos recursos necessários para garantir a maior chance possível de sucesso. O seu plano deve incluir um resumo da ideia, a lista dos recursos de que você vai precisar e o custo associado a eles, uma ideia de qual é a oportunidade de mercado potencial, o possível aumento da receita ou redução de custo que poderia resultar, e um programa passo a passo (incluindo as etapas) sobre como você vai levá-lo a cabo.

Não invente simplesmente as coisas. É bem provável que você vá estar tentando convencer pessoas que têm muito mais experiência no seu setor do que você, e se elas sentirem o cheiro de enrolação, não terá a menor chance. Você também vai precisar de estimativas precisas de quanto o desenvolvimento do seu projeto custará à organização do ponto de vista de dinheiro e custo de oportunidade. E você precisará saber quem mais você quer na sua equipe e qual será o papel de cada pessoa, inclusive o seu.

Depois que você tiver definido o seu plano, está na hora de conseguir o apoio de que você vai precisar para ativar o projeto. É interessante que você faça primeiro uma apresentação formal para o seu gerente, em seguida para os seus colegas de trabalho e potencialmente para outros grupos com base nas necessidades do seu projeto. Desse modo, quando você fizer a apresentação para os seus colegas, você poderá dizer que o seu gerente já tem ciência dele e o está apoiando, o que fará com que eles prestem mais atenção ao que você tem a dizer.

Vencendo o medo

A decisão de levar adiante um projeto de intraempreendedorismo pode ser um pouco intimidante, talvez até assustadora. Por sorte, há algumas maneiras de aumentar a sua autoconfiança. A mais importante é acreditar em si mesmo, porque se você não o fizer, ninguém mais acreditará. Para fazer isso, você precisa se dedicar apenas a projetos nos quais você possa alavancar melhor os seus pontos fortes e a sua personalidade. Nós nos sentimos naturalmente mais seguros nas áreas em que somos fortes. Além de olhar dentro de si mesmo, você deve buscar o apoio da equipe que já está à sua volta. Se você conseguir que outras pessoas se sintam tão apaixonadas quanto você a respeito de uma coisa, se sentirá muito melhor, e será capaz de ser mais produtivo e realizar mais coisas. Além de ter uma equipe forte, ter o apoio do seu gerente é ainda mais importante. Se você conseguir conquistar o apoio dele, é mais provável que a equipe deseje se unir a você. Os gerentes podem abrir portas para você e lhe dar um *feedback* sincero que o ajudará a construir a sua autoestima e evitará que você desista cedo — antes que a sua ideia possa efetivamente decolar. Quando tudo o mais falhar, é fundamental que você tenha alguma coisa a que recorrer. Se você criar um plano de contingência antes de se dedicar à sua ideia, ficará mais propenso a correr riscos associados a ser um intraempreendedor.

Você e o seu gerente: apoiando um ao outro ao longo do processo

Como já discutimos, as suas iniciativas intraempreendedoras precisam beneficiar a sua empresa. Além disso, é claro, elas também beneficiarão você. Mas também existem outros vencedores nesse cenário de ganho mútuo, sendo que o mais importante deles é o seu gerente.

Quase todos os chefes ambiciosos querem construir as suas organizações e desenvolver os seus funcionários, porque quanto melhor a equipe se sair, mais visibilidade e influência terão os gerentes. As promoções, os aumentos de salário e as bonificações também não fazem mal. Isso significa que a sua capacidade de criar novas oportunidades posicionará o seu gerente como uma pessoa realmente influente dentro da empresa.

O seu gerente pode apoiá-lo conectando-o aos recursos adequados, deixando que você passe parte do seu dia de trabalho dedicado ao projeto que está desenvolvendo, treinando-o e orientando-o, e protegendo-o das ações políticas. Ao mesmo tempo, você apoia o seu gerente sendo sincero com ele, mantendo-o informado do que está acontecendo e dos obstáculos que você está encontrando, e tomando medidas para que o nome dele seja incluído no projeto junto com o seu, de modo que ele possa colher algumas das recompensas se o projeto for um sucesso.

Na minha experiência, a maioria dos chefes fica muito satisfeita em apoiar os projetos intraempreendedores de seus funcionários. No entanto, de vez em quando, um chefe deixará de apoiar um projeto ou o enfraquecerá vigorosamente. Se você tiver o azar de ter um chefe assim, precisa ter certeza de que está fazendo o possível para tornar o seu gerente bem-sucedido na função dele. Quanto mais o chefe perceber que está sendo pessoalmente favorecido, mais provável é que você consiga trazê-lo para o seu lado. Além disso, esteja preparado para trabalhar com mais afinco para o seu gerente a fim de conquistar a confiança dele. Para fazer isso, concentre-se em apresentar resultados antes até mesmo que ele pense em deixar "que você seja mais do que a descrição do seu cargo" e se dedique a um projeto de intraempreendedorismo. Se você não conseguir fazer sistematicamente o seu trabalho, isso não funcionará para você. Se você sente que ainda não contribuiu o bastante com as suas responsabilidades atuais, espere até sentir que contribuiu para poder estar mais confiante e ter mais facilidade de promover a sua ideia.

Se o seu gerente nunca apoiar as suas ambições, talvez esteja na hora de você mudar de função ou de empresa. A sua meta deve ser trabalhar para um chefe e para uma empresa que deixe que os funcionários tenham sucesso sendo intraempreendedores. Se a sua situação atual não permite que você faça isso, procure uma (dentro ou fora da sua empresa) que permita.

Quando as coisas não saem como planejado

Ninguém quer fracassar, porém mais cedo ou mais tarde todos nós fracassamos (do meu ponto de vista, se você não fracassou em algum momento, você não correu riscos suficientes). Então, o que você faz se um projeto seu não der certo?

Bem, a primeira coisa é *não* cair na tentação de atribuir culpa. Antes de culpar todo mundo — ou assumir sozinho toda a culpa —, olhe para as coisas de uma maneira realista e objetiva. O que saiu errado? O que deu certo? Você poderia ter previsto seja o que for que causou os problemas? O que você teria que ter feito de antemão para deter os obstáculos que você enfrentou? De quais recursos (novamente, pessoas, materiais, finanças) você teria precisado para que o projeto fosse um sucesso?

O objetivo é mudar a sua atitude a respeito do fracasso — e se caracterizar como alguém capaz de cometer um erro ou receber críticas e aprender com isso. Não fique frustrado e nem se ressinta de alguém que lhe ofereça *feedback*, porque todos podemos nos tornar melhores funcionários. Para se promover, você precisa entender que você é sempre um aluno e que sempre há espaço para melhorar. Nenhum de nós jamais será tão competente a ponto de não poder aprender com os próprios erros. Você também deve se mostrar disposto a oferecer *feedback* de maneira respeitosa para os seus colegas de trabalho. Esse é um modo de conquistar confiança no local de trabalho e ser visto como alguém de grande valor. Acredite em mim: essa é uma habilidade rara e o seu gerente *vai notar*.

Afinal de contas, quem é o dono desta coisa?

Uma das grandes diferenças entre empreendedores e intraempreendedores é que os empreendedores geralmente são donos do que inventam e desenvolvem — e os lucros são divididos entre os acionistas e os investidores. No caso dos intraempreendedores, as coisas são um pouco menos bem definidas. Por exemplo, se você criar um produto novo em folha que precise ser patenteado, a patente em si poderá ser no seu nome, mas é bastante provável que o seu empregador seja dono dela — e receba os lucros e *royalties* que ela gerar. Isso não parece completamente justo, não é mesmo? Afinal de contas, a ideia foi sua. No entanto, do ponto de vista da empresa, eles pagaram o seu salário, financiaram o projeto, arcaram com as despesas dos advogados especializados em patentes e cuidaram de todo o marketing.

É claro que o seu empregador pode optar por lhe dar uma bonificação ou lhe atribuir uma parcela dos *royalties*, mas eles não têm obrigação de fazer isso. A política oficial sobre esse assunto pode estar descrita no seu manual do funcionário.

Uma coisa sobre a qual você deve refletir quando estiver formando o seu plano: se você tiver uma ideia de 1 bilhão de dólares que irá revolucionar completamente o seu setor, talvez seja interessante pensar em registrar você mesmo a patente. Dessa maneira, você pode assinar um contrato de *licença* com o seu empregador em vez ceder todos direitos para ele. Mas tenha cuidado. Assumir uma posição excessivamente agressiva (como levar o seu advogado para a reunião na qual você vai promover o produto) poderia acabar com toda a transação e até mesmo com o seu emprego.

Os intraempreendedores causam um impacto maior e progridem mais rápido

O intraempreendedorismo é a onda do futuro, e é a maneira como as empresas permanecerão competitivas, inovadoras e atrativas para os jovens trabalhadores. E com bons motivos. Na condição de intraempreendedor, você será capaz, quase literalmente, de criar alguma coisa a partir do nada — uma coisa que pode ter um impacto mensurável no desempenho da sua empresa (imagine ter "criado uma nova divisão na Empresa XYZ que gerou um aumento de 20% nos lucros corporativos em doze meses" no seu currículo em vez de "foi promovido a especialista em marketing sênior"). O intraempreendedorismo o distingue como nenhuma outra coisa. A sua reputação aumentará vertiginosamente, todo mundo saberá quem você é, e você decididamente será visto como apto para a liderança (e as pessoas falarão a respeito disso). E como você ainda é um funcionário, também terá acesso a recursos — financeiros e de talento — que os empreendedores geralmente não têm.

Dito isso, se você quiser se tornar um intraempreendedor, você precisa — e eu realmente quero dizer *precisa* — se concentrar primeiro nas suas responsabilidades atuais. Enquanto você estiver desenvolvendo a sua ideia para transformá-la em um projeto, pense a respeito de como ela beneficiará a empresa e de que recursos você vai precisar, inclusive pessoas, material e respaldo financeiro. Depois que você tiver a sua função atual sob controle, convença o seu gerente, ou outra pessoa com o poder de tomar decisões, de que a sua ideia é boa. Como é bastante improvável que você seja capaz de executar sozinho a sua ideia, reúna uma equipe de primeira qualidade. No entanto, tenha em mente que esse é um processo gradativo e que se você não tiver uma ideia bem planejada disponível *antes* de começar a ir atrás de apoio, ninguém investirá um centavo em você. Além disso, ao fazer todo o trabalho árduo antes de tentar vender a ideia, você se sentirá mais confiante e mais capaz de provar que a sua ideia pode ajudar a empresa a lucrar e de conseguir que as pessoas se interessem em apoiá-lo.

Como em todo novo empreendimento, é sempre importante ter um plano de contingência. Você não sabe o que é possível enquanto não perseguir o seu objetivo! Se você tiver sucesso, isso poderá mudar a sua carreira para melhor e deixar uma impressão duradoura nas pessoas com quem você trabalha. Conclusão: é arriscado não correr riscos calculados na sua carreira. O local de trabalho está sempre evoluindo, e se você continuar fazendo o que fazia ontem, nunca progredirá. Você nunca receberá as recompensas que está procurando (promoções importantes, aumentos de salário e assim por diante) se não correr riscos.

O intraempreendedorismo é uma extraordinária experiência de aprendizado e pode ajudá-lo a enxergar o seu potencial e fazer com que você seja notado pelas pessoas certas. Oportunidades de ser um intraempreendedor estão em toda parte, mas você precisará agarrá-las, caso contrário vai perdê-las.

11

Subir na empresa, deslocar-se lateralmente ou mudar de emprego?

> Pense na sua carreira como uma série de experiências. Não espere que ela se restrinja a uma única instituição, ou seja, linear.
>
> — LENNY MENDONCA,
> diretor e líder de prática do
> setor público da McKinsey & Company.

Antigamente, as pessoas que queriam progredir na carreira procuravam um novo *emprego*. Hoje, elas precisam procurar *oportunidades*. Qual é a diferença? Em vez de ver a si mesmos como um conjunto limitado de habilidades relacionadas com uma função, os funcionários com potencial elevado precisam ver a si mesmos como uma ampla coleção de habilidades que podem ser aplicadas a muitos desafios diferentes. Em vez de traçar o seu trajeto ao longo de uma hierarquia corporativa linear, eles precisam olhar *através* da sua empresa em busca do desafio seguinte; em outras palavras, a função ou projeto seguinte que desenvolverá a sua marca. Um estudo realizado pela CareerBuilder mostra que quase sete em dez trabalhadores buscam oportunidades de uma maneira rotineira.[1] Essa é uma forma inteiramente nova de pensar que extirpa tudo o que você aprendeu a respeito de como promover a sua carreira. Os seus pais e avós tinham uma mentalidade voltada para uma única empresa e carreira para a vida inteira, ao passo que a única maneira de progredir hoje é obter novas perspectivas e experiências deslocando-se de um lado para o outro.

De certa maneira, este capítulo responderá a uma pergunta que os jovens me fazem com frequência: "O que devo fazer se eu sentir que a minha função está me tolhendo?" Vamos falar a respeito da importância de manter os olhos abertos para a próxima oportunidade, e vou lhe mostrar quando — e como — você deve agir. Digo isso porque, independentemente do seu cargo, você precisa estar usando plenamente as suas habilidades, desafiando a si mesmo, aprendendo e crescendo. E você precisa de um ambiente que o apoie, no qual você possa mostrar o valor que você adiciona, e no qual ele seja notado por pessoas que se importam e que podem ajudá-lo a progredir. Se, com o tempo, ficar claro que a sua situação atual e os seus planos de carreira a longo prazo não estão em harmonia, a melhor maneira de você aumentar a sua visibilidade e progredir na carreira pode ser ir para outra empresa na qual você possa utilizar melhor os seus talentos para construir a sua marca — e a marca do seu novo empregador. Sentir-se tolhido na carreira é horrível, e se você deseja se libertar, precisará assumir o controle da sua vida em vez de ficar esperando que outras pessoas venham desembaraçá-lo. A decisão é sua.

Antes de entrar nos pormenores, vou lhe dar alguns conselhos gerais que lhe serão bastante úteis. Em primeiro lugar, esteja sempre aberto a novas oportunidades. E quando eu digo "sempre", realmente estou querendo dizer sempre. Aceitar o seu emprego como um fato consumado é um grande erro; a sua divisão ou toda a sua empresa poderiam ser compradas ou fechar as portas, e você poderia se ver no olho da rua praticamente sem aviso prévio, ou até mesmo da noite para o dia. É por esse motivo que sugiro com insistência que desde o primeiro dia no seu novo emprego você comece a pensar a respeito do futuro.

Em segundo lugar, pense nas suas opções. A maioria das pessoas, quando pensa no futuro, se imagina subindo na empresa onde trabalham ou mudando de empresa. No entanto, como indica o título deste capítulo, essas não são as únicas maneiras de progredir. Se você fizer um deslocamento lateral e acabar em um cargo com título e salário semelhantes, isso é perfeitamente aceitável. Você ainda poderá ser notado, conseguir que pessoas invistam em você e ter a oportunidade de causar um forte impacto, que são coisas que conduzirão a um cargo melhor e a um salário maior. Quanto mais experiências você tiver, mais atrativo você será como candidato a uma função de liderança. Os deslocamentos laterais podem sempre abrir os seus olhos para novas responsabilidades (e oportunidades) que talvez sejam mais compatíveis com os seus pontos fortes e interesses do que a sua função atual. Os deslocamentos laterais poderão ajudá-lo a se posicionar para importantes promoções posteriores. Lembre-se de que cada situação é diferente, de modo que você precisa analisar todas as suas opções e conversar com um ou dois mentores antes de tomar uma decisão final. As decisões que você tomar agora poderão causar um forte impacto em onde você irá se encontrar mais à frente.

Independentemente da decisão que tomar (ou de onde você for parar), você adquirirá novas experiências. Mantenha uma atitude e uma mentalidade positivas, e tire proveito das oportunidades que receber — e também daquelas que você buscar. As carreiras podem ser altamente imprevisíveis, de modo que você precisa ser capaz de se adaptar a novas situações, não se recriminar se alguma coisa não sair como planejado e sempre manter relacionamentos e formar a sua rede de contatos. Você nunca sabe quando vai precisar de ajuda.

Como descobrir o momento certo de fazer uma mudança

Depois de você estar um ano na sua função/emprego, está na hora de avaliar a sua situação. Você recebeu um aumento ou uma promoção baseados na sua avaliação anual? Você conversou com o seu gerente a respeito de oportunidades profissionais e perguntou a ele se você está no caminho certo? Você deve sempre falar com o seu gerente a respeito das suas metas e ouvir o que ele tem a dizer sobre o que você precisa fazer para alcançá-las. Isso lhe proporcionará uma chance muito maior de efetivamente alcançar essas metas do que apenas tentar adivinhar e possivelmente se dar mal. A minha regra prática é que você espere mais ou menos um ano antes de tentar mudar a sua posição na empresa. As pessoas precisam geralmente de pelo menos seis meses para aprender a sua função e outros seis para demonstrar o seu valor nela. Depois dos seis primeiros meses, você já terá conseguido sentir bem as coisas. Saberá se consegue se ver trabalhando ali a longo prazo, se há uma verdadeira correspondência cultural e você terá uma boa noção de que outras possibilidades poderão estar disponíveis para você na empresa. Se você não estiver feliz, se o que faz não estiver de acordo com você e se não houver oportunidades de carreira ou um potencial a longo prazo, provavelmente está na hora de buscar outros lugares. Se houver oportunidades, você gostar do trabalho e ainda sentir um desafio, está na hora de conversar com o seu gerente para que você possa estabelecer metas e assumir mais responsabilidades.

"Você precisa assumir um compromisso com a empresa e a causa", me disse Matthew Nordby, vice-presidente executivo e CRO* da *Playboy*. "Mas uma vez que esse compromisso seja cumprido, você tem o dever e a obrigação de se dedicar ao máximo à sua carreira. Portanto, isso significa correr um risco em uma *start-up* ou usar o seu conjunto de habilidades para modificar a economia de diferentes maneiras. Ao mesmo tempo, eu ficaria preocupado com alguém que permanecesse tempo demais em uma empresa. Se você não consegue causar um impacto em cinco anos, aprender o negócio e ser capaz de se expor e monetizar esses conjuntos de habilidade e ajudar a modificar a economia, então o processo está sendo contraproducente." Se você não está fazendo uma diferença significativa para si mesmo e para a sua empresa, há um problema, e você precisa fazer alguma coisa a respeito dele. Se você não está sentindo que está diante de um desafio, se não está crescendo ou se desenvolvendo, isso pode prejudicar seriamente a sua carreira. Se quiser se promover e progredir, você precisa continuar a se desafiar. Essa é a melhor maneira de acumular a experiência e contatos dos quais você vai precisar.

É claro que existem muitos outros fatores que podem afetar a sua escolha do momento. Por exemplo, como mencionei anteriormente, se você estiver sentindo que não está mais enfrentando um desafio e se não estiver aprendendo ou crescendo, está na hora de mudar. O mesmo é verdadeiro se você não consegue enxergar um plano de carreira claro à frente na sua empresa. No entanto, antes de cair fora, esteja absolutamente certo de que você realmente verificou todas as possibilidades. Quando conversei com Cynthia Trudell, vice-presidente

---

* *Chief Revenue Officer*. (N. dos T.)

executiva e CHRO da PepsiCo, ela disse, "Uma das razões que podem levar os jovens a deixar a empresa é acreditar que a sua carreira não está avançando rápido o bastante ou sentir que a empresa não proporcionou o conjunto de experiências que eles podem desejar. Mas eu sempre fico desapontada quando sou informada de que um funcionário queria fazer alguma coisa e nunca tomamos conhecimento disso. Desse modo, é extremamente importante que você se certifique de que todos os dados da empresa a seu respeito, inclusive as suas ambições profissionais, estejam atualizados, para que não haja nenhuma possibilidade de que não saibamos o que você quer fazer e como você deseja crescer".

Outro motivo para você mudar para algo novo é se você não gosta mais (ou jamais gostou) do que está fazendo e quer se reposicionar para fazer algo que esteja mais em harmonia com as suas paixões. Isso pode parecer insignificante, mas é uma verdade que afeta muitas pessoas. Eric Schechter, gerente de Mídia Social da Carnival Cruise Lines, disse isso de maneira bastante hábil quando declarou o seguinte: "Quando o seu emprego começa a parecer trabalho está na hora de seguir adiante. A vida é curta demais para que você passe os dias se sentindo infeliz, sem amar e ser extremamente apaixonado pelo que faz para ganhar a vida. Se você está trabalhando apenas para pagar as suas contas e colocar comida na mesa, acho que é mais do que razoável que comece a procurar outra oportunidade".

Fazendo a mudança a partir de dentro: como falar com o seu chefe a respeito do seu desejo de mudar

Quando se trata de trocar de função dentro da sua empresa — seja assumindo mais responsabilidade ou se transferindo para um departamento completamente diferente — o seu chefe pode ser o seu maior aliado — ou o seu maior obstáculo. Como quase todos os gerentes ficam satisfeitos em apoiar funcionários de alto valor (no mínimo, isso faz com que eles causem uma boa impressão aos chefes *deles*), vou partir do princípio de que o seu chefe está seguramente na categoria dos aliados.

Mesmo que você saiba que o seu chefe vai apoiá-lo, é importante que você se prepare antes da reunião presencial na qual vai comunicar a ele quais são os seus planos e pedir apoio. Há duas coisas que o seu chefe vai querer saber (e que você *precisará* saber).

Em primeiro lugar, que vagas específicas estão disponíveis e em que departamentos? Você pode descobrir isso passando algum tempo examinando o portal de empregos. Se não houver um portal de empregos disponível, faça uma sondagem, mas seja discreto. Em segundo lugar, quem irá substituí-lo? Sempre fico um pouco surpreso com relação ao pequeno número de pessoas que pensa nisso. Mas quando você pensa, faz muito sentido. Afinal de contas, a sua empresa o contratou para fazer um trabalho, certo? Se você se transferir para outro departamento, esse trabalho deixará de ser feito. Portanto, embora você possa desejar ser considerado insubstituível, você precisa encontrar alguém que possa se mudar para o seu cubículo e manter a equipe que logo será a sua ex-equipe funcionando tão harmoniosamente como quando você estava presente (é claro que ninguém poderia fazer o trabalho tão bem quanto você, mas você entende o que estou querendo dizer).

Ter essas coisas em mente torna a vida bem mais fácil para o seu gerente, já que elimina qualquer preocupação de que o seu trabalho talvez pudesse deixar de ser feito. Isso, por sua vez, solidificará o seu relacionamento com aquele que em breve será o seu ex-gerente e fará com que ele tenha mais razões para apoiá-lo.

Mudando as condições: quando pedir uma promoção e como negociar um aumento de salário

Em algum momento da nossa carreira, quase todos sentimos que não estamos sendo devidamente recompensados pelo trabalho que fazemos. Talvez isso aconteça porque alguém que foi contratado mais recentemente recebeu uma grande bonificação ao ingressar na empresa, ou talvez você ache que o seu chefe não notou a sua excelente atuação no seu último projeto.

Seja qual for a razão, uma vez que você tenha decidido que uma conversa precisa acontecer, você não pode se acovardar. No entanto, em primeiro lugar, você precisa esclarecer na sua mente quais são as suas metas. Se você quer um aumento, de quanto ele é? Se deseja mais responsabilidades, quais seriam elas? Se você quer um cargo melhor, que cargo é esse? E pense nas coisas menos óbvias. Uma sala só para você com vista para o rio seria satisfatório? E que tal talvez poder trabalhar em casa três dias por semana?

A maioria das pessoas tem medo dessas conversas, e é tentador enviar uma mensagem instantânea ou um e-mail para o seu gerente. Não faça isso. O assunto é importante e justifica uma reunião presencial. A melhor maneira de tornar "a conversa" com o chefe menos desagradável é antever as perguntas que ele poderá fazer e ter sólidas respostas para respaldá-lo. Eis o que você precisa fazer para se preparar:

- **Reunir muitas evidências de que você vale mais do que a empresa está lhe pagando atualmente.** Você precisa entrar na reunião pronto para impressionar, e também munido de exemplos quantificáveis de como você contribuiu para a companhia. Procure colocar um valor monetário nas suas realizações.

- **Saiba quanto você vale.** Descubra o que pessoas com uma experiência semelhante à sua dentro da sua empresa, bem como o que pessoas que têm uma função semelhante à sua em outras empresas, estão fazendo. Mas seja sutil. Perguntar diretamente às pessoas quanto elas ganham pode ser mal-interpretado de diversas maneiras, de modo que, a não ser que você se sinta completamente à vontade com as pessoas cujo salário você deseja conhecer, comece a sua pesquisa pela internet. Um bom site para pesquisar é PayScale.com

- **Saiba quanto o seu gerente depende de você.** Quanto mais indispensável você for, melhor.

- **Conheça os seus limites.** Qual é o mínimo com o qual você ficaria satisfeito? Qual é o máximo que você poderia esperar?

- **Esteja preparado para manter a conversa concentrada no seu desempenho, valor e realizações.** O fato de você querer comprar um carro novo ou desejar tirar férias mais longas para escalar o Monte Everest é (ou pelo menos deveria ser) irrelevante.

- **Cronometre bem o tempo.** Em uma situação ideal, você entraria e sairia da sala do seu chefe em cinco minutos. Mas às vezes essas conversas podem durar horas. Leve isso em consideração quando pensar na programação.

Se você teve a conversa e ficou claro que não vai conseguir o que deseja na empresa onde trabalha atualmente, está na hora de pensar em outras oportunidades. Caso contrário, você se sentirá irrealizado e ressentido, não trabalhará com o mesmo afinco e terá uma atitude insatisfatória. A decisão de pedir demissão do emprego requer muita maturidade, e é também um passo crucial. Se você quiser manter a sua marca forte e progredir na carreira, precisará ser proativo.

Devo ficar ou ir embora? A harmonia entre a sua marca pessoal e a sua marca corporativa

Nem todo emprego se revela exatamente como foi apregoado (ou esperado). Portanto, quando você já estiver na empresa mais ou menos há seis meses, recomendo que, à guisa de uma rápida auditoria, você faça a si mesmo as seguintes perguntas:

- A minha marca e a marca da empresa ainda estão em harmonia?
- Estou satisfeito com o objetivo da empresa e com o rumo que ela está tomando?
- A empresa está retribuindo o que recebe da comunidade da maneira como eu esperava?
- Eu me harmonizo com os meus colegas de trabalho, com o meu chefe e com a cultura corporativa?
- Estou satisfeito com a norma de vestuário, a flexibilidade no local de trabalho, o salário e os benefícios?

Se você fez essa breve auditoria e chegou à conclusão de que estaria em melhor situação trabalhando em outro lugar, está na hora de iniciar a sua busca. No próximo segmento, vamos falar exatamente a respeito de como fazer isso.

A busca tem início: sondando a sua próxima oportunidade fora da empresa

No filme *Clube da Luta*, protagonizado por Brad Pitt e Edward Norton, a primeira regra é a seguinte: "Não fale a respeito do Clube da Luta". O mesmo é válido quando você começa a investigar novas oportunidades. A principal razão é que se o seu empregador descobrir, seu emprego poderá correr risco. E como é sempre mais fácil conseguir um novo emprego quando você está empregado, ser demitido só poderá prejudicá-lo, fazendo com que você pareça desesperado e fique sujeito à discriminação que a pessoa desempregada costuma sofrer.

Por conseguinte, nos estágios iniciais da sua busca, seja muito sutil e permaneça o máximo possível "sem ser detectado pelo radar". Comece certificando-se de que a sua presença on-line está atualizada e reflete as suas habilidades e experiência atuais. Não há absolutamente nada errado (ou suspeito) a respeito disso. Em seguida, faça uma busca passiva no LinkedIn, procure empregos nos websites e verifique portais de empregos internos. "Busca passiva" significa examinar as listas sem enviar mensagens para a sua rede de contatos informando que você está fazendo uma busca — e sem postar o seu currículo em *nenhum lugar* on-line. É assustador como é fácil encontrar informações on-line (quase todas as companhias têm pessoas ou sistemas automáticos que procuram alusões à empresa), e mais assustador ainda é o fato que alguns empregadores que descobrem que um funcionário está procurando vagas de emprego retaliam simplesmente demitindo-o.

Depois, comece a usar as suas redes sociais para entrar em contato com pessoas no seu setor ou no setor para o qual você deseja ir. Se você ainda não construiu relacionamentos, faça-o agora para que, quando você finalmente tornar pública a sua busca, os seus contatos já estejam ativos. É bem provável que você vá ouvir falar em vagas de emprego disponíveis. E falando de relacionamentos, não se esqueça dos caça-talentos e dos recrutadores. Essas pessoas geralmente têm um entendimento amplo e profundo do que está acontecendo no seu setor, de quem são os protagonistas, de onde estão as vagas disponíveis, de qual é a remuneração e assim por diante. Se um recrutador entrou em contato com você no passado e você não deu atenção ao e-mail dele, está na hora de começar a responder. Não tenha medo de fazer uma porção de perguntas e tampouco de mencionar que você está pensando em mudar de empresa. A subsistência dos caçadores de talento depende de eles manterem o sigilo dos clientes, de modo que o seu segredo geralmente está seguro nas mãos deles.

Uma palavra de advertência. Quando você começar a arranjar entrevistas, tome medidas para programá-las fora do seu horário de trabalho. A última coisa que você deseja é que o seu chefe o veja almoçando com um concorrente no meio do seu dia de trabalho. A maioria das pessoas que ocupam funções de contratação compreende que se estão entrevistando alguém que está empregado, elas precisarão manter essa informação em sigilo. No entanto, se você estiver preocupado ou se trabalhar em um setor no qual todo mundo conhece todo mundo, você talvez precise fazer um pedido direto com relação à sua privacidade.

Seguindo em frente: como deixar a sua empresa de uma maneira que promova a sua marca

Com muita frequência, eu me deparo com pessoas que acham que deixar uma empresa precisa envolver ressentimentos. Posso lhe dizer, a partir tanto da minha experiência pessoal quanto da profissional, que isso não é verdade. O problema não é *por que* o funcionário está indo embora: 44% dos gerentes e 42% dos jovens trabalhadores entrevistados na minha pesquisa disseram que era razoável um funcionário deixar um emprego se "aparecer uma oportunidade melhor". Quinze por cento dos gerentes e 14% dos jovens trabalhadores declararam que era razoável pedir demissão se "surgir uma oportunidade que pague melhor".

O segredo de ir embora de cabeça erguida (e com várias referências elogiosas que você poderá alavancar no seu próximo emprego e pelo resto da vida) tem a ver com a escolha do momento da notificação. "Dar um aviso prévio muito breve e/ou ir trabalhar para um concorrente são boas maneiras de fechar portas", afirma Allan McKisson, vice-presidente de RH da Manpower. "Mas se alguém está indo embora por razões pessoais ou profissionais, e está nos mantendo informados, temos prazer em ajudar."

Um conselho importante: não abandone o seu antigo emprego sem uma oferta confirmada ou um contrato assinado com o novo. Se você se antecipar, poderá ficar sem emprego nenhum.

Quando chega a hora de fazer a notificação efetiva, diga a verdade. Você não é o único que tem uma rede de contatos, e nunca sabe quando vai se deparar com alguém com quem trabalhava antes. Mentir a respeito do que você está fazendo depois de sair da sua empresa atual é simplesmente arriscado demais.

Ser sincero a respeito dos seus planos — e se oferecer para ajudar a preencher a função que logo será a sua ex-função com alguém da sua rede de contatos — o ajudará no momento de receber recomendações no LinkedIn das pessoas com quem você trabalha e para quem você trabalha. Isso é uma coisa que você deve fazer o mais rápido possível, para que o seu rosto sorridente e as suas incríveis realizações estejam frescos na mente delas.

Por fim, não deixe de permanecer em contato com as pessoas com quem você trabalhava. Repetindo, você nunca sabe quando ou onde irá vê-las de novo.

Você deve fazer um MBA?

De um modo geral, 43% dos gerentes que entrevistamos no nosso estudo disseram que ter um diploma de pós-graduação seria uma vantagem, mas não é uma exigência. Somente 10% disseram que era. Sessenta por cento dos jovens trabalhadores que entrevistamos achavam que ter um mestrado ou doutorado é recomendável ou fortemente recomendável (porém não obrigatório) e 22% disseram que é obrigatório. Esse é outro caso de uma grande divergência entre a percepção e a realidade.

Matt McDonald da Aflac me disse que é mais importante que os jovens se orientem pelos seus pontos fortes, se esforcem por harmonizar esses pontos fortes com a sua paixão e trabalhem arduamente. "Um MBA de uma instituição de prestígio pode abrir algumas portas, mas o trabalho árduo sustentará os relacionamentos que você formar e a reputação que você construir para si mesmo", disse ele. "É necessário um pouco de teoria, mas a experiência prática, na minha opinião, é mais valiosa."

No entanto, você deve levar em conta uma série de fatores ao avaliar as suas opções e tomar a sua decisão. É claro que, quando se trata de tomar sua própria decisão, as estatísticas e as histórias pessoais não são particularmente úteis e, infelizmente, não há uma resposta certa ou errada. Em algumas áreas especializadas (como a de contabilidade), um MBA ou outro diploma de pós--graduação pode ser exigido. Em outras, um MBA poderia fazer você sobressair no mercado (a não ser que todas as outras pessoas tenham um, porque nesse caso, não ter um MBA fará com que você sobressaia, mas não da maneira como você gostaria). Se você almeja ser um gerente ou deseja trabalhar para uma firma de consultoria famosa, um MBA — especialmente se for de uma escola de negócios de primeira linha como Harvard ou Wharton — decididamente será útil.

Dito isso, dependendo da sua situação, ter um MBA poderá não ajudá-lo tanto a longo prazo quanto você poderia imaginar. Sessenta e quatro por cento dos CEOs das empresas da Fortune 100 não têm um MBA. Bill Gates, Warren Buffet, Larry Ellison e Richard Branson não têm um MBA. O único presidente americano com um MBA é George W. Bush.[2]

Está se tornando difícil justificar um MBA na sociedade dos nossos dias quando os jovens sofrem o peso dos empréstimos estudantis e as pessoas não estão conseguindo arranjar emprego. Isso porque o acréscimo no salário ao longo dos anos não compensa o valor e o tempo despendidos com o MBA.

Independentemente da direção para a qual você se incline, pergunte ao seu gerente ou ao RH se a empresa pagaria pelo seu programa. Muitos empregadores bancam o curso inteiro ou oferecem programas integrais ou parciais de reembolso educativo. Verifique também as suas alternativas. A Kauffman Foundation estima que mais de 2 mil faculdades e universidades nos Estados Unidos oferecem programas de empreendedorismo.

Eu sei que acabo que lhe fornecer uma grande quantidade de informações, mas, em última análise, a decisão de fazer um MBA será pessoal; é uma decisão que poderá causar um grande impacto na sua carreira e na sua capacidade de se promover. Por um lado, dedicar-se a um MBA é um grande compromisso porque custa muito tempo e dinheiro. Dependendo da sua situação, esses sacrifícios poderiam compensar e conduzi-lo a cargos melhores e salários mais altos ao longo dos anos. Por outro lado, os MBAs não são para todo mundo — eu não tenho um. No entanto, as faculdades estão evoluindo, e você pode hoje ter aulas on-line estando em qualquer lugar do mundo. As aulas de empreendedorismo podem ser particularmente úteis se você quiser abrir um negócio ou trabalhar para uma *start-up* (você estará na companhia de outras pessoas de mentalidade empreendedora que talvez já tenham empresas).

Uma palavra sobre a troca frequente de emprego

Não sou um grande fã da troca frequente de emprego (que eu defino como começar repetidamente em novos empregos e ir embora de seis meses a um ano depois). Ter uma série de empregos de curta duração no seu currículo dá a impressão de que você não é extremamente leal, e tendo em vista quanto custa contratar e treinar novos funcionários, muitas empresas não desejarão investir uma grande soma em alguém que talvez não fique com elas tempo suficiente para produzir um retorno satisfatório sobre o investimento. Além disso, como eu já disse anteriormente, ficar trocando de emprego faz com que seja muito difícil conquistar a confiança dos seus colegas de trabalho e mostrar a eles como você é competente.

Em um estudo realizado com 1.500 gerentes contratantes e recrutadores conduzido pela Bullhorn, que produz software de recrutamento, 39% declararam que "o maior obstáculo para um candidato desempregado conseguir se empregar é ter uma história de 'trocar frequentemente de emprego' ou deixar uma empresa antes de completar um ano de casa".[3]

Eis o que Donald Trump me disse em uma entrevista: "Procuro alguém que tenha estado em outro emprego por um longo tempo. Não me interesso por uma pessoa que tenha tido sete empregos em dois anos porque sei que ela provavelmente me deixará em breve". Liam Brown, COO do Marriott International, tem uma posição diferente. "Se estivermos procurando externamente, não presto muita atenção se a pessoa troca muito de emprego, a não ser que ela faça isso de um modo exagerado, como a cada seis meses, por exemplo", me disse ele. "Tudo depende da entrevista e da conversa com a pessoa. Se ela for a pessoa certa para nós, nós a contratamos." Se você acabar em uma posição na qual pede demissão ou sente que a sua única escolha é ir embora depois de um breve período na empresa, pelo menos seja capaz de explicar isso em uma entrevista. Diga à pessoa que o está entrevistando a verdade pura e simples a respeito do motivo pelo qual você está saindo, e ela o respeitará mais e não encarará a situação com desprezo.

Eis o macete. Independentemente do que qualquer pessoa possa dizer, é importante estar sempre aberto a novas oportunidades. Se alguma coisa incrível aparecer, peça conselhos a amigos, colegas e/ou mentores nos quais você confia. Se realmente fizer sentido, vá em frente.

Como pedir estrategicamente demissão do emprego e abrir a sua própria empresa ou negócio autônomo

No Capítulo 10, falamos sobre o intraempreendedorismo — como desenvolver um negócio movido pela paixão dentro da sua empresa. Neste segmento, quero falar sobre o empreendedorismo — deixar o seu emprego e criar sem o respaldo corporativo interno aquele negócio pelo qual você é apaixonado.

Fazer a transição para o novo negócio é praticamente a mesma coisa quer você a esteja fazendo interna ou externamente. Por exemplo, você terá que descobrir uma maneira de equilibrar o seu emprego de horário integral com o seu outro negócio. Você vai sacrificar as suas noites e fins de semana, e terá que tomar medidas para que os seus projetos paralelos não afetem negativamente a sua produtividade ou o desviem do trabalho que você foi contratado para fazer.

No meu caso, fazer todos esses sacrifícios durante alguns anos foi compensador porque eu estava posicionado para transformar em uma carreira de tempo integral o negócio que eu começara paralelamente.

O empreendedorismo está na moda — e a Geração Y tem o que alguns estão chamando de espírito empreendedor sem precedente. De acordo com um estudo realizado pela Employers Insurance, 46% dos membros da Geração Y querem abrir um negócio nos próximos cinco anos.[4] Pessoas da Pós-Geração Y estão seguindo a corrente, com um número cada vez maior de pessoas abrindo um negócio quando ainda estão na faculdade e se tornando empreendedores em tempo integral ao se formar.

Até mesmo as empresas estão prestando atenção. A minha companhia fez recentemente um estudo e constatou que quase um terço dos empregadores estão buscando experiência em empreendedorismo quando contratam pessoas recém-formadas na faculdade.

Abrir a sua própria empresa parece um tanto fascinante, não é mesmo? E essa ideia encerra realmente coisas excelentes. No entanto, há um número igual de desafios, o que significa que ser um empreendedor decididamente *não* é para todo mundo (por mais impressionantes que sejam as estatísticas apresentadas, de 46% a 67% das pessoas *não* estão se tornando empreendedores).

Há relativamente pouco tempo ouvíamos dizer que a mentalidade empreendedora (especialmente no que dizia respeito à tecnologia avançada) era "Preparar, Fogo, Apontar". Por conseguinte, muitas pessoas ficaram com a impressão de que ser um empreendedor era algo em que poderiam mergulhar de cabeça sem nenhuma preparação. Algumas pessoas que fizeram isso sobreviveram. Mas a maioria não. Assim sendo, para evitar que você aja sem o devido preparo e peça intempestivamente demissão do seu emprego, quero que você leve alguns minutos examinando os prós e os contras.

Pró: Você é o chefe e define as suas próprias horas de trabalho.

Contra: Você poderá se ver trabalhando doze horas por dia sem nenhuma folga meses a fio. Você precisa constantemente tentar se promover e fazer propaganda de novos negócios. Você precisa ser autodirigido, e a linha divisória entre a sua vida pessoal e a sua vida privada pode se tornar terrivelmente indistinta.

Pró: Se você for bem-sucedido, terá uma chance maior de ser reconhecido do que se fizesse parte de uma grande empresa.

Contra: Se você fracassar, não poderá se esconder atrás de uma grande marca ou corporação.

Pró: Você fica com uma parcela maior dos lucros.

Contra: É desafiante, arriscado, os fluxos de renda podem ser irregulares, você precisa financiar os seus próprios impostos e benefícios, e você absorve todas as perdas.

Pró: Você tem a chance de botar a mão na massa em várias áreas.

Contra: Você pode ser colocado na posição de ter que fazer um trabalho no qual não tem nenhuma experiência.

Muito bem, vamos partir do princípio de que você examinou tudo o que eu disse e tem certeza de que deseja abrir a sua própria empresa. Antes de puxar o gatilho, respire longa e profundamente e pense a respeito de alavancar o seu emprego para poder aprender tudo o que for possível antes de ir embora. Quanto mais habilidades você conseguir adquirir financiado por outra pessoa, mais fácil será a sua vida como empreendedor. Como me disse Jenny Blake, *coach* de vida, que deixou seu emprego no Google para abrir o próprio negócio de *coaching*, "Eu simplesmente adorava trabalhar no Google, e uso diariamente as habilidades que adquiri ao longo dos cinco anos que lá passei. Tudo no Google é tão rápido que administrar o meu próprio negócio parece fácil em comparação com o que eu fazia lá!". Jen Ortega, que deixou seu emprego na Goldman Sachs para começar o próprio negócio de pisos na internet, vai ainda mais além: "Na Goldman Sachs, aprendi desde cedo a me comunicar, fazer apresentações, atuar com regras adequadas de atendimento ao cliente, criar *sound bites* para importantes iniciativas, criar apresentações eficazes em PowerPoint, trabalhar com um público global, administrar iniciativas em grande escala, colaborar com pessoas com diferentes personalidades; a lista continua indefinidamente". Uau! Se você começar um negócio com um conjunto de habilidades como esse, você já estará quilômetros à frente da concorrência.

Também é uma boa ideia usar blogs e a mídia social como uma plataforma para testar o mercado antes de ingressar nele. Obtenha *feedback*, veja como o seu mercado-alvo responde, reorganize-se e crie a sua empresa com base no que os clientes desejam, não no que você *acha* que eles querem. Fiz muito isso quando eu ainda estava gerindo o meu negócio atual como um projeto paralelo, e seguramente não teria sido tão bem-sucedido se não tivesse feito esse tipo de testagem.

Recomendo enfaticamente que você só deixe o seu emprego quando realmente estiver pronto. Em seguida, espere ainda um pouco mais. Jerryanne Heath aprendeu essa lição da maneira mais difícil. Depois de deixar o seu emprego de analista na Lehman Brothers, ela precisou voltar a morar com os pais durante dois anos até que a sua empresa *start-up*, a ConceptLink, começasse a prosperar o bastante para que Jerryanne pudesse se dar ao luxo de fazer alguma retirada. Quando você abrir um negócio, verificará que as coisas sempre levam mais tempo e custam mais do que você havia previsto. Desse modo, é fundamental ter proteção financeira que possibilite que você pague as despesas necessárias para gerir o novo negócio ao mesmo tempo que mantém um teto sobre a sua cabeça, comida na mesa e o seguro médico e dental em dia.

Por outro lado, não espere demais. Eis o que a *coach* de vida Lenny Blake tem a dizer: "Inaugurei o meu site na Web em 2005, comecei a trabalhar no Google em 2006 e depois criei o meu blog, Life After College [A Vida Depois da Faculdade], em 2007. Trabalhei durante quatro anos, ao mesmo tempo, no meu blog e em um livro à noite e nos fins de semana. Durante um logo tempo consegui manter essa situação e tudo funcionava muito bem. No entanto, quando tanto o blog quanto o livro realmente começaram a ganhar ímpeto, compreendi que eu não poderia continuar a fazer as duas coisas. Comecei a ficar esgotada com frequência e a sentir que eu não estava dando a nenhuma das duas coisas o tempo e a atenção que ambas mereciam".

Por fim, não faça tudo sozinho. Independentemente de quantas habilidades você possa ter, lidar com todos os aspectos do negócio provavelmente não é a melhor maneira de você usar o seu tempo. Por conseguinte, sempre é uma boa ideia tentar encontrar parceiros comerciais que sejam fortes em áreas nas quais você é um pouco mais fraco. Você talvez conheça pessoas assim. Se não conhecer, pode encontrá-las em vários lugares. Frequente os eventos de empreendedorismo na sua cidade. Verifique a South by Southwest (SXSW), a TechCrunch Disrupt, a Ignite, a Startup Weekend, a Global Entrepreneurship Week, a Tech Cocktail, a TEDx, a Summit at Sea e muitas outras. A sua meta é conhecer empreendedores e possíveis sócios com ideias afins que tornarão o seu negócio um sucesso.

Independentemente de quando e como você decidir ir embora, *não* deixe o seu chefe tomar conhecimento do negócio e da sua intenção de pedir demissão antes de você estar realmente pronto para ir embora. Isso é especialmente verdadeiro se você for competir de alguma maneira com quem logo será o seu ex-empregador. Não vá embora sem dar um longo aviso prévio e bastante tempo para a empresa encontrar um substituto adequado. *Não* use recursos do seu empregador no seu novo negócio. Isso inclui despender um tempo que deveria ser dedicado a assuntos do seu empregador com alguma coisa relacionada com o seu negócio paralelo. *Não* roube contatos e informações da empresa, e *não* feche as portas para as pessoas com quem você trabalha, já que você poderá precisar delas quando criar a sua empresa.

Ser um empreendedor, a partir da minha experiência, é desafiante, mas ao mesmo tempo gratificante e estimulante. Você está criando o seu próprio sonho e está tomando medidas diárias para que ele se torne realidade. Com base nos seus valores, ideias, gerenciamento do tempo, ética profissional e determinação, você pode criar uma coisa a partir do nada. Mas tenha em mente que, para fazê-la funcionar, precisará trabalhar de um modo independente e investir uma grande quantidade de tempo. E mesmo que você faça tudo isso, sempre existe o risco de que as coisas não saiam da maneira como você deseja. Assim sendo, se você dá valor a formar uma família, se gosta de ser conduzido ou se deseja um pouco mais de segurança na sua vida, abrir o seu próprio negócio talvez não seja para você, o que é perfeitamente aceitável. Mesmo assim você pode agir como um empreendedor *dentro* da sua empresa e usar os recursos desta última, o que irá ajudá-lo a causar um impacto.

Devo ficar ou ir embora?

Os dias de arranjar um emprego e permanecer nele até a aposentadoria já deixaram de existir há muito tempo. Entretanto, isso não significa que você não deva ter alguma lealdade para com a sua empresa. Afinal de contas, eles o contrataram e lhe proporcionaram a oportunidade de adquirir experiência, estabelecer contatos e se desenvolver profissionalmente.

Quando você sentir que não está chegando a lugar nenhum no trabalho e começar a pensar em pedir demissão, pergunte a si mesmo qual é o motivo. O que falta no emprego? Você fez todo o possível para procurar novas responsabilidades ou até mesmo transformar o seu emprego atual no emprego dos seus sonhos? Em seguida, pense no tipo de deslocamento que você deseja fazer: para cima, para o lado ou para fora. A escolha é sua.

No entanto, antes de tomar qualquer medida, certifique-se de que, no novo lugar, você irá exercer uma função que lhe permitirá exercitar os seus pontos fortes e fazer bom uso das habilidades que você trabalhou tão arduamente para desenvolver. Se isso não for acontecer, você estará indo parar em outra função sem perspectiva de progresso. Por outro lado, se você for capaz de encaixar as suas habilidades e a sua marca pessoal em uma nova situação, você tem nas mãos uma receita para o sucesso.

EPÍLOGO

A sua carreira está nas suas mãos

Agora que você tomou conhecimento das habilidades de que precisa para progredir, como se posicionar para o sucesso e os diferentes caminhos que podem levá-lo a ele, você está pronto para entrar em ação. Cada passo que demos neste livro o ajudará a ficar mais perto de se promover no trabalho e de progredir na sua carreira. Primeiro, nós examinamos todas as habilidades de que você precisa para se destacar, ser reconhecido e se tornar um inestimável senhor do seu ofício, a pessoa que todos procuram quando não estão conseguindo resolver as coisas. Essas habilidades incluíam as habilidades técnicas, as habilidades interpessoais e as habilidades on-line. Aprendemos que as habilidades interpessoais são as mais valorizadas pela gerência, que você precisa ser um especialista em vez de um generalista, e que a sua marca on-line pode ser um recurso que irá ajudá-lo a gerenciar a sua carreira.

Abordamos em seguida a importância de adquirir visibilidade no trabalho sem se vangloriar e sem dar a impressão de que você é egoísta. Aceite o mérito que lhe é devido, mas também compartilhe os seus sucessos com a sua equipe. Em seguida, analisamos o que os gerentes estão buscando quando decidem quem vão promover (a capacidade de priorizar o trabalho, ter uma atitude positiva e saber trabalhar em equipe ficaram no topo da lista), e comparamos isso com a opinião da Geração Y sobre o sucesso no local de trabalho.

Em seguida, falamos a respeito de como as diferentes gerações (Y, Z, X e os *Baby Boomers*) atuam e qual a melhor maneira de gerenciar esses relacionamentos. Depois, eu lhe mostrei como criar uma rede de contatos tanto dentro quanto fora do local de trabalho, e como alavancar a sua rede para progredir. Também examinamos duas maneiras criativas de conduzir a sua carreira ao nível seguinte. Primeiro, posicionando-se para uma função que reflita as suas paixões e talentos. Segundo, tornando-se um intraempreendedor e propondo soluções criativas para problemas — sem deixar o seu emprego. Finalmente, como eu sei que muitos de vocês estão se sentindo emperrados nas suas carreiras, falamos a respeito de como investigar as suas opções e decidir entre se deslocar para cima, para o lado ou para fora.

Este livro se destina a ser a sua referência em cada estágio da sua carreira. Ele o ajudará a se distinguir dos seus colegas de trabalho e o colocará no caminho em direção a criar uma carreira significativa, estimulante e impactante. Quando você estiver em um bar e alguém lhe perguntar o que você faz (o que acontece o tempo todo), você será capaz de responder com orgulho e segurança, porque o seu emprego está inextricavelmente ligado a quem você é a quem você está destinado a se tornar — uma pessoa que sabe como ter sucesso no novo mundo do trabalho e que cria o seu próprio futuro em vez de se apoiar nos outros.

Simplesmente ler um livro e pensar a respeito dele não o conduzirá ao nível seguinte da sua carreira. Todas as manhãs, quando acordo, digo para mim mesmo "vamos fazer alguma coisa acontecer" e depois passo uma parte de cada dia fazendo pelo menos uma coisa que me ajudará a progredir.

Quando me formei na faculdade, eu nunca poderia ter imaginado como a minha carreira iria se desenvolver. Mas se você acreditar em si mesmo, experimentar coisas novas e passar algum tempo fora da sua zona de conforto, poderá fazer qualquer coisa que deseje. Quem sabe o que você está destinado a ser ou como você poderá causar um impacto na sua profissão ou até mesmo no mundo. Você faz parte de uma geração que tem o potencial de fazer uma diferença positiva no local de trabalho *e* no mundo. No decorrer da próxima década, nós vamos nos tornar a maioria no local de trabalho, o que não apenas nos posiciona para alcançar a grandeza, mas também para passar adiante a nossa sabedoria para a próxima geração. As carreiras dizem respeito à transferência do conhecimento: aprendemos com aqueles que vieram antes e ensinamos àqueles que virão a seguir. Acredito firmemente que você pode se tornar parte do movimento da Geração Y e quero que isso aconteça porque precisamos de pessoas como você — pessoas que se importam com a carreira e que não ficarão satisfeitas simplesmente em permanecer sentadas no sofá esperando a sua grande oportunidade. Deixe que os outros fiquem sentados enquanto você começa a armazenar realizações e habilidades que não poderão ser desconsideradas.

Então, como você começa?

Faça uma coisa todos os dias — adicione uma nova habilidade, compartilhe uma nova ideia com o seu grupo, alguma coisa — que o faça progredir. Desenvolver o hábito de "Um Passo à Frente por Dia" o manterá atualizado, fará com que você se sinta mais realizado e confiante, e aumentará o seu valor. Também o tornará mais criativo e realizado quando você não estiver trabalhando. E garantirá que você fará 365 coisas este ano para se aprimorar.

Mostrei neste livro como começar esse processo. Agora, vou lhe dizer quando você deve começar:

Comece neste exato momento!

Coisas notáveis acontecem àqueles que não esperam,

Dan Schawbel

AGRADECIMENTOS

Ao meu destemido agente

Não haveria nenhum negócio com livros sem Jim Levine, um dos principais agentes literários do planeta. O seu voto de confiança e também o seu conhecimento da indústria editorial foram fundamentais para que eu conseguisse o contrato para publicar o livro dos meus sonhos.

À minha equipe na St. Martin's*

Matt Martz e Dan Weiss entenderam imediatamente a ideia do livro, e ambos recorreram aos seus anos de experiência e discernimento para melhorar a qualidade dele.

À minha equipe de pesquisa

Comecei como um principiante em pesquisas, mas com a ajuda de especialistas fui capaz de me tornar também um especialista nos últimos anos. Graças a Luke Williams e Tim Keiningham, ambos executivos da Ipsos Research, pude pensar em um conceito de pesquisa exclusivo e interessante que serviu de base para o livro. Agradeço especialmente a Christina Schelling e Jason Gong do American Express pelo seu apoio, *feedback* sobre o estudo e entusiasmo pelo projeto.

---

* A editora que publicou o original americano. (N. dos T.)

Àqueles que ajudaram a articular o livro

Quero agradecer a Armin Brott, que me ajudou a organizar as minhas ideias e aprimorar a minha voz. Carolyn Monaco e Robin Simons me ajudaram a levar a proposta original do livro ao nível seguinte. Binyamin Cooper, Carrie Bowe, Jessica Wonczyk e Jessica Kerch foram excelentes estagiários que me ajudaram em muitas das entrevistas que fiz para o livro, bem como com o programa promocional.

Aos meus amigos

Bill Connolly foi um excelente recurso, e um amigo ainda melhor, e sou grato a ele por sempre colocar as coisas em perspectiva. Rachel Tuhro está sempre cuidando de mim e garantindo que eu permaneça humilde. Joh Mitman tem sido um amigo leal há mais de uma década, sempre me dizendo a verdade sincera independentemente de como eu possa reagir. Angela Sanchioni, a amiga imponente, sempre fez com que me sentisse especial.

Entre outros amigos que me apoiaram ao longo dos anos estão: Russell Wyner, Ken Pickard, Robert Quinn, Chloe Finklestein, Ryan Paugh, Caitlin McCabe, Ryan Benevides, Jessica Dunham, Scott Bradley, a família Orkin, Katie Konrath, Deb Lalone, Regan McDowall, Corey Merrill, Ashly McPhillips, Sarah Parrish, Jason Kleinerman, Joe Crossett, Liz Yurkevicz, Ashley Meyer, Raymond Chan, Adam Conrad, Jonathan Joe, Kenny Yee, Brendan Ross, Lauren Colby, Cody Clearwater, Joel Backaler, Pete Ziegler, Jeff Gabel, Joshua White, Maria Elena Duron e Sam Glick.

Aos meus mentores

Penelope Trunk, Jonathan Fields, Pam Slim, Sally Hogshead, Bob Burg, John Jantsch, David Meerman Scott, e Jill Konrath.

NOTAS

Prefácio

1. A Trenders é uma firma de consultoria que se concentra em oferecer ideias sobre futuras tendências culturais.

2. http://business.time.com/2012/09/28/note-to-gen-y-workers-performance-on-the-job-actually-matters/.

1. O futuro é VOCÊ

1. www.businessweek.com/managing/content/aug2010/ca20100820_1732 07.htm.

2. Bureau of Labor Statistics [Departamento de Estatísticas do Trabalho] e The Business and Professional Women's Foundation.

3. www.prweb.com/releases/2012/8/prweb9817689.htm.

4. http://online.wsj.com/article/SB10000872396390443713704577603302382190374.html.

5. http://online.wsj.com/article/SB10000872396390443713704577603302382190374.html?mod=e2tw.

6. www.forbes.com/sites/ciocentral/2012/07/03/lets-play-to-keep-gen-y-sta ffers-gamify-their-work/.

7. http://edition.cnn.com/2012/08/20/business/generation-y-global-office-culture/index.html.

8. 8095® 2.0 Study da Edelman: www.edelman.com/news/study-finds-millennial-generations-power-to-influence-is-increasing/.

2. Habilidades técnicas: seja mais do que a descrição do seu cargo

1. Departamento de Estatísticas do Trabalho [Bureau of Labor Statistics]: http://finance.yahoo.com/blogs/the-exchange/3-million-job-openings-tell-us-skills-gap-004026892.html.

2. www.usnews.com/education/best-graduate-schools/articles/2012/03/22/youre-an-engineer-youre-hired.

3. *Ibid.*

3. *Habilidades interpessoais: faça com que cada impressão seja levada em conta*

1. http://webscript.princeton.edu/~tlab/wpcontent/publications/Willis&Todorov_PS2006.pdf.

2. www.businessmanagementdaily.com/20071/piercings-bad-breath-and-tattoos-oh-my.

3. http://conferenceconnexion.com/harvard-study-85-of-the-reason-a-perso n-gets-a-job-keeps-a-job-or-advances-has-to-do-with-people-skills/.

4. *Habilidades on-line: use a mídia social em seu benefício*

1. www.informationweek.com/news/security/privacy/227700369.

2. www.retrevo.com/content/blog/2011/06/posting-remorse.

3. www.ncircle.com/index.php?s=news_press_2010_04-22-Survey-71-percent-of-Companies-Able-to-Monitor-Employee-Social-Media-Use.

4. Technorati, "State of the Blogosphere," 2009.

5. http://mashable.com/2011/12/15/british-facebook-alcoho-photos/#23917Greater-Control-of-Status-Updates.

6. www.towson.edu/main/discovertowson/brianstelter.asp.

7. http://alexandralevit.typepad.com/wcw/2011/04/google-is-forever.html.

5. *Adquira visibilidade sem ficar conhecido como um idiota que vive se promovendo*

1. www.apa.org/monitor/2011/02/narcissism.aspx.

7. *Desenvolva relacionamentos entre as gerações*

1. Kit Yarrow e Jayne O'Donnell, *Gen BuY: How Tweens, Teens, and Twenty-Somethings Are Revolutionizing Retail* (San Francisco: Jossey-Bass, 2009).

2. http://dl.dropbox.com/u/101899934/MTV%20millennial%20makers %20(9-10-12)-01.jpg.

3. www.fdu.edu/newspubs/magazine/05ws/generations.htm; www.arthur-maxwell.com/articles/2011/09-generations.php; http://rtc.umn.edu/docs/2_18_Gen_diff_workplace.pdf.

11. Subir na empresa, deslocar-se lateralmente ou mudar de emprego?

1. www.careerbuilder.com/JobPoster/Resources/page.aspx?template=none &sc_cmp2=JP_Infographic_2012NewJobeHunt&pagever=2012NewJobHunt.

2. http://bestengagingcommunities.com/2012/04/20/is-an-mba-worth-it-this-info graphic-says-no/.

3. www.ere.net/2012/09/18/want-a-job-you-can-commit-a-crime-just-dont-stay-une mployed-too-long/.

4. http://money.cnn.com/galleries/2012/smallbusiness/1206/gallery.gen-y-entre preneurs.fortune/index.html.

O AUTOR

Dan Schawbel é o sócio diretor da Millennial Branding, uma firma de pesquisa e consultoria da Geração Y. Dan é um líder e defensor da sua própria geração, bem como especialista em carreiras e locais de trabalho de fama internacional. Ele é autor de *Me 2.0: 4 Steps to Building Your Future*, hoje traduzido em 13 idiomas. *Me 2.0* chegou à lista de leitura do verão do *New York Times* para as pessoas que estão procurando emprego, à lista de leitura do verão do *Washington Post* para os líderes empresariais e ficou em primeiro lugar em 2009 na lista de livros de planos de carreira do *The Washington Post*.

Dan é o criador do Personal Branding Blog, um "Excelente Website para a Sua Carreira" da revista *Forbes* e foi classificado pela CareerBuilder como o blog líder de empregos. Ele é colunista tanto da revista *Time* quando da *Forbes*, colunista da *Metro US* e contribuiu para a revista *Fortune*, *The Wall Street Journal, The Guardian* e para *The Globe and Mail*. A sua pesquisa, ideias e conselhos foram abordados na revista *Wired*, na CNN, no *USA Today*, no *Nightly Business Report* do canal de televisão PBS, no *The Willis Report* na Fox Business, na revista *Elle* e em muitos outros veículos da mídia.

Por intermédio da sua pesquisa, ele ajudou empresas como a American Express, a NBC Universal, a Fidelity e a Monster a entenderem melhor a sua geração. Ele também deu palestras em algumas das empresas mais prestigiosas do mundo, entre elas o Google, a Fidelity, a IBM, a Time Warner, o Citigroup e a Siemens, bem como em algumas das mais famosas universidades e faculdades, entre elas a Harvard Business School, a Stanford, a Cornell e o MIT.

Dan foi incluído na "30 Under 30 List"* da *Inc.* em 2010, na "30 Under 30 List" da *Forbes* em 2012 e a revista *Business Week* o cita como alguém que os empreendedores deveriam seguir no Twitter. Ele mora em Boston, Massachusetts, e se formou pela Bentley University em 2006.

Conecte-se com Dan on-line

Web: DanSchawbel.com
Facebook.com/DanSchawbel
LinkedIn.com/In/DanSchawbel
Twitter.com/DanSchawbel

---

* "Lista dos 30 com Menos de 30." (N. dos T.)